ARTURO GRAF

MITI, LEGGENDE E SUPERSTIZIONI

DEL

MEDIO EVO

VOLUME II

LA LEGGENDA DI UN PONTEFICE
DEMONOLOGIA DI DANTE - UN MONTE DI PILATO IN ITALIA
FU SUPERSTIZIOSO IL BOCCACCIO?
SAN GIULIANO NEL " DECAMERONE „ E ALTROVE
IL RIFIUTO DI CELESTINO V - LA LEGGENDA DI UN FILOSOFO
ARTÙ NELL'ETNA - UN MITO GEOGRAFICO

BURT FRANKLIN
NEW YORK

Published by LENOX HILL Pub. & Dist. Co. (Burt Franklin)
235 East 44th St., New York, N.Y. 10017
Originally Published: 1892-93
Reprinted: 1971
Printed in the U.S.A.

S.B.N.: 8337-14031
Library of Congress Card Catalog No.: 75-171407
Burt Franklin: Research and Source Works Series 858
Essays in Literature and Criticism 166

Reprinted from the original edition in the University of Pennsylvania
Library.

LA LEGGENDA DI UN PONTEFICE

(SILVESTRO II)

GRAF, *Miti, leggende*, ecc., v. II.

LA LEGGENDA DI UN PONTEFICE

(SILVESTRO II)

———

I.

Sembra a molti che Dante, col parlare dei mali pontefici come in più luoghi notissimi della *Commedia* ne parla, con lo sprofondarne un buon numero nell'Inferno, col porre in bocca allo stesso principe degli apostoli quella terribile sfuriata del 27° canto del *Paradiso*, abbia dato una singolar prova di arditezza e libertà di giudizio, abbia fatto cosa mirabile e nuova, in pien contrasto con le usanze, le opinioni, lo spirito dell'età che fu sua.

È questo un errore.

Il medio evo, se ebbe (come Dante, del resto) viva e salda la fede, e sincera

La riverenza delle somme chiavi,

del papato quale istituzione divina, intesa a procacciare il trionfo della verità e la salute delle anime, ebbe pure, stimolato a ciò dalla stessa indole del suo sentimento religioso, pronta la mente e spedita la lingua a condannare e vituperare i troppo umani traviamenti di quella istituzione, e usò sempre parlando dei reggitori spirituali suoi, così maggiori come minori, non velati giudizii e libere ed acute parole. Di ciò fanno fede certe *Bibbie* satiriche,

certi trattati del *pianto* e della *corruzion* della Chiesa,
molte poesie di goliardi, molte narrazioni di storici e di
novellatori, e alcune leggende meravigliose, le quali, per
avere avuto divulgazione larghissima, ed essere state cre-
dute vere universalmente, hanno anche più significato e
fanno vie più valida testimonianza. Tale la leggenda che
dice Giovanni XII accoppato dal diavolo ; tale l'altra che
manda all'Inferno e libera poi Benedetto IX ; tale quella
che narra della magia e della mala fine di Silvestro II :
anzi questa, essendo per molta parte ingiusta, come or
ora si vedrà ; non avendo, cioè, nella vita di quel pontefice ragion sufficiente e giustificazione opportuna, riesce
più significativa e più notabile delle altre.

La cornice storica, se così posso esprimermi, dentro a
cui essa s'inquadra, è, in breve, la seguente.

Gerberto [1], che poi fu papa col nome di Silvestro II,
nacque di umile famiglia in Aurillac, o ivi presso, nel-
l'Alvernia, non si sa precisamente in quale anno, ma verso
il mezzo del secolo X. Rimasto orfano, fu accolto, fanciullo
ancora, nel monastero di San Geroldo, ove fece i primi
suoi studii, e d'onde, in compagnia di Borel, conte d'Urgel,
passò in Ispagna a seguitarli, sotto la disciplina del vescovo Attone. In Ispagna dimorò alcuni anni, poi, essendo
già versatissimo nella matematica, nell'astronomia, nella
musica, se ne venne, insieme col vescovo e il conte, in
Roma. In Roma il pontefice, ch'era allora Giovanni XIII,
gli pose amore, e dopo alcun tempo lo mandò all'imperatore Ottone II, che a sua volta lo mandò a studiar lo-
gica con un arcidiacono di Reims. Nel 972 Gerberto
insegna in quella stessa città con grande onore, e la fama
del suo mirabil sapere cresce rapidamente ; ma Ottone,
credendo di fargli bene, lo toglie di là per preporlo al-
l'abazia di Bobbio. Quivi Gerberto si attira molte inimi-
cizie e cade in disgrazia così del papa, come dell'impe-

ratore. Fa ritorno a Reims, si getta in mezzo alle contese
politiche, coopera efficacemente alla deposizione di quel-
l'arcivescovo Arnulfo, accusato d'aver tradito Ugo Capeto
suo signore, e ne usurpa il luogo ; ma nol tiene a lungo,
e condannato da un concilio, si ritrae. Nel 999 lo troviamo arcivescovo di Ravenna, e in quell'anno medesimo,
il 2 di aprile, è fatto papa. Governa la Chiesa quattr'anni,
con fermezza e rettitudine, e muore il 12 di maggio
del 1003.

Questi, in succinto, i fatti storicamente accertati, da
cui prende argomento, e tra cui s'insinua e si dilata la
leggenda che mi accingo ad esporre. Essi hanno, senza
dubbio, dello straordinario, ma nulla di portentoso, nulla
di arcano, e non eccedono in nessunissima guisa i termini
naturali delle cose umane e delle umane operazioni. La
fortuna di Gerberto, salito per gradi e lentamente dal-
l'umile condizione di monaco alla suprema dignità di
papa, non dà nemmen luogo a uno di quei problemi storici indeterminati e involuti, intorno a' quali il critico,
che vede ogni po' dileguarsi o confondersi le cause pre-
sunte dei fatti, o diventarne perplesso il significato, si
affatica inutilmente. Data la condizione generale dei tempi
in cui Gerberto ebbe a vivere, date le qualità dell'ingegno
e dell'animo di lui, dato il favore di cui, a tacere d'altri,
gli furono larghi gli Ottoni, quella fortuna appar naturale e spiegabilissima.

Appar tale a noi ; ma tale non doveva facilmente apparire agli uomini che la videro, o a quelli che, per più
secoli di poi, ne udirono il racconto. E però nacque la
leggenda, frutto della ignoranza, congiunta, per una parte,
con l'ammirazione, per l'altra, col malvolere, stimolata
senza posa e riscaldata dalla fantasia.

Dove e quando appajono le prime vestigia di essa, e
quali sono le sue prime sembianze ? Ogni leggenda, si-

mile in questo a una pianta, nasce di certi germi, cresce, fiorisce, prolifera, e dopo un tempo più o meno lungo, secondo l'indole dei popoli, le condizioni della civiltà, le vicissitudini storiche, svigorisce e muore. Come quell'albero meraviglioso dei tropici, che abbarbicando a mano a mano i suoi rami alla terra, forma intere foreste, la leggenda, sin che dura nel suo rigoglio e nella sua fecondità, copre di sè province e reami; ma negli inizii suoi, e poi nella fine, si raccoglie in poco spazio, e facilmente si occulta; e chi ne vuol dar contezza, non sempre riesce a dire se ci sia o non ci sia, se sia già nata, se sia già morta. E ciò perchè la leggenda è bensì un fatto psicologico e storico alla produzione del quale concorrono cause insistenti, molteplici, generalissime; ma è altresì un fatto che si produce e si determina a poco a poco, in certi spiriti da prima, in uno anzichè in un altro luogo, irresolutamente, con manifestazioni scarse e leggiere, che sfuggono all'occhio e facilmente dileguano.

Così per l'appunto seguì della leggenda di Gerberto. Diffusissima nei tre secoli che seguiron l'undecimo, essa, negli anni più prossimi alla morte di colui che le porge argomento, appena dà qualche segno del suo formarsi. Nei cronisti più antichi, coetanei di Gerberto, o a lui di poco posteriori, non se ne vede pur l'orma. Un monaco di San Remigio, Richerio, grande amico ed ammirator di Gerberto, cui dedicò quattro libri di storie, narra con molte lodi la vita di lui, descrive gli studii, esalta l'ingegno e il sapere, celebra le opere, ma non ha nemmeno una parola che accenni a leggenda[2]. Vero è che Richerio, appunto perchè amico, avrebbe potuto tacere, per deliberato proposito, ciò che da molti, non amici, si mormorava; ma non mancano altri cronisti, antichi egualmente, o poco meno, sui quali non può cadere un sospetto così fatto. Ditmaro di Merseburgo, Ademaro Cabannense, o Campa-

nense, Elgaldo, Radulfo Glaber, Ermanno Contratto, o di
Reichenau, Lamberto di Hersfeld, Mariano Scoto, Bernoldo, Ugo Floriacense, tutti fioriti tra il finire del X e
il principiare del XII secolo, nulla narrano che s'accosti
od alluda alla posteriore leggenda, e par più che probabile, conoscendo l'indole, il gusto e i costumi di quei
semplici narratori, e dei più semplici lettori loro, che
nessuna leggenda, propriamente detta, fosse ancora lor
giunta all'orecchio [3]. Ma ciò non vuol proprio dire che
la leggenda non fosse già nata ; vuol dire solo che essa
era appena fuor di terra, e aveva poca radice, e non mostrava altrui nè fiori nè fronde. Anzi è probabile che essa
avesse cominciato a germogliare mentre Gerberto era ancora vivo, forse nell'ultimo tempo del suo breve papato,
forse anche (nessuno potrebbe nè affermarlo, nè negarlo)
qualche anno innanzi.

Vediamone un primo germoglio, a dir vero assai debole,
e appena formato, ma che potrebbe pure esser venuto dopo
altri parecchi, e lascia forse vedere più che non mostri.

Per molti anni, dal 977 al 1030, fu vescovo di Laon
un uomo ambizioso e iracondo, Adalberone, detto anche
Ascelino, mescolato a molte brighe e fazioni del tempo
suo, gran nemico dei Cluniacensi e dei monaci in generale, cattivo poeta, risoluto di animo e sciolto di lingua.
Costui, nel 1006, secondo è da credere, compose, in forma
di un dialogo col re Roberto di Francia, un lungo poema
latino, nel quale diede libero sfogo alle ire che gli co-
vavan nell'anima, pigliandosi quella miglior vendetta che
poteva. In certo luogo egli fa che il re alle sue minacce
risponda :

> Crede mihi, non me tua verba minantia terrent;
> Plurima me docuit Neptanabus ille magister [4].

A primo aspetto questi due versi sciagurati non pajono

avere con Gerberto e la sua leggenda relazione alcuna ;
ma se si riflette che il re, nella cui bocca son posti, era
stato, in Reims, discepolo di Gerberto, e se si bada a quel
Neptanabus, il quale altro non è che il famoso mago
Nectanebus, secondo antiche e divulgatissime finzioni re
dell'Egitto e padre adulterino di Alessandro Magno, la
relazione si scopre, e si sente il veleno dell'argomento.
Roberto dice di non temere le minacce del suo avversario,
perchè dal maestro mago apprese a difendersi. Con poco
o punto pericolo di errare, noi possiamo vedere in quei
versi un'allusione a Gerberto, e un'accusa di magia, per
nessun modo larvata ai lettori di quel tempo. Ecco dunque
apparire, sino dal 1006, tre anni dopo la morte del pontefice, la leggenda della sua magia ; la stessa risolutezza
e recisione dell'accenno lasciano ragionevolmente supporre
che non fosse quella la sua prima apparizione.

Teniamole dietro, e vediamola crescere a vista d'occhio.

Negli ultimi anni del secolo XI, un tedesco, fatto cardinale da un antipapa, Benone, compose col titolo di *Vita
et gesta Hildebrandi*, un rabbioso libello, dove con Gregorio VII, suo capitale nemico, sono calunniati e vitupe-
rati parecchi dei pontefici che lo precedettero. Benone
narra una lunga e tenebrosa istoria, di cui non mancarono di menar vanto e giovarsi, ai tempi della Riforma,
gli oppositori più ardenti ed astiosi della Chiesa di Roma;
e se molte delle cose ch'ei narra sono frutto della sua
fantasia invelenita, altre, e non poche, sono probabilmente
(potrei anche osare di dir certamente) frutto dello spirito
dei tempi, della comune ignoranza, e del maltalento, non
sempre irragionevole e ingiusto, di molti.

A dir di Benone, Gregorio VII, l'amico della contessa
Matilde, il trionfatore di Arrigo IV, il più formidabile
e potente dei papi, fu uno sceleratissimo mago, discepolo,
nelle arti maledette, di Teofilatto, il quale fu pontefice

col nome di Benedetto IX, di Lorenzo, vescovo di Amalfi, di Giovanni Graziano, che fu pontefice anch'egli, e si chiamò Gregorio VI. Teofilatto sacrificava ai demonii, innamorava, con le sue arti, le donne, e come cagne se le traeva dietro per selve e per monti. Di ciò fanno fede i libri che gli si trovarono in casa quand'egli finì miseramente la vita, e tale storia è (dice Benone) cognitissima in Roma, al volgo. Grande amico e fautore di Teofilatto era Lorenzo, *principe dei malefizii*, il quale intendeva il linguaggio degli uccelli, profetava, e destava, coi vaticinii e gli augurii, l'ammirazione della plebe, dei senatori, del clero. Giovanni ospitava in sua casa Lorenzo, e imparava da lui il diabolico magistero. Ildebrando fu degno in tutto de' suoi maestri. Scotendo le maniche, egli spargeva nell'aria un nugolo di faville, e Benone racconta di lui, d'un suo libro magico, e di due suoi familiari, una paurosa novella, che, con poca diversità, ricorre nelle storie di altri maghi famosi, tra' quali Virgilio. Ma la malvagia tradizione e l'esecrando esercizio avevano più antica la origine. Teofilatto e Lorenzo, prima d'esser essi maestri, erano stati discepoli, e il maestro loro aveva avuto nome Gerberto. Benone parla chiaro e preciso : « Essendo ancor giovani Teofilatto e Lorenzo, ammorbò la città co' suoi malefizii quel Gerberto di cui fu detto :

Transit ab R Gerbertus ad R post papa vigens R.

« Questo Gerberto, ascendendo, poco dopo compiuto il millennio, dall'abisso della permissione divina, fu papa quattr'anni, mutato il nome in Silvestro secondo ; il quale, per divino giudizio, morì di morte repentina, colto al laccio di quegli stessi responsi diabolici co' quali tante volte già aveva ingannato altrui. Eragli stato detto da un suo demonio ch'e' non morrebbe sino a tanto che non celebrasse messa in Gerùsalemme. Illuso dalla equivoca-

zione del nome, pensando si dovesse intendere di Gerusalemme in Palestina, andò a celebrare messa il dì della
stazione in quella chiesa di Roma che appunto si chiama
Gerusalemme, dove, sentendosi venire addosso la morte,
supplicò gli fossero tronche le mani e la lingua, con le
quali, sacrificando ai diavoli, aveva disonorato Iddio. E
così ebbe fine condegna a' suoi meriti » [5].

Ecco Roma fatta un covo di pessimi incantatori, i quali,
per colmo di danno e di sceleratezza, sono quegli stessi
pastori che più gelosamente dovrebbero custodire e difendere la greggia dei fedeli contro le insidie e le offese del
lupo diabolico. Credere che tutte quelle accuse sieno mere
invenzioni di Benone non mi par ragionevole, soprattutto
per quanto spetta a Gerberto. Il nemico di Benone era,
non Gerberto, morto oramai da un secolo, ma Ildebrando,
e la pensata e voluta denigrazione d'Ildebrando sarebbe
riuscita, parmi, tanto più efficace e più piena, quanto più
circoscritta e appropriata a lui solo. Benone avrebbe, con
minor fatica, reso assai più iniquo Ildebrando, e saziato
il suo odio, se invece di far di costui un discepolo, ne
avesse fatto un caposcuola; se a lui, anzi che a Gerberto,
avesse dato colpa della prima infezion di magia ond'era
stato contaminato l'ovile di Pietro. Assai più probabile
dunque mi sembra che Benone non inventasse di pianta,
ma raccogliesse in uno, forse esagerando, forse travolgendo,
credenze, accuse, lembi di leggende, già formate, o in via
di formarsi. Lo stesso modo succinto ed elittico usato da
lui in parlar di Gerberto mi pare che sia come un accennare a cose note, sottintese, fatte oramai di pubblica ragione. E non si dimentichi che l'accusa di magia pesò
anche su altri papi parecchi.

Nel poema di Adalberone abbiamo un cenno allusivo
e non più ; nel libello di Benone abbiamo già uno schema
di racconto. Un cronista di poco posteriore a Benone, Ugo

di Flavigny, nato nel 1065, morto non si sa quando, ma
dopo il 1102, parla di Gerberto con manifesto dispetto,
dice che per l'insolenza sua fu espulso dal convento ov'era
stato accolto fanciullo, e che usando di certi prestigi,
quibusdam praestigiis, si fece fare arcivescovo, prima di
Reims, poi di Ravenna [6]. Non dice altro di notabile ; ma
mi par da credere che con la parola *praestigiis* egli abbia
voluto intendere arti magiche, e riferirsi, senza altrimenti
esporla, a una leggenda già cognita [7]. E la leggenda fa
di bel nuovo capolino nell'opera di un monaco belga, la
celebratissima *Chronographia* di Sigeberto di Gembloux,
nato circa il 1030, morto il 1111. Quivi si legge che
alcuni, taciuto il nome di Silvestro II, il quale fu per
dottrina chiaro tra' chiari, ponevano in suo luogo Agapito,
nè ciò senza qualche ragione. Dicesi (così Sigeberto) che
questo Silvestro non entrò per l'uscio, e ci è chi lo accusa di necromanzia, e più cose strane si narrano della
sua morte, e vogliono alcuni che egli morisse percosso
dal diavolo, le quali cose io non affermo e non nego, ma
lascio in dubbio [8]. Come si vede, quando Sigeberto scriveva, la leggenda era ancor titubante, mal definita, male
compaginata, e si reggeva con le grucce dei *si dice* e dei
si crede, che escludono la fede piena, incontrastata ed
universale. Tale carattere essa serba nel racconto di un
altro monaco, Orderico Vital, inglese, che fra il 1124 e
il 1142 compose la sua *Historia ecclesiastica*. Fatte lodi
grandissime di Gerberto e de' suoi numerosi discepoli,
Orderico nota : « Di lui si narra che conversasse col diavolo mentre era maestro, e che avendo chiesto di conoscere il proprio avvenire, il diavolo gli rispondesse col
verso :

Transit ab R. Gerbertus ad R., post papa vigens R.

Tale oracolo fu allora abbastanza oscuro a intendere, che

poi si vide manifestamente adempiuto ; dacchè Gerberto
passò dall'arcivescovado di Reims a quello di Ravenna,
e fu da ultimo papa in Roma » [9]. Questo verso l'abbiam
già trovato nello scritto di Benone, e ci tornerà più d'una
volta sott'occhio. Il primo che lo rechi è il già citato
Elgaldo, il quale nulla sa della sua diabolica origine, ma
dice che lo stesso Gerberto il compose, lietamente scher-
zando sulla lettera R dopo essere stato assunto al pontificato [10].

Col cenno di Orderico si chiude, per noi, il periodo
iniziale della leggenda di Gerberto mago, il periodo delle
formazioni embrioniche, dei primi nuclei staccati, a cui
tien dietro il periodo delle esplicazioni e delle forme com-
paginate ed intere. Un terzo ed ultimo periodo è quello
dello svigorimento progressivo e della obliterazione finale.
Prima d'andar più oltre, soffermiamoci alquanto, e inda-
ghiamo un po' meglio le ragioni, appena accennate sin
qui, della leggenda, e le condizioni in mezzo alle quali
essa prendeva nascimento.

II.

La ragione prima e principale è da cercare nella riputazione grandissima che Gerberto ebbe di dotto. A noi,
che ne abbiamo i frutti tra mani, il sapere di lui non
sembra un gran che, ma fu, pei tempi in cui egli visse,
straordinario davvero, e a quegli uomini doveva sembrare
meraviglioso, e ai più ignoranti inesplicabile e sovrumano.
Il già ricordato Richerio parla con entusiasmo del grande
ingegno e del mirabile eloquio di Gerberto ; celebra la
dottrina di lui, egualmente versato nell'aritmetica, nella
dialettica, nell'astronomia, nella musica ; discorre dell'a-
baco da lui inventato; ricorda alcune sfere celesti da lui

con mirabile artificio costruite. Ditmaro narra che Gerberto fu, sin da fanciullo, ammaestrato nelle arti liberali; che ebbe ottima conoscenza del corso degli astri; che superò in dottrina tutti gli uomini del suo tempo; che nella città di Magdeburgo costruì un orologio solare, spiando a traverso a una canna, la stella *che guida i marinai,* cioè la polare [11]. Ademaro Cabannense dice che Gerberto fu fatto papa dall'imperatore in grazia del suo sapere, *propter philosophiae gratiam* [12].

Ma quel sapere appunto, così fuor del comune, ai più doveva riuscire sospetto, e a molti, che pur non ci sospettavan nulla di soprannaturale, doveva tornare increscioso e non in tutto scevro di colpa. Non si dimentichi che siamo in tempi di fede viva ed angusta, e in mezzo ad uomini superstiziosi, i quali facilmente nel sapere umano scorgono come una presunzione audace di contrapporsi al sapere divino, e negli studii profani un esercizio pien di pericolo, assai più atto a trarre gli spiriti in giù, verso Satana, che a sollevarli in alto, verso Dio. E Gerberto attese con troppo ardore agli studii profani, e non celò la sua passione per essi. Non giunge egli a dire, in una lettera ad Arnulfo vescovo di Reims: « A questa fede noi annodiamo la scienza, poichè non hanno fede gli stolti? » In queste parole facilmente altri avrebbe potuto trovare il germe di una falsa dottrina, contraria agl'insegnamenti dell'Evangelo. Nessuna meraviglia dunque se due cronisti, già più sopra citati, Lamberto di Hersfeld e Bernoldo, pur non facendo il più piccolo accenno ad origini o collegamenti soprannaturali, dicono risolutamente che Gerberto fu troppo dedito agli studii profani.

Ma le cose non potevano fermarsi lì. Durante tutto il medio evo gli uomini più celebrati per ingegno e per dottrina, i filosofi e i poeti più illustri, così degli antichi come dei nuovi tempi, furono tenuti generalmente in conto

di maghi, da Aristotile ad Alberto Magno e Ruggero
Bacone, da Virgilio a Cecco d'Ascoli. Bastava a Gerberto
la fama di dotto per mutarsi, nella opinione d'infiniti, di
vescovo in mago; ma tale mutazione era in lui favorita
da più altre ragioni. Si sapeva del suo viaggio in Ispagna;
si sapeva che in Ispagna egli aveva atteso con sommo
profitto agli studii; e non ci voleva un grande sforzo di
fantasia per porlo in relazione con gli Arabi, per far di
lui il discepolo di qualche dottore saraceno, avverso, come
tutta la sua gente, ai cristiani, e naturale amico del diavolo. La critica del secol nostro provò che Gerberto deriva il suo sapere principalmente da Boezio, del quale
fece in versi un fiorito elogio, e che nulla egli deve agli
Arabi [13]: ma chi ai tempi di lui, avrebbe potuto provare
o affermare altrettanto e troncar dalla radice un sospetto
che sorgeva spontaneo e irresistibile nelle menti ? Ademaro, che pur gli è tanto benevolo, dice (nè si sa donde
tragga cotal notizia) che Gerberto fu a Cordova per amor
di studio, *causa sophiae* [14]. Ora, Cordova era in mano
degli Arabi, e se non aveva, come Toledo, fama di essere
una scuola massima di magia, e un covo di necromanti,
doveva pur sembrare a cristiani un asilo e un propugna-
colo dell'Inferno, dove s'insegnava una scienza perigliosa
e diabolica. Perciò sarebbe da meravigliare se Gerberto
avesse potuto sottrarsi a quella accusa di magia che av-
volse tanti altri, i quali forse meno di lui sembravano
meritarla.

Ma a procacciargliela, quell'accusa, un'altra ragione
cooperò, non meno efficace delle notate : l'odio. Gerberto
ebbe amici molti e potenti ; ma ebbe anche molti nemici,
de' quali fa spesso ricordo nelle sue epistole. Ne ebbe a
Bobbio, d'onde gli fu forza partirsi ; ne ebbe a Reims pei
fatti che ho detto ; ne ebbe in tutta la Francia, e in Germania ancora, a cagione della parte presa negli avveni-

menti politici; ne ebbe in Roma dove gli odii che sempre bollivano contro l'imperatore si riversavano naturalmente sopra i suoi protetti. E quegli odii Gerberto ricambiava. A Stefano, diacono di Roma, scriveva, piena l'anima di livore: « Tutta Italia m'è sembrata una Roma. Il mondo ha in esecrazione i costumi dei Romani » [15].

Nemici dunque molti, e di varia condizione, e per più ragioni; alcuni mossi solo dalla gelosia e dall'invidia, altri da legittimo risentimento: giacchè non è da tacere che se Gerberto ebbe grandi virtù, e parecchie, ebbe anche gran mancamenti; e se attese fedelmente, con zelo e carità, come vescovo e come papa, all'officio ecclesiastico, nei maneggi e nelle gare della vita si diportò più di una volta in modo degno di biasimo. Certo egli fu poco aperto all'amicizia e agli affetti in genere, non ischivo dell'adulazione, non sempre alieno dall'intrigo e dall'inganno; soprattutto fu ambiziosissimo; e se la tristizia dei tempi in parte lo scusa, non lo scusa però interamente. Aggiungasi che gli Atti del concilio di San Basolo, da lui compilati, potevano anche far nascere qualche dubbio circa la sua ortodossia. Per quella brutta faccenda dell'arcivescovo Arnulfo gli si dichiararono avversi gli stessi pontefici, Giovanni XV prima, Gregorio V poi.

Qual che si fosse, del resto, la ragion della inimicizia, ben si vede che i nemici dovevano adoperarsi con tutte le forze ad oscurare la fama di lui, e che l'accusa di scelerati commerci con lo spirito delle tenebre doveva essere da loro, se non immaginata e prodotta, almeno accolta e promossa. Quanti poi, ed erano molti, sparsi pel mondo, avevano in odio la curia di Roma, le sue prevaricazioni e le sue frodi, dovevano favorire il sorgere e il divulgarsi di una leggenda che poneva sulla cattedra di San Pietro una creatura del diavolo. Quel medesimo odio suscitò più tardi la leggenda famosa della Papessa Giovanna. Perciò gli è assai probabile che le prime voci, timide e fuggevoli, dell'accusa cominciassero a levarsi e andare attorno mentre Gerberto era ancor vivo. Il non trovarsi cenno della leggenda nei cronisti più antichi non prova punto, come a taluni sembra, il contrario, giacchè le leggende, di solito, compajono nelle scritture un pezzo dopo che sono nate, e quando già hanno cominciato a esplicarsi e assodarsi : prima vivono nella fantasia dei molti o dei pochi, e nelle scucite narrazioni orali.

Il Doellinger crede che la leggenda nascesse in Roma, e che quivi la raccogliesse Benone [16]. Le sue ragioni, a dir vero, non mi pajono di gran peso, e stimo assai più probabile che nascesse un po' qua e un po' là, dove trovava le suggestioni più acconce e le condizioni più favorevoli. Certo gli esplicamenti ulteriori della leggenda non si produssero in Roma.

III.

Lo storico inglese Guglielmo di Malmesbury, accingendosi, nella prima metà del secolo XII, a narrare la storia di Gerberto, diceva : « Non sarà assurdo, credo, se poniamo in iscrittura ciò che vola per le bocche di tutti » ; e sul finire di quel medesimo secolo, un altro inglese, Gualtiero Map, accingendosi anch'egli a quel racconto, esclamava : « Chi ignora la illusione del famoso Gerberto ? ». La leggenda, che nel secolo precedente sembra nota a pochi, ha fatto molto cammino, ed è ora cognita a tutti. Non solo è cognita a tutti, ma s'è ampliata, ha preso rilievo e colore, ha ricevuto numerosi innesti. Non è più uno schema di racconto, mal composto e reticente, è addirittura un romanzo.

Ascoltiamo Guglielmo di Malmesbury, gran raccogli-

tore, gran narratore, caloroso, efficace e credulo, di storie
incredibili [17].

Gerberto nacque in Gallia, e fu monaco, sin da fanciullo, nel monastero di Fleury. Giunto al bivio pitago-
rico (così si esprime l'autore) sia che gli venisse tedio
del monacato, sia che il vincesse cupidigia di gloria,
fuggì di notte tempo in Ispagna con proposito di apprendere l'astrologia, ed altre arti sì fatte, dai Saraceni, i
quali vi attendono e ne sono maestri. Giunto fra loro,
potè appagare il suo desiderio, e vinse Tolomeo e Alan-
dreo (?) nella scienza degli astri, Giulio Firmico nella
divinazione del fato. Quivi imparò ad intendere e interpretare il canto e il volo degli uccelli; quivi a suscitar
dall'Inferno tenui figure; quivi finalmente quanto di buono
e di reo può comprendere la umana curiosità. Nulla è a
dire delle arti lecite, aritmetica, musica, astronomia, geometria, le quali per tal modo esaurì da farle parere minori del suo ingegno, e con industria grande poi fece ri-
vivere in Francia, ov'erano quasi perdute. Sottraendo, egli
primo, l'abaco ai Saraceni, diede regole che a mala pena
s'intendono dai sudanti abacisti. L'ospitava in sua casa
un filosofo di quella setta, cui egli rimunerò, con molto
oro da prima, e con promesse da poi. Nè mancava il Saraceno di vendere la propria scienza, e spesse volte invi-
tava l'ospite a colloquio, ragionando seco lui quando di
cose serie e quando di sollazzevoli, e gli dava de' suoi
libri da trascrivere. Aveva tra gli altri, il Saraceno, un
volume, che contenea tutta l'arte, e questo, Gerberto, sebbene ardesse della voglia di farlo suo, non potè mai trargli
di mano. Riuscite vane le preghiere, le promesse, le offerte, egli finalmente diede opera alle insidie, e ubbria-
cato, con l'ajuto della figliuola di lui, il Saraceno, tolse
il volume, che quegli teneva custodito sotto il capezzale,
e via se ne fuggì. Destatosi il Saraceno dal sonno, leg-

gendo nelle stelle, della cui scienza era maestro, si diede
a inseguire il fuggiasco ; ma questi, usando della scienza
medesima, conobbe il pericolo, e si celò sotto un ponte
di legno, ch'era ivi presso, aggrappandovisi con le mani,
per modo che, penzolando, non toccava nè la terra nè
l'acqua. Così deluso, il Saraceno ebbe a tornarsene a casa,
e Gerberto, accelerando il cammino, giunse al mare. Colà
evocato con gl'incantesimi il diavolo, pattuì di darglisi in
perpetuo, se, difendendolo da colui che l'inseguiva, lo portava oltre l'acqua. Il che fu fatto.

Qui Guglielmo entra a discorrere dell'insegnamento di
Gerberto, de' suoi compagni di studio e de' discepoli illustri ; ricorda un orologio meccanico (trasformazione del-
l'orologio solare di Magdeburgo) e un organo idraulico,
in cui l'opera dei mantici era supplita dall'acqua bollente,
fabbricati l'uno e l'altro da Gerberto per la cattedrale di
Reims ; dice come Gerberto diventasse arcivescovo di questa
città, arcivescovo di Ravenna e finalmente pontefice ; poi
soggiunge: Fautore il diavolo, Gerberto procacciò la propria
ventura per modo che nulla mai di quant'ebbe immaginato lasciò imperfetto, e da ultimo fece segno della propria
cupidità i tesori delle antiche genti, da lui per arte ne-
cromantica ritrovati.

E qui un'altra storia, che ebbe ancor essa divulgazione
grandissima, e che Guglielmo sembra sia stato il primo
a narrare.

Era in Campo Marzio, presso Roma (così dice il nostro
cronista), una statua, non so se di bronzo o di ferro, che
mostrava disteso l'indice della mano destra, e recava
scritto in fronte : *Percuoti qui; Hic percute.* Gli uomini
del tempo andato, credendo di trovarvi dentro un tesoro,
avevano, con molti colpi di scure, squarciata la statua
innocente ; ma Gerberto corresse l'error loro, intendendo
in tutt'altro modo le ambigue parole. Epperò, notato di

pien meriggio il luogo ove giungeva l'ombra del dito, ivi
infisse un palo, e sopravvenuta la notte, fatto colà ritorno
con la sola scorta di un suo cameriere, che recava una
lucerna accesa, fece con suoi incanti spalancare la terra.
Ed ecco apparire agli sguardi loro una grandissima reggia,
auree pareti, aurei lacunari, e cavalieri d'oro giocanti con
aurei dadi, e un aureo re, sedente con la sua regina a
mensa apparecchiata, con intorno i ministri e sulla mensa
vasellame di gran peso e pregio, ove l'arte vincea la natura. Nella più interna parte del palazzo, un carbonchio,
gemma fra tutte nobilissima e rara, fugava col suo splen-
dore le tenebre, e aveva di contro, nell'angolo opposto, un
fanciullo con l'arco teso, incoccata la freccia. Ma nessuna
di quelle cose, che con l'arte preziosa rapivano gli occhi,
poteva esser tocca, perchè come l'uno degli intrusi vi
appressava la mano, subito quelle immagini tutte pare-
vano balzargli incontro e voler far impeto nel temerario.
Vinto dal timore, Gerberto represse la sua cupidigia ; ma
il cameriere ghermì un coltello di mirabile valore, che
era sul desco, pensando così picciolo furto dovesse rimanere occulto fra tanta preda. Incontanente insorsero le
immagini tutte fremendo, e il fanciullo, scoccata nel carbonchio la freccia, empiè di tenebre il luogo ; e se il cameriere, ammonito dal suo signore, non si fosse affrettato
a deporre il coltello, avrebbero entrambi pagata la pena
della lor petulanza. Così inappagata la loro bramosia,
guidati dalla lucerna, se ne tornarono addietro. — Erano
quelli i tesori di Ottaviano Augusto imperatore, a proposito dei quali Guglielmo narra altre avventure e altre
meraviglie.

Segue un terzo racconto, col quale il romanzo si chiude.

Gerberto, osservati gli astri, compose una testa artifiziata, la quale rispondeva per sì e per no alle domande
che le si facevano. Così se Gerberto chiedeva: Diventerò

io papa? — la testa rispondeva: Sì. — E se Gerberto domandava: Morrò io prima che canti messa in Gerusalemme? — la testa rispondeva: No. E vogliono che dall'ambiguità di questa seconda risposta egli sia stato tratto in inganno, perchè non pensò esservi in Roma una chiesa che appunto è detta Gerusalemme, dove suol cantar messa il papa le tre domeniche cui dassi il titolo di *Statio ad Jerusalem*. Ora avvenne che in uno di quei giorni Gerberto, mentre si parava per la messa, ammalò, e crescendogli il male, consultata la testa, conobbe l'inganno e la morte imminente. Chiamati pertanto i cardinali, pianse a lungo i suoi malefizii, e mentre quelli per lo stupore non sapean che si fare, egli, perduto per l'angoscia il senno, ordinò lo tagliassero a pezzi, e così ne lo gittassero fuori, dicendo: Abbia le membra chi ebbe l'omaggio, perchè l'anima mia sempre detestò quel sacramento, anzi sacrilegio.

Due sarebbero state principalmente, secondo la narrazione di Guglielmo, le ragioni che indussero Gerberto a studiare la magia e legarsi col demonio: il desiderio di sapere e l'amor della gloria; la cupidigia appare solo più tardi. In un poema latino anonimo, di cui non è accertato se appartenga al secolo XII o al XIII [18], narrasi che Gerberto si diede al diavolo perchè non era buono d'imparar nulla, ed ebbe il diavolo stesso a maestro, e da lui apprese a compor l'abaco; ma nel già ricordato racconto di Gualtiero Map vengono fuori altri fatti, altre ragioni, altre meraviglie.

Dice quest'uom dabbene, con torturata e torturante eleganza di concetti e di stile, che Gerberto, essendo in Reims, s'innamorò perdutamente della figliuola di quel preposto, bellissima, ammiratissima, desideratissima. Per amor di lei Gerberto si diede a spendere e spandere, si caricò di debiti, cascò in mano agli usurai, e in poco

tempo, abbandonato da servi ed amici, toccò il fondo della
miseria. Un giorno, lacerato dalla fame e fuor di sè, nel-
l'ora del meriggio, si cacciò in un bosco, e vagando a
caso, capitò in un luogo dove improvvisamente gli si
offerse alla vista una donna d'inaudita bellezza, seduta
sopra un gran drappo di seta, con innanzi a sè un mucchio
grandissimo di monete. Gerberto volge il piè per fuggire;
ma la donna il chiama per nome, e come mossa a com-
passione del suo stato, gli offre quante ricchezze possa
mai desiderare, a patto solo che rinunzii alla figlia del
preposto, la quale non si curò punto di lui, e voglia lei,
che gli parla, per compagna ed amica. Ella soggiunge:
Meridiana è il mio nome, e sono, come tu sei, creatura
dell'Altissimo, e a te, come al più degno fra gli uomini,
ho serbata la mia verginità. Non sospettar d'inganno e
d'insidia; non credere che io sia un qualche demone succubo; io tutto ti offro, e non ti chiedo promessa o patto
alcuno. Gerberto, rimosso dall'animo ogni timore, offre la
propria fede, bacia l'amica (salvo, dice il buon Gualtiero,
il pudore), prende quant'oro può portare, torna in città,
paga i suoi creditori, e ajutato dalla sua Meridiana (o
Marianna), la quale gli è non meno maestra che amante,
e gl'insegna la notte che cosa abbia da fare il giorno,
ristora tutto il perduto, agguaglia la magnificenza di
Salomone, vince quanti hanno fama di dotti, diventa il
soccorritore dei bisognosi, il redentor degli oppressi, e
non è città nel mondo che per amore di lui non porti
invidia a Reims. La figliuola del preposto, ciò vedendo,
arde a sua volta di amore e di gelosia, e si strugge del
desiderio di aver tra le braccia colui che tanto avea di-
sprezzato. Con l'ajuto di una vecchia, vicina di Gerberto,
appaga il suo desiderio, un giorno che quegli, dopo lauto
desinare, s'era addormentato nell'orto. Meridiana si sdegna,
e da prima respinge il pentito, poi gli perdona, a patto

che si leghi a lei con formale promessa e indissolubile nodo. Muore intanto l'arcivesco di Reims, e Gerberto, per la fama de' suoi meriti, è chiamato a succedergli; poi, in Roma, è dal papa fatto cardinale e arcivescovo di Ravenna; poi, morto il papa, è, per universale suffragio, coronato della tiara. Ma durante tutto il tempo del suo sacerdozio, egli più non si cibò del corpo e del sangue di Cristo, solo simulando con frode il sacramento. L'ultimo anno del suo pontificato gli apparve Meridiana, e gli annunziò ch'ei non morrebbe finchè non celebrasse messa in Gerusalemme, ed egli, dimorando in Roma, e facendo pensiero di non girsene mai in Terra Santa, si tenne sicuro. Se non che, andato un giorno a celebrare messa nella chiesa di Santa Croce in Gerusalemme, si vide improvvisamente innanzi Meridiana, che l'applaudiva, come fosse lieta del suo prossimo venire a lei. La qual cosa veduta, e conosciuto il nome del luogo, egli, convocati i cardinali, e tutto il clero e il popolo, si confessò pubblicamente, e fatta acerbissima penitenza, morì. Fu sepolto nella chiesa di San Giovanni Laterano, dentro a un'arca marmorea, dalla quale trasuda acqua; e dicono che quando sta per morire il papa, di quell'acqua si forma un rigagnolo che scorre in terra, e quando muore alcun altro grande, se ne aduna più o meno, secondo il grado e la dignità di ciascuno. Gerberto, sebbene per avarizia sia stato gran tempo impigliato nel vischio del diavolo, pure con forte mano e magnificamente resse la Chiesa [19].

Il racconto di Gualtiero ha una intonazione gaja che manca al racconto di Guglielmo e degli altri: l'orror del diabolico è in esso raggentilito dall'amore e dalla bellezza. Quella Meridiana, o Marianna, non è se non l'antichissima Diana trasformata in diavolo, e più propriamente nel diavolo meridiano, che soleva lasciarsi vedere sull'ora del meriggio, e di cui è frequente ricordo negli scrittori del medio evo [20]. Essa ha nel romanzo di Gerberto, quale Gualtiero lo narra, una parte molto simile a quella che certe fate hanno nei romanzi cavallereschi, e la storia degli amori appartiene al divulgatissimo tema degli amori d'uomini d'ossa e di polpe con donne soprannaturali [21].

D'onde attingeva Gualtiero? Dalla propria fantasia, o da una tradizione scioperata e caduca, nata forse e morta in Inghilterra, prima che giungesse a valicar lo stretto e a propagarsi nel continente? Propendo per questa seconda soluzione del dubbio, ma senza poterla provare. Certo si è che un altro scrittore inglese, di poco anteriore a Gualtiero, e non noto per nome, di Meridiana non fa parola: dice che Gerberto si diede al diavolo per avidità di onori e di ricchezze; che fu dallo stesso demonio ingannato con quell'ambiguo responso della messa da celebrare in Gerusalemme, e fatto un cenno della penitenza, chiude il racconto, annunziando la salvazione del pentito, e riferendo il miracolo del sepolcro [22].

Così abbiam veduto variare le ragioni assegnate al diabolico patto: amor del sapere, inettitudine allo studio, cupidigia di onori e di potere, avidità di ricchezze; più che non se ne sieno addotte per Fausto. Un poeta e cronista alquanto più tardi, il viennese Enenkel, il quale, circa il mezzo del secolo XIII, compose una specie di storia universale in versi, narra che Gerberto, uomo di gran sapere, ma giocatore sfrenato, per torsi alla miseria cui s'era ridotto, si legò col diavolo, pattuendo d'esser suo il giorno in cui celebrerebbe messa in Gerusalemme. Ajutato dal suo diavolo, Gerberto seguita a giocare a dadi, vince quanti si cimentano con lui, diventa segretario del vescovo, poi vescovo, poi papa. Segue il racconto della messa fatale e della penitenza: le membra tronche sono gettate ai diavoli congregati, che giocano con esse alla palla [23].

Ma non corriamo tropp'oltre, e prima di seguitare, soffermiamoci un poco a considerar più da presso alcuna delle finzioni che ci si sono parate dinanzi.

IV.

Il verso:

Scandit ab R Gerbertus in R, post papa viget R,

riferito la prima volta, come ho detto, da Elgaldo, ripetuto poi, con leggiere variazioni, da Benone e da molti altri, può benissimo, come lo stesso Elgaldo afferma, essere stato composto da Gerberto dopo la sua esaltazione al pontificato; ma mi par più probabile sia fattura di qualche scolastico di quei tempi. Comunque sia, più tardi esso diventa una specie di vaticinio posto in bocca al diavolo. Il cronista inglese, che andava sotto il nome di Guglielmo Godell, ne fece un epitafio inscritto sulla tomba di Gerberto [24].

Ditmaro parla di un orologio solare. L'anonimo autore di certi *Gesta episcoporum Halberstadensium*, il quale scriveva nei primi anni del secolo XIII, si contenta di dire che Gerberto costruì in Magdeburgo un orologio abbastanza ammodo (*orologium quoddam honestum satis*) [25]; ma Guglielmo di Malmesbury vuole fosse un orologio meccanico, e Sant'Antonino dice molto più tardi, nelle sue Istorie, che Gerberto fece un orologio meccanico mirabile. Gli è così appunto che la leggenda lavora.

La storia della statua, che indica misteriosamente un luogo nascosto, ha molti riscontri, ed è certamente, almeno in parte, più antica di Gerberto cui Guglielmo l'appropria. In un libro arabico, intitolato *Il libro del secreto della creatura del saggio Belinus* (il quale Belinus si crede con buon fondamento essere Apollonio Tianeo)[26], si narra che nella città di Tuaya (probabilmente Tiana) c'era una statua di Ermete, sul cui capo leggevasi scritto: *Se alcuno desidera conoscere il secreto della creazione degli esseri, e come fu formata la natura, guardi sotto a' miei piedi.* Nessuno aveva mai saputo scoprirci nulla; ma Belinus scavò sotto i piè della statua, e trovò un sotterraneo, e nel sotterraneo un vecchio seduto sopra un trono d'oro, con innanzi un libro aperto. Belinus tolse il libro, e acquistò per esso la cognizione di tutte le cose [27]. Similmente la storia dei tesori trovati nel sotterraneo fu narrata, prima che di Gerberto, di altri. Il già citato cronista Sigeberto di Gembloux racconta, all'anno 1039, che in Sicilia era una statua marmorea, la quale recava scritto intorno al capo: *Alle calende di maggio, nascente il sole, avrò il capo d'oro.* Un Saraceno, fatto prigione da Roberto Guiscardo, intendendo il significato di quelle parole, il dì primo di maggio, al nascer del sole, notò diligentemente il luogo ove giungeva l'ombra della statua, e quivi, scavata la terra, trovò un infinito tesoro, col quale potè riscattarsi. Di questo caso fa ricordo anche il Petrarca nel suo libro delle cose memorabili [28]. L'avventura non ebbe così buon fine per un chierico innominato, di cui si narra la storia nei *Gesta Romanorum.* Costui, penetrato, come Gerberto, in luogo sotterraneo, ov'era accolto un inestimabile tesoro, non seppe frenare la voglia, e tolse un coltello: immediatamente un sagittario scoccò la freccia nel carbonchio che illuminava la caverna, e il temerario chierico, non potendo più, fra le tenebre, rinvenir la via dell'uscita, morì miseramente. Quel sagittario, o uno che assai gli somiglia, appare anche in altri racconti: nella leggenda di Virgilio

mago, nella *Image du monde*, nella *Eneide* del tedesco
Enrico di Weldeke [29].

Veniamo alla testa artifiziata che dà responsi. Teste
così fatte, o anche intere statue favellatrici, o androidi,
furono pure attribuite ad Alberto Magno, a Ruggero Bacone, ad Arnaldo di Villanuova, a Enrico di Villena, a
un rabbino per nome Löw. Di una si parlò nel famoso
processo dei Templari, e Guglielmo di Newbury, storico
inglese morto il 1208, racconta di un procuratore di
Andegavia, per nome Stefano, ingannato, come Gerberto,
da una testa magica [30]; e chi non ricorda la gherminella
fatta con una testa presunta magica al povero Don Chi-
sciotte? Se Gerberto sia stato il primo ad averne una
dalla generosità della leggenda è difficile dire, e non è
gran fatto probabile; ma certo il fallace responso ch'egli
ebbe da essa, o dal diavolo, altri ebbero assai prima di
lui, come altri ebbero dopo. Di responsi ambigui e fal-
laci è assai spesso ricordo negli scrittori dell'antichità [31].
Di un responso, o, a dir meglio, di un avvertimento, non
diabolico, ma divino, nel quale, come nella risposta data
a Gerberto, si ha una equivocazione sul nome di Gerusalemme, narra Giovanni Villani riferendola a Roberto
Guiscardo. « Questo Ruberto Guiscardo, dopo molte nobili opere e cose fatte in Puglia, per cagione di devozione
si dispose d'andare in Gerusalemme in peregrinaggio, e
detto li fu in visione che morrebbe in Gerusalemme.
Adunque accomandato il regno a Ruggieri suo figliuolo,
prese per mare viaggio verso Gerusalemme. E pervenendo
in Grecia al porto che si chiamò poi per lui porto Guiscardo, cominciò a gravare di malattia. E confidandosi
nella revelazione a lui fatta, in nullo modo temeo di morire. Era incontro al detto porto una isola, alla quale,
per cagione di prendere riposo e forza, vi si fece portare,
e là portato non migliorava, anzi più aggravava. Allora

dimandoe come si chiamava quella isola: fu risposto per
li marinari che per antico si chiamava Gerusalemme. La
qual cosa udita, incontanente certificato di sua morte,
divotamente di tutte le cose che a salute dell'anima si
appartengono sì si ordinò, e divotamente si acconciò e
morio nella grazia d'Iddio nelli anni di Cristo 1090 » [32].
Nella leggenda di Cecco d'Ascoli si ha, come in quella
di Gerberto un inganno diabolico. Il diavolo aveva annun-
ziato a Cecco ch'e' non morrebbe se non tra Africa e Campo
de' Fiori. Condotto al supplizio, l'infelice non dava segno
di timore alcuno, aspettando che quegli venisse a libe-
rarlo; ma saputo allora come Africo fosse il nome di un
fiumicello che scorreva ivi presso, intese sotto il nome di
Campo de' Fiori celarsi Firenze, e si conobbe perduto.
Il mago polacco Twardowsky fu, dice la leggenda, ingannato dal diavolo con una equivocazione sul nome di
Roma, che aveva pure un piccolo villaggio in Polonia [33];
Enrico IV d'Inghilterra, nel dramma dello Shakespeare
che da lui s'intitola, è ancor egli ingannato col nome
di Gerusalemme [34].

Per ciò che spetta alla terribile penitenza con cui Gerberto espiò le sue colpe e si liberò dalle mani del diavolo, la tradizione è certo assai antica, perchè si trova
già, come abbiam veduto, nello scritto di Benone, sebbene poi Sigeberto di Gembloux ne taccia. Il medio evo
è pieno di così fatti racconti di penitenze spaventose, intesi a mostrare l'efficacia appunto della penitenza, e come
non siavi peccato, per quanto grande e mostruoso, che
non possa ottenere il perdono di Dio: si direbbe che
quella età abbia a bella posta inventati peccatori sceleratissimi, per poi farli pentire, e renderli degni del Paradiso. Anche la penitenza di Gerberto ha non pochi riscontri. Guglielmo di Malmesbury ne racconta una in
tutto simile di un mago Palumbo [35], e Tommaso Can-

tipratense reca l'esempio di un malvagio pentito, che, condannato a morte, chiede in grazia d'essere tagliato a pezzi [36]. Taluno di tali racconti è ancor vivo nelle letterature popolari [37].

In relazione con la notizia data da Gualtiero Map, che Gerberto più non comunicò durante tutto il tempo del suo sacerdozio, è quanto dice un altro scrittore inglese del secolo XIII, Giraldo Cambrense, il quale, ricordato quel caso, soggiunge: « onde fu statuito nella Chiesa Romana che i sommi pontefici, nel momento della comunione, dovessero voltarsi verso il popolo » [38]; precauzione che ricorda quella secondo altri racconti usata per accertarsi del sesso dei pontefici dopo la scandalosa avventura della papessa Giovanna.

Finalmente la favola del sepolcro che suda acqua. Il primo a farne cenno sembra essere un diacono Giovanni, che in Roma, ai tempi di Alessandro III (1159-1181) compose un *Liber de ecclesia Lateranensi*. Egli dice che il sepolcro di Gerberto, sebbene non fosse in luogo umido, mandava fuori, anche quando l'aria era in tutto serena, gocce d'acqua, e che ciò era agli uomini cagione d'ammirazione [39]. Di presagi non fa parola; ma gli è assai probabile che qualche immaginazione simile a quella che in proposito riferisce Gualtiero, fosse già nata in Roma fra il popolo.

La leggenda di Gerberto faceva ciò che sempre fanno le leggende maggiori, congiunte ad alcuna persona illustre, o ad alcun memorabile avvenimento: come un rivo nato di picciola fonte, il quale ingrossa di sempre nuove acque trovate per via, essa ingrossava di quante finzioni le si paravano innanzi consentanee al suo spirito e conformi al suo tema.

V.

Guglielmo di Malmesbury e Gualtiero Map ci dànno la leggenda nella sua forma più piena e colorita, quale sembra siasi foggiata, per ragioni che ci sfuggono, in Inghilterra. Da indi in poi essa si diffonde sempre più, ma accrescimenti nuovi, di molto rilievo, più non ne riceve; anzi si assottiglia alquanto cammin facendo, e ciò assai prima d'essere pervenuta all'età della declinazione e dell'esaurimento. La storia della figlia del preposto e della bella Meridiana, benchè tale da dover necessariamente piacere alle fantasie di quei tempi, si perde, nè è possibile dire perchè: rimangono al loro posto, ma non tutte salde egualmente, le altre parti, il patto col diavolo, la testa magica, il responso ingannevole, l'ultima messa, la penitenza, il miracolo del sepolcro. Talvolta, dell'antica leggenda, tramenata di qua e di là, strappata fuori da tanti libri e cacciata dentro a tanti altri, rinarrata spesso da chi non l'aveva più se non imperfettamente nella memoria, si lascia vedere solo un membro divelto, come un rottame di nave perduta che galleggi a fior d'acqua.

Ma l'opinione della veracità sua, l'opinione che fosse non favola, ma storia, per lungo tempo sempre più si rafferma. Sigeberto di Gembloux, Guglielmo di Malmesbury e alcun'altro, avevano espresso un dubbio in proposito, dubbio proprio o d'altrui. Sigeberto, narrate le cose che abbiamo udite, soggiungeva: « Ciò udii da altri; se vero o falso, lascio giudicare al lettore ». Guglielmo accennava al dubbio che da taluno si sarebbe potuto muovere; ma, diceva, a farlo dileguare basta la prova della morte; nè gli veniva in mente che anche la storia della morte potesse esser favola. Nel secolo successivo ogni dubbio si tace.

Chi volesse ricordare tutte le scritture in cui, per lo spazio di quattro secoli, dal XIII al XVI, ricomparisce la leggenda di Gerberto, dovrebbe recitare una litania non più finita. Io mi contenterò di ricordare le più importanti, notando certe variazioni che, per esse, si andavano introducendo nella leggenda.

La fonte principalissima, quando diretta e quando indiretta, dei nuovi, o, per dir meglio, rinnovati racconti, è Guglielmo, la cui opera fu assai nota nel continente, e usufruita e saccheggiata da molti. Da lui attinse, negli anni intorno al 1230, Alberico dalle Tre Fontane [40], e da lui attinse, circa quel medesimo tempo, Vincenzo Bellovacense, il cui *Speculum historiale* procacciò, con la grande sua diffusione, nuova celebrità alla leggenda, e divenne a sua volta una fonte a cui attinsero molti [41]. In quello stesso secolo la leggenda è narrata, ma solamente in parte, da Filippo Mousket (il quale non visse oltre il 1244) in una sua fastidiosissima cronica rimata [42], e dal celebre Martino Polonò, il quale morì nel 1279 [43]. Il *Chronicon* di Martino fu, per tutto il rimanente medio evo, il libro di storia più letto e più frequentemente citato, e accrebbe di molto, se pur era possibile, la diffusione e il credito della leggenda. In esso è per la prima volta ricordata una particolarità curiosa circa il seppellimento di Gerberto. Fattosi troncare le membra, il contrito pontefice ordinò che il suo tronco fosse posto sopra una biga, e sepolto nel luogo ove lo traessero e si fermassero gli animali aggiogati: questi lo trassero a San Giovanni Laterano, e quivi fu sepolto. Della biga molti poi ebbero a ricordarsi, facendola tirare da buoi, da bufali, da cavalli indomiti, rinnovando il tema di altre leggende, così sacre, come profane. Quando Martino scriveva, nessuno più dubitava della veracità di quei racconti, i quali erano stati accolti e condensati in apposita iscrizione, incisa sul sepolcro del pontefice mago. A tale iscrizione accenna chiaramente Martino in fine della sua narrazione. Parve duro a taluno credere che la Chiesa stessa volesse, con l'autorità che le è propria, in luogo sacro, farsi mallevadrice di tante e così ingiuriose favole ; ma la iscrizione ci fu veramente; anzi ce ne furono due, di consimil carattere, l'una in San Giovanni, e l'altra in Santa Croce, vedute entrambe da Michele Montaigne, che ne fa espresso ricordo [44]. Quella di Santa Croce era, dice Raimondo Besozzi nella storia che scrisse di tale basilica [45], nel lato diritto della cordonata che conduce alla cappella di San Gregorio, e ci fu conservata da Lorenzo Schrader nell'opera sua intitolata *Monumenta Italiae* [46], dove si legge del tenore seguente: *Anno domini MIII tempore Otthonis III Sylvester Papa Secundus qui fuerat ante Otthonis praeceptor, non satis rite forsan Pontificatum adeptus, a spiritu praemonitus qua die Hierusalem accederet se fore moriturum, nesciens forte hoc sacellum esse Hierusalem secundum, sui Pontificatus anno quinto, statuta die rem hic divinam faciens, ipsa die moritur. Eo tamen divina gratia ante communionem, cum se jam tunc moriturum intellexisset, propter dignam poenitudinem et lacrymas ac loci sanctitatem ad statum verisimilem salutis reducto: reseratis enim post divina populo criminibus suis et ordinatione praemissa, ut in criminum ultionem exanime corpus suum ab indomitis equis per urbem quaqua versum discurrentibus traheretur, et inhumatum dimitteretur, nisi Deus sua pietate aliud disponeret, equisque post longiorem cursum intra Lateranam aedem moratis, istich ab Otthone tumulatur. Sergiusque IIII successor mausoleum deinde expolitius reddidit.*

Ma qui nasce un dubbio. Sergio IV, uno dei primi successori di Gerberto (1009-1012), compose, o fece comporre, per il predecessore suo un lungo e pomposo epitafio in distici, che tuttora esiste, sebbene non esista più il sepolcro a cui appartenne [47]. In esso molte e magnifiche lodi, e non un minimo cenno di leggenda ingiuriosa. Non è egli dunque da credere che abbia errato Martino Polono, ricordando come incisa sul sepolcro una iscrizione ispirata dalla leggenda, e che abbia traveduto il Montaigne, credendo di leggere in San Giovanni Laterano una iscrizione simile a quella di Santa Croce in Gerusalemme? L'epitafio di Sergio, epitafio che appunto leggevasi in San Giovanni, non escludeva, con la sua presenza, ogni iscrizione di carattere leggendario ed ingiurioso? Non parmi; e mostrerebbe di conoscere assai malamente il medio evo chi, per affermarlo, si fondasse sulla contraddizione palese e violenta. A ben altre contraddizioni quella età si acconciava, senza addarsene punto, o senza torsene briga. L'affermazione di Martino, il quale (si noti) fu lunghi anni in Roma cappellano e penitenziario papale, è categorica e degna in tutto di fede, com'è categorica e degna di fede l'affermazione di Michele Montaigne, ed entrambe sono avvalorate dalle parole di un devotissimo tedesco, del quale sarà fatto ricordo più oltre. Ben più strana della notata sarebbe a ogni modo l'altra contraddizione, che la leggenda si potesse veder descritta in Santa Croce, e, poco di là discosto, in San Giovanni, sulla tomba del Pontefice, non se n'avesse traccia. Noi possiamo dunque tener per fermo che una iscrizione di carattere leggendario sulla tomba ci fosse: a canto ad essa il panegirico del buon papa Sergio si reggeva come poteva.

Insieme con quella della biga vengono fuori qua e là, altre particolarità curiose. Dice Martino che, in segno

della ottenuta misericordia, il sepolcro di Gerberto, così
per l'agitazione e il rumore delle ossa che vi son dentro,
come pel trasudare dell'acqua, annunzia la imminente
morte dei pontefici. Di quel tumultuar delle ossa molti
parlano di poi [48]; al qual proposito è da osservare che
l'agitarsi dei morti nelle tombe, è, di solito, considerato
quale un segno, non di salvazione, ma di dannazione.

L'acqua, in certi racconti, si muta in olio [49], e si parla
di una indulgenza accordata a quanti si recano a visi-
tare la tomba e vi recitano un *Pater noster* [50].

Nei racconti più antichi, Gerberto, pentito, si fa tagliare a pezzi, e la cosa finisce lì; racconti posteriori
accolgono il fatto, ma ci mettono un po' di frasca intorno.
Filippo Mousket, nella già citata sua cronaca, insiste
molto, e con manifesto compiacimento, sopra quella ma-
cellazione finale. Le membra del malcapitato pontefice
sono date a mangiare ai cani. I diavoli, che, sotto forma
di nerissimi corvi e di orribili avvoltoi, erano accorsi in
gran numero (più di 536, dice il cronista tirato dalla
rima), le contendono ai cani, e se le contendono fra loro,
menando un chiasso veramente indiavolato. Enenkel fa,
come si è veduto, che i diavoli giuochino con quelle po-
vere membra alla palla. Tali racconti, intesi ad accre-
scere l'orrore e l'efficacità dell'esempio, trovano ripetitori
e rimaneggiatori: due secoli dopo Sant'Antonino, sente il
bisogno di mitigare alquanto le feroci immaginazioni de'
suoi predecessori, e con lodevole accorgimento vuole che
il papa si faccia tagliare a pezzi dopo morto [51]. Circa il
1260, il così detto Minorita Erfordiense narra, con parole di santa esecrazione, che nella cappella dove seguì
l'orribil fatto, nessun papa volle più mettere il piede [52].

E la leggenda sempre più si diffonde, passando di secolo in secolo e di gente in gente. Sin qui non abbiamo
trovato scrittori italiani che la narrassero. Romualdo Sa-

lernitano, morto nel 1181, sembra che la ignorasse affatto; ma nel secolo XIV molti Italiani la narrano, primi Riccobaldo da Ferrara [53] e Leone d'Orvieto [54]. Con essi la leggenda penetra nelle storie speciali dei pontefici, d'onde non uscirà più, se non molto tardi. Narrano quasi con le stesse parole, succintamente, e nulla recano di nuovo. Ad essi tengono dietro Tolomeo da Lucca [55] il quale cita Vincenzo Bellovacense e Martino Polono; Giovanni Colonna [56], il quale attinge da Guglielmo di Malmesbury; Domenico Cavalca, nel *Pungilingua*, il quale, del resto, è poco più che traduzione di un libro francese, e nei *Frutti della Lingua* [57]; Andrea Dandolo, che parla della statua e dell'ambiguo responso [58]. Fuori d'Italia ripetono la leggenda Matteo di Westminster [59], Bernardo Guidonis [60], Roberto Holkot [61], Pietro Bersuire (o Berchorio) [62], Amaury d'Augier [63], Enrico di Ervordia [64], Giovanni d'Outremeuse [65], l'autore del *Chronicon Vezeliacense* [66], ed altri parecchi. A forza di viaggiare, la leggenda era giunta, già nella prima metà di quel secolo, se non anche prima, sino in Islanda [67].

Nel secolo seguente, l'antica favola, non punto scemata di credito, riappare nelle già citate Istorie di Sant'Antonino, il quale altro quasi non fa se non copiare Giovanni Colonna; nelle Vite dei Pontefici del Platina; nella *Fleur des histoires* di Giovanni Mansel; nelle *Rapsodiae historiarum* di Marc'Antonio Sabellico; nelle *Novissimae historiarum omnium repercussiones* di Jacopo Filippo da Bergamo; negli *Annales silesiaci compilati*, ecc.; e nel secolo XVI la riferiscono, Giovanni Wier nel libro suo *De praestigiis daemonum;* Hans Sachs in una delle innumerevoli sue poesie; Giovanni Guglielmo Kirchhof nel *Wendunmuth;* i così detti Centuriatori di Magdeburgo nella loro *Historia ecclesiastica,* e parecchi altri scrittori della Riforma, ai quali stava molto a cuore di narrar le gesta di un papa che s'era venduto al diavolo. Nel 1599 Giorgio Rodolfo Widmann introduceva la novella di Santa Croce in Gerusalemme nella sua Storia di Fausto.

Ben s'intende come alla longeva e vagabonda leggenda dovesse far codazzo un popolo di errori, che la leggenda, veramente, non chiedeva, alcuni dei quali, anzi, essa volentieri avrebbe respinti, ma che in sua compagnia non facevano poi troppo brutta figura. Ne additerò alcuni.

Gualtiero Map, forse più per proposito che per errore, fa nascere Gerberto di nobile prosapia; ma molto prima di lui, in un Catalogo di pontefici, attribuito, non so con quanta ragione, a Mariano Scoto, il quale visse fino al 1086, Gerberto era stato fatto a dirittura figliuolo dell'imperatore Ottone (di quale?) [68]. In alcuni, come nell'autore della cronaca che andava sotto il nome di Guglielmo Godell, nasce un dubbio, se, cioè, Gerberto e Silvestro II sieno una sola e stessa persona, e in certi *Annales remenses et colonienses* si dice risolutamente che Silvestro II fece deporre Gerberto, il quale aveva usurpato il luogo di Arnulfo, arcivescovo di Reims, e sospendere i vescovi che avevano consentita la sua consacrazione [69]. Altri, a cominciare da Guglielmo di Malmesbury, confondono Silvestro II con Giovanni XVI, l'antipapa che da Crescenzio fu opposto a Gregorio V, e a questo Gregorio Ugo di Flavigny fa precedere Silvestro, che invece fu suo successore. Il nome stesso di Gerberto si altera in varii modi: Guiberto, Gilberto, Giriberto, Goberto, Uberto, e talvolta, come or ora vedremo, si muta in nomi di tutt'altro suono. Gli anni della esaltazione e della morte oscillano molto, e per solo citare due esempii estremi, mentre, nel secolo XI, l'autore di una parte di certi *Annales Formoselenses* [70] pone l'esaltazione all'anno 895, con errore di più che cent'anni, Giovanni d'Outremeuse, nel secolo XIV, fa che Gerberto riceva dal diavolo il fallace responso il 7 di giugno del 1022. Gli anni del papato variano da meno di uno a sette. Qui pure sono da ricordare certe affermazioni di storici, le quali contraddicono, o poco, o molto, alla leggenda diabolica. Più cronisti asseverano, quando già la leggenda è larghissimamente diffusa, che fu il popolo romano tutto intero quello che acclamò pontefice Gerberto [71]; e più altri ricordano una santa visione che Gerberto ebbe concernente il conferimento della corona d'Ungheria [72].

Ci riman da vedere come la leggenda traviasse, e come da ultimo si perdesse, simile a un fiume, che, dopo lungo corso, dilegui, bevuto dalle sabbie del deserto e dal sole.

Un poemetto inglese del secolo XIII narra la meravigliosa istoria di Silvestro II, ma riferendola a un papa Celestino, il quale, evidentemente, non può aver nulla di comune con Celestino II. Esso ricorda in principio, per le cose che narra, il poemetto latino che ho già citato, ma poi se ne scosta molto nel séguito. Celestino, perduto assai tempo nelle scuole senza apprendere nulla, si dà al diavolo, e il diavolo l'ammaestra, e nel corso di pochi anni lo fa arcidiacono, poi arcivescovo, poi cardinale, poi papa. Divenuto papa, Celestino predica, per dodici mesi consecutivi, contro la fede, poi un bel giorno gli viene in mente che ha pur da morire, e vuol sapere quando morrà. Il diavolo, appositamente evocato, lo inganna con quell'ambiguo responso della messa da celebrare in Gerusalemme. Venuto il dì fatale, e scoperta la frode, il papa si pente, e invoca l'ajuto di Gesù. Vengono mille diavoli, urlando, strepitando, schizzando fuoco, e fanno ressa alla porta della cappella, gridando a gran voci: Il papa è nostro; il papa è nostro! Il povero papa si confessa davanti al popolo adunato, disputa e contrasta con i sette peccati capitali, che sono poi altrettanti diavoli, e non

cessa di raccomandarsi a Cristo redentore e alla Vergine
Maria. I diavoli traggono innanzi un orribile cavallo alato,
per portare il papa in Inferno, e menano intorno alla
cappella una scorribanda furiosa. Celestino fa testamento,
e lascia agli avversarii le vesti, e le membra, che si fa
troncar dal carnefice. Quando costui s'appresta a tagliare
il capo, ecco scende di cielo la Vergine, con una schiera
di angeli e consola il pentito, e gli promette l'eterna
salute. Il carnefice compie allora il suo officio, e getta
il capo del papa al diavolo Avarizia, che subito lo acciuffa
e lo divora. Le altre membra sono trasportate nella basilica di San Pietro, e lo stesso principe degli apostoli
scende con cento angioli dal cielo, per assistere alla se-
poltura del suo successore, e per dire che il trono di lui
è in Paradiso, accanto al suo proprio [73].

Nel racconto molto più tardo di un buon tedesco, cittadino cospicuo di Norimberga, Niccolò Muffel, che nel-
l'anno 1452 venne in Roma per l'incoronazione dell'imperatore Federico III, e ivi comperò, a buon mercato
(così egli dice), una notabile indulgenza, Celestino si tra-
muta in Istefano. E perchè non rimanga alcun dubbio,
Niccolò narra la storia due volte. Quando il papa Stefano
vide venire i diavoli in figura di corvi e di cornacchie
innumerevoli, subito si confessò, e si fece tagliare a pezzi,
e gli uccelli diabolici ne portarono via i lacerti e le
viscere, meno il cuore che fu sepolto in San Giovanni
Laterano. Niccolò avverte espressamente che il ricordo di
questi fatti si leggeva nella chiesa di San Giovanni [74].

Finalmente, ai tempi di Francesco I re di Francia, la
vecchia leggenda riappare in una novella di Niccolò di
Troyes; ma, come una moneta, che a forza di correre
per le mani degli uomini abbia perduto l'impronta del
conio, essa ha perduto l'effige di Gerberto e non poco
di ciò che v'era scritto intorno: pur nondimeno gli è fa-

cile riconoscerla. Un cardinale di Roma desiderava ardentemente di diventar papa. Gli viene innanzi il diavolo, e gli promette dieci anni di papato, e di non porgli le mani addosso se non *in sancta civitas* (sic). Trascorso il termine, il papa va a celebrar messa in una chiesa di Roma, e come appena v'è entrato, ecco più di dieci mila corvi calar d'ogni banda e posarsi · sul tetto. La chiesa è detta appunto *in sancta civitas*. Il papa non si perde di animo: celebra la messa con gran devozione, chiede a Dio perdono de' suoi peccati, e ottenutolo, vive ancora molt'anni senza paura e senza pericolo [75].

La leggenda, sfinita, si perde.

VI.

A mezzo il secolo XV, in pien concilio di Basilea, Tommaso de Corsellis, uomo, dice Enea Silvio Piccolomini, storico del concilio stesso, di mirabile dottrina, amabilità e modestia, usciva dinanzi ai padri assembrati, in queste parole: « Voi non ignorate che Marcellino, per comando dell'imperatore, incensò gl'idoli, e che un altro pontefice, cosa ben più grave ed orribile, salì al pontificato con l'ajuto del diavolo » [76]. Egli non nominava Silvestro II, e non aveva bisogno di nominarlo: tutti a quel cenno intendevano di chi si parlava.

Ma i tempi erano già molto mutati, e sempre più si venivano mutando. Era nata la critica, e innanzi a lei, sotto il suo sguardo scrutatore, le grandi e immaginose leggende venute su di mezzo alle caligini del medio evo, cominciavano a vacillare, a diradarsi, a smarrirsi, e non molto dopo dovevano dileguarsi affatto, come nubi leggiere in un cielo caldo d'estate. Il secolo XVI vide sorgere i primi difensori di Gerberto, i primi restauratori della sua fama, da tanti secoli offesa. Un domenicano spagnuolo, Alfonso Chacon (Ciaconio), morto in Roma verso il 1600, inseriva nelle sue *Vitae et gesta romanorum pontificum et cardinalium* un epigramma latino, in cui la imputazione di magia fatta a Gerberto era ascritta alla inerzia ed ignoranza del volgo [77]. Due cardinali celebri, il Baronio e il Bellarmino, sgravarono l'antico pontefice di un'accusa che a molti oramai sembrava assurda, e lo stesso fece il dotto medico francese Gabriele Naudé nella sua *Apologie pour tous les grands personnages qui ont été faussement soupçonnez de magie*, stampata la prima volta nel 1625. Finalmente un domenicano polacco, Abramo Bzovio, nato nel 1567, morto nel 1637, compose in onor di Gerberto, e in trentotto capitoli, un vero panegirico, che vide la luce in Roma nel 1629, e diede alla tenebrosa leggenda il colpo di grazia. Peccato che alle favole antiche egli, di suo capo, sostituisse una favola nuova, facendo di Gerberto un discendente della gente Cesia, di Temeno re d'Argo e di Ercole. Gli stessi protestanti rinunziarono a usare della leggenda come di un'arma contro la Chiesa di Roma, e alcuni di essi risolutamente la confutarono.

Del resto, una smentita, per dir così, materiale, non si fece aspettar troppo a lungo. L'anno 1648, rifacendosi per ordine d'Innocenzo X le fondamenta alla basilica di San Giovanni, fu aperta l'arca marmorea di Silvestro II, e il pontefice scelerato, che s'era fatto tagliare a pezzi, e le cui membra erano state involate e divorate da corvi, da cani e da diavoli, apparve, dice il canonico Cesare Rasponi, intero ed illeso, vestito degli abiti pontificali, con le braccia in croce, e la tiara in capo; ma appena sentì l'aria si sciolse in polvere [78].

Così finiva, dopo quasi sei secoli di vita, una delle più curiose e celebri leggende del medio evo, meravigliosa per le finzioni di cui è tessuta, notabile pel senso che racchiude. Nessuno la stimi una immaginazione scioperata, fatta solo di sogno e di nebbia. Storia essa non è, ma della storia è come un corollario e un commento. Anzi, in certo senso, al pari d'altre leggende senza numero, è storia più generale e più recondita, perchè se non narra singoli fatti veri, esprime ragioni e condizioni di fatti, desiderii e terrori di popoli, spirito, grandezza e miseria di secoli.

NOTE

NOTE

—

[1] Veggasi intorno a Gerberto: HOCK, *Gerbert oder Papst Syl-vester II und sein Jahrhundert*, Vienna, 1837; OLLERIS, *Oeuvres de Gerbert*, Clermont, 1867, Introduzione; WERNER, *Gerbert von Aurillac, die Kircke und Wissenschaft seiner Zeit*, Vienna, 1878. Questi autori discorrono della leggenda in modo affatto insuf-ficiente, e così ancora il DOELLINGER, *Die Papst-Fabeln des Mittelalters*, edizione curata da I. Friedrich, Stoccarda, 1890, pp. 184-8. In questi ultimi anni molto si scrisse intorno a Ger-berto, considerato nella politica, nella scienza, nell'insegnamento, nel ministero ecclesiastico. Meritano particolar menzione due pubblicazioni recenti che hanno per oggetto le lettere di lui, cioè la fonte principale per la sua biografia: NICCOLÒ BUBNOW, *Le lettere di Gerberto considerate come fonte storica* (in russo), Pietroburgo, 1888 sgg.: *Lettres de Gerbert publiées avec une in-troduction et des notes par* JULIEN HAVET, Parigi, 1889.

[2] *Magni ingenii ac vivi eloquii vir, quo postmodum tota Gallia acri lucerna ardente, vibrabunda refulsit* etc., etc. *Historiarum* l. IV, ap. PERTZ, *Mon. Germ. hist., SS.*, t. III, pp. 616-21, 648-53.

[3] Ai citati aggiungansi gli anonimi compilatori degli *Annales Hildesheimenses*, degli *Annales Pragenses*, degli *Annales Augu-stani*, degli *Annales Sancti Vincentii Mettensis*, ecc.

[4] BOUQUET, *Recueil des historiens des Gaules et de la France*, t. X, p. 67, vv. 166-7. Cf. le note di Adriano Valesio, pp. 82-3. La data del 1006 è resa più che probabile dal Mabillon.

[5] Ho dinanzi, non potendo averne altro, il testo dato da GIO-VANNI WOLF, *Lectionum memorabilium et reconditarum cente-narii XVI*, Lavingae, 1600, t. I, pp. 292-5.

[6] *Chronicon*, l. I, ap. PERTZ, *SS.*, t. VIII, pp. 366-7.

[7] Il DOELLINGER *(op. cit.*, p. 185) è d'altra opinione. Egli crede che Ugo abbia inteso parlare di sole arti cortigianesche, di

lenocinii. Certo, nel latino classico, il vocabolo *praestigia* ebbe anche quel significato; ma nel latino medievale prevalse l'altro di *artifizio magico*.

[8] Ap. Pertz, *SS.*, t. VI, p. 353.

[9] L. I, ap. Pertz, *SS.*, t. XXVI, pp. 11-2.

[10] Nella Vita che, dopo il 1042, scrisse di Roberto il Pio; ap. Bouquet, *Rec.*, t. X, p. 99.

[11] *Chronicon*, l. VI, cap. 61, ap. Pertz, *SS.*, t. III, p. 835.

[12] *Historiarum* l. III, ap. Pertz, *SS.*, t. IV, p. 130.

[13] Vedi Chasles, *Explication des traités de l'Abacus, et particulièrement du Traité de Gerbert, Comptes rendus des séances de l'Académie des sciences*, t. XVI, 1843, pp. 156 sgg.; Martin, *Recherches nouvelles concernant les origines de notre système de numération écrite, Revue archéologique*, t. XIII, parte 2ª, pp. 509 sgg., 588 sgg.

[14] *Loc. cit.*

[15] Ep. XVI, ediz. Olleris.

[16] *Op. cit.*, pp. 186.

[17] *De gestis regum anglorum*, l. II, capp. 167, 168, 169, 172, ap. Pertz, *SS.*, t. X, pp. 461-4. Non traduco alla lettera; anzi in più luoghi do solamente la sostanza del racconto del benedettino inglese.

[18] Pubblicato dal Mone, in *Anzeiger für Kunde des deutschen Mittelalters*, anno 1833, coll. 188-9.

[19] *De nugis curialium*, dist. IV, cap. 11, ap. Pertz, *SS.*, t. XXVII, pp. 70-2.

[20] Vedi, in questo volume, lo scritto intitolato *Demonologia di Dante*, e Liebrecht, *Zur Volkskunde*, Heilbronn, 1879, p. 28.

[21] Vedi in proposito J. W. Wolf, *Beiträge zur deutschen Mythologie*, Gottinga, 1857, parte 2ª, pp. 235 sgg.

[22] Cronaca detta di Guglielmo Godell, l. III, ap. Pertz, *SS.*, t. XXVI, p. 196.

[23] *Weltbuch*, in Von der Hagen, *Gesammtabenteuer*, Stoccarda e Tubinga 1850, vol. II, pp. 553-62.

[24] Negli *Annales Parchenses* (ap. Pertz, *SS.*, t. XVI, p. 601), il verso si trova ridotto a metà. Ottone fa Gerberto, prima arcivescovo di Ravenna, poi papa: *unde dictum est: Scandit ab R. Gerbertus ad R.*

[25] Ap. Pertz, *SS.*, t. XXIII, p. 89.

[26] Vedi Steinschneider, *Apollonius von Thyana (oder Balinas) bei den Arabern, Zeitschrift der Deutschen Morgenländischen Gesellschaft*, vol. XLV (1891), pp. 439-46.

[27] *Notices et extraits des manuscrits de la Bibliothèque Nationale*, t. IV, pp. 118-20. Il libro è analizzato da Silvestro de Sacy.

[28] *Rerum memorandarum* l. IV *(Recentiores, Innominatus)*, Opera, Basilea, 1521, p. 436.

[29] *Gesta Romanorum,* ed. Oesterley, Berlino, 1872, cap. 107; Comparetti, *Virgilio nel medio evo*, Livorno, 1872, vol. II, pp. 183-5; *Die Éneide*, ediz. di Lipsia 1852, col. 255; Graf, *Roma nella memoria e nelle immaginazioni del medio evo*, Torino, 1882-3, vol. I, pp. 161-70; vol. II, p. 241.

[30] *De rebus anglicis sui temporis*, ediz. di Parigi 1610, l. V, cap. 6, p. 562.

[31] Vedi le note del Berneccer alle *Istorie* di Giustino, l. XII, c. 2.

[32] *Istorie fiorentine,* l. IV, c. 18. Vedi pure ciò che il Villani (l. VI, cap. 73) e l'autore degli *Annales mediolanenses* (ap. Muratori, *Scriptores*, t. XIV, coll. 661-2) narrano di Ezzelino da Romano morente, e cf. A. Bonardi, *Leggende e storielle su Ezelino da Romano*, Padova e Verona, 1892, pp. 70-1.

[33] Scheible, *Das Kloster*, t. XI, Stoccarda, 1849, p. 529.

[34] Liebrecht, *Op. cit.*, p. 48.

[35] *Op. cit.*, p. 472.

[36] *Bonum universale de apibus,* Duaci, 1627, l. II, cap. 51, num. 5.

[37] Vedi per esempio Luzel, *Légendes chrétiennes de la Basse-Bretagne*, Parigi, 1881, vol. I, pp. 161, 175.

[38] *Gemma ecclesiastica*, ap. Pertz, *SS.*, t. XXVII, p. 412.

[39] Ap. Mabillon, *Museum italicum*, t. II, p. 568.

[40] *Chronica Albrici monachi Trium Fontium a monacho novi monasterii Hoiensis interpolata*, ap. Pertz, *SS.*, t. XXIII, pp. 774, 778.

[41] *Speculum historiale*, l. XXV, capp. 98-101.

[42] *Chronique rimée*, ap. PERTZ, *SS.*, t. XXVI, pp. 727-9.

[43] *Chronicon pontificum et imperatorum*, ap. PERTZ, *SS.*, t. XXII, p. 432.

[44] *Je ne sçai pourquoi aucuns se scandalisent de voir librement accuser la vie de quelque particulier prelat, quand il est connu et publicq; car ce jour là, et à S. Jean de Latran, et á l'église Sainte Croix en Jerusalem, je vis l'histoire escrite au long en lieu tres apparant, du Pape Silvestre second, qui est la plus injurieuse qui se puisse imaginer.* D'ANCONA , *L' Italia alla fine del secolo XVI. Giornale del viaggio di* MICHELE DE MONTAIGNE *in Italia nel 1580 e 1581*, Città di Castello, 1889, p. 297.

[45] Roma, 1750, p. 73.

[46] Helmstadii, 1592, f. 128 r.

[47] Lo reca, fra gli altri, il GREGOROVIUS, *Le tombe dei papi* (trad. dal tedesco), Roma, 1879, pp. 203-4.

[48] Secondo l'autore di certi *Flores temporum*, composti negli ultimi anni del secolo XIII, il sepolcro suda o rumoreggia quando il pontefice è morto. Ap. PERTZ, *SS.*, t. XXIV, p. 245.

[49] Vedi, per esempio, gli *Annales Marbacenses* del secolo XIII, ap. PERTZ, *SS.*, t. XVII, p. 154.

[50] ALBERICO DELLE TRE FONTANE, *Op. cit.*, p. 778.

[51] *Historiarum* P. II, tit. XVI, cap. I, § 18.

[52] *Chronicon minor*, ap. PERTZ, *SS.*, t. XXIV, p. 187.

[53] *Historia pontificum romanorum*, ap. MURATORI, *SS.* t. IX, coll. 172-3.

[54] *Chronica romanorum pontificum*, ap. LAMI, *Deliciae eruditorum*, v. II, pp. 162-3.

[55] *Historia ecclesiastica*, l. XVIII, capp. 6-8, ap. MURATORI, *SS.*, t. XI, coll. 1049-50.

[56] *Mare historiarum* (in massima parte ancora inedito), l. VIII, cap. 27. Ebbi copia del capitolo ove la leggenda è narrata dalla cortesia del signor A. Salmon, che la trasse dal cod. 4914 della Nazionale di Parigi.

[57] *Il Pungilingua*, ediz. di Milano 1837, cap. XXX, pp. 264-5; *I Frutti della lingua*, ediz. di Milano, 1837, cap. XXXVII, pp. 343-4.

[58] *Chronicon venetum*, lib. IX, cap. I, part. XXXIV, ap. MURATORI, *SS.*, t. XII, col. 231.

[59] *Flores historiarum*, Londra, 1570, pp. 383-5.

[60] *Catalogus pontificum romanorum*, ap. MAI, *Spicilegium romanum*, t. VI, Roma, 1841, pp. 244-5. Il MAI non riferisce il racconto per intero.

[61] *Opus super sapientiam Salomonis*, lect. CLXXXIX, ediz. di Basilea, 1506, f. 172 v.

[62] *Reductorium morale*, Parigi, 1521, 1. XIV, cap. 62.

[63] Ap. MURATORI, *SS.*, t. III, P. 2ª, col. 336.

[64] *Liber de rebus memorabilioribus*, Gottinga, 1859, pp. 86, 91-3.

[65] *Ly myreur des histors*, Bruxelles, 1869-80, t. IV, p. 205-6.

[66] Ap. LABBE, *Nova Bibliotheca manuscriptorum librorum*, t. I, p. 395.

[67] *Islendzk Aeventyri. Isländische Legenden Novellen und Märchen herausgegeben von* HUGO GERING, Halle a. S., 1882-4, v. I, pp. 47-9; v. II, pp. 32-3.

[68] *Catalogus pontificum Mariani ut videtur*, ap. PERTZ, *SS.*, t. XIII, p. 78.

[69] In una parte scritta probabilmente prima del 1150; ap. PERTZ, *SS.*, t. XVI, p. 731.

[70] Ap. PERTZ, *SS.*, t. V, p. 35.

[71] ROMUALDO SALERNITANO, già cit.; *Historia Francorum senonensis*, ap. PERTZ, *SS.*, t. IX, p. 368; *Historia regum Francorum monasterii Sancti Dionysii*, ibid., p. 403, ecc.

[72] *Annales Kamenzenses*, ap. PERTZ, *SS.*, t. XIX, p. 581; *Annales Cracovienses compilati*, ibid., p. 586; *Annales Polonorum*, ibid., pp. 618, 619; *Annales Sanctae Crucis polonici*, ibid., p. 678.

[73] Pubblicato da C. HORSTMANN nell'*Anglia*, v. I, 1878, pp. 67-85.

[74] NIKOLAUS MUFFELS *Beschreibung der Stadt Rom. Bibliothek des litterarischen Vereins in Stuttgart*, CXXVIII, Tubinga, 1876, pp. 12-3, 35-6.

[75] *Le grand parangon des nouvelles nouvelles,* nov. 37, ediz. di E. MABILLE, Parigi, 1869, pp. 161-3.

[76] AENEAE SYLVII *postea* PII II *pontificis romani, commentariorum historicorum libri III de Concilio Basileensi,* Cattopoli, 1667, p. 15.

[77] Eccolo:

> Ne mirare Magum fatui quod inertia vulgi
>   Me (veri minime gnara) fuisse putat,
> Archimedis studium quod eram sophiaeque secutus
>   Tum cum magna fuit gloria scire nihil.
> Credebat magicum esse rudes sed busta loquuntur
>   Quam pius, integer et religiosus eram.

Qui si allude alla iscrizione posta da Sergio IV.

[78] *De basilica et patriarchio Lateranensi,* Roma, 1656, pp. 75-6.

APPENDICE

APPENDICE

—

1.

BENONE (m. 1098), *Vita et gesta Hildebrandi*, ap. WOLF, *Lectiones memorabiles*, Lavingae, 1600, t. I, p. 295.

Theophilacto autem et Laurentio adhuc juvenibus, infecerat urbem iis maleficiis Gerbertus ille, de quo dictum est:

Transit ab R. Gerbertus ad R. post Papa viget R.

Et iste Gerbertus quidem paulo post completum millenarium, ascendens de abysso permissionis divinaę, quatuor annis sedit, mutato nomine dictus Sylvester secundus. At per quae multos decepit, per eadem daemonum responsa deceptus, morte improvisa, Dei judicio, est interceptus. Hic responsum a suo daemone acceperat, se non moriturum nisi prius in Hierusalem missa ab eo celebrata. Hac ambage, hac nominis aequivocatione delusus, dum Palestinae civitatem Hierusalem praedictam sibi credit, Romae in ecclesia, quae vocatur Hierusalem missam faciens in die stationis, ibidem miserabili et horrida morte praeventus, inter ipsas mortis angustias supplicat, manus et linguam sibi abscindi, per quas sacrificando daemonibus, Deum inhonoravit.

2.

SIGEBERTO GEMBLACENSE (m. 1112), *Chronographia*, ad a. 995 (ap. PERTZ, *Mon. Germ., Script.*, t. VI, p. 353).

Gerbertus, qui et Silvester, Romanae ecclesiae 140us presidet, qui et ipse inter scientia litterarum claros egregie claruit.

Quidam transito Silvestro Agapitum papam hoc in loco ponunt; quod non otiose factum esse creditur. Quia enim is Silvester non per ostium intrasse dicitur; — quippe qui a quibusdam etiam nichromantiae arguitur; de morte quoque eius non recte tractatur; a diabolo enim percussus dicitur obisse; quam rem nos in medio relinquimus; — a numero paparum exclusus videtur. Unde lector quaeso, ut et hic et alibi, si qua dissonantia te offenderit de nominibus vel annis vel temporibus paparum, non mihi imputes, qui non visa, sed audita vel lecta scribo.

3.

ORDERICO VITAL, *Historia ecclesiastica*, l. I (ap. PERTZ, *Mon. Germ.*, *Script.*, t. XXVI, pp. 11-12). Orderico scrisse la *Historia* fra il 1124 e il 1142.

Gerbertus in divinis et secularibus libris eruditissimus fuit, et in sua scola famosos et sullimes discipulos habuit, Rodbertum scilicet regem et Leothericum Senonensem archiepiscopum, Remigium presulem Autisiodorensium, Haimonem atque Huboldum aliosque plurimos fulgentes in choro sophystarum. Remigius pontifex luculentam expositionem super missam edidit et artem vel editionem Donati gramatici utiliter exposuit. Haimo [p. 12] quoque sancti Pauli apostoli epistolas laudabiliter explanavit et alia multa de evangeliis aliisque sacris scripturis spiritualiter tractavit. Huboldus autem musicae artis peritus ad laudem Creatoris in ecclesia personuit et de sancta Trinitate dulcem historiam cecinit aliosque multos delectabiles cantus de Deo et sanctis eius composuit. Hos aliosque plures Gerbertus erudivit, quorum multiplex sequenti tempore scientia ecclesiae Dei plurimum profuit. Qui postquam de throno Remensi, quem illicite usurpaverat, depositus est, cum rubore et indignatione Galliam relinquens, ad Ottonem imperatorem profectus est; et tam ab ipso quam a populo ad praesulatum Ravennae electus est. Inde post aliquot annos ad sedem apostolicam translatus est, annoque dominicae incarnationis 999. Silvester papa sullimatus est.

Fertur de illo, quod dum scolasticus esset, cum demone locutus fuerit et quid sibi futurum immineret inquisierit; a quo protinus ambiguum monadicon audivit:

Transit ab R Gerbertus ad R, post papa vigens R.

Versipellis oraculum tunc quidem ad intelligendum satis fuit obscurum, quod tamen postmodum manifeste videmus impletum. Gerbertus enim de Remensi kathedra transivit ad presulatum Ravennae ac postmodum papa factus est Romae.

4.

GUGLIELMO DI MALMESBURY (m. 1141), *De gestis regum anglorum*, l. II, capp. 167-72 (ap. PERTZ, *Mon. Germ.. Script.*, t. X, pp. 461-4).

167. *De Gerberto.*

Decedente hoc Iohanne, successit Gregorius. Ei item Iohannes sextus decimus. De hoc sane Iohanne, qui et Gerbertus dictus est, non absurdum erit, ut opinor, si litteris mandemus quae per omnium ora volitant. Ex Gallia natus, monachus a puero apud Floriacum adolevit; mox cum Pitagoricum bivium attigisset, seu taedio monachatus seu gloriae cupiditate captus, nocte profugit Hispaniam, animo precipue intendens ut astrologiam et ceteras id genus artes a Sarracenis edisceret. Hispania, olim multis annis a Romanis possessa, tempore Honorii imperatoris in ius Gothorum concesserat. Gothi usque ad tempora beati Gregorii Arriani, tunc per Leandrum episcopum Hispalis et per Ricaredum regem, fratrem Herminigildi, quem pater nocte paschali pro fidei confessione interfecerat, catholico choro uniti sunt. Successit Leandro Isidorus, doctrina et sanctitate nobilis, cuius corpus nostra aetate Aldefonsus rex Galatiae Toletum transtulit, ad pondus auro comparatum. Sarraceni enim, qui Gothos subiugarant, ipsi quoque a Karolo Magno victi, Galatiam et Lusitaniam, maximas Hispaniae provincias, amiserunt. Possident usque hodie superiores regiones. Et sicut christiani Toletum, ita ipsi Hispalim, quam Sibiliam vulgariter vocant, caput regni habent, divinationibus et incantationibus more gentis familiari studentes. Ad hos igitur, ut dixi, Gerbertus perveniens, desiderio satisfecit. Ibi vicit scientia Ptholomeum in astrolabio, Alandraeum in astrorum interstitio, Iulium Firmicum in fato. Ibi quid cantus et volatus avium portendant didicit, ibi excire tenues ex inferno figuras, ibi postremo quicquid vel noxium, vel salubre curiositas humana deprehendit. Nam de licitis artibus, arithmetica, musica et astronomia et geometria, nihil attinet dicere; quas ita ebibit, ut inferiores ingenio suo ostenderet et magna industria revocaret in Galliam omnino ibi iam pridem obsoletas. Abacum certe primus a Sarracenis rapiens, regulas dedit quae a sudantibus abacistis vix intelliguntur. Hospitabatur apud quendam sectae illius philosophum, quem multis primo expensis, post etiam promissis, demerebatur. Nec deerat Sarracenus qui scientiam venditaret; assidere frequenter, nunc de seriis, nunc de nugis colloqui, libros ad scribendum praebere. Unus erat codex, totius artis conscius, quem nullo modo elicere poterat. Ardebat contra Gerbertus librum quoquo modo ancillari. *Semper enim in vetitum nitimur, et quicquid negatur pretiosius putatur.* Ad preces ergo conversus, orare per Deum, per amicitiam, multa offerre, plura polliceri. Ubi id parum procedit, nocturnas insidias temptat. Ita hominem, connivente etiam filia, cum qua assiduitas familiaritatem paraverat, vino invadens, volumen sub cervicali positum abripuit, et fugit. Ille somno excussus, indicio stellarum, qua peritus erat arte, insequitur fugitantem. Profugus quoque respiciens, eademque scientia periculum comperiens, sub ponte ligneo, qui proximus, se occulit; pendulus et pontem amplectens, ut nec aquam nec terram tangeret. Ita [p. 462] quaerentis aviditas frustrata, domum revertit. Tum Gerbertus viam celerans, devenit ad mare. Ibi per incantationes diabolo accersito, perpetuum paciscitur hominium, si se, ab illo qui denuo insequebatur defensatum, ultra pelagus eveheret. Et factum est. Sed haec vulgariter ficta crediderit aliquis, quod soleat populus litteratorum famam laedere, dicens illum loqui cum demone quem in aliquo viderint excellentem opere. Unde Boetius in libro de Consolatione Philosophiae queritur, se propter studium sapientiae de talibus notatum, quasi conscientiam suam sacrilegio polluiset ob ambitum dignitatis. *Non conveniebat,* inquit, *vilissimorum me spirituum praesidia captare, quem tu in hanc excellentiam componebas, ut consimilem Deo faceres. Atqui hoc ipso videmur affines maleficio, quod tuis imbuti disciplinis, tuis instituti moribus sumus.* Haec Boetius. Mihi vero fidem facit de istius sacrilegio inaudita mortis excogitatio. Cur enim se moriens, ut postea dicemus, excarnificaret ipse sui corporis horrendus lanista, nisi novi sceleris conscius esset? Unde in vetusto volumine, quod in manus meas incidit, ubi omnium apostolicorum nomina continebantur et anni, ita scriptum vidi: " Iohannes qui et Gerbertus, menses decem. Hic turpiter vitam suam finivit „.

168. De discipulis Gerberti.

Gerbertus Galliam repatrians, publicasque scholas professus, arcem magisterii attigit. Habebat conphilosophos et studiorum socios Constantinum abbatem monasterii sancti Maximini, quod est iuxta Aurelianis, ad quem edidit regulas de abaco; Adelboldum episcopum, ut dicunt, Winterburgensem, qui et ipse ingenii sui monimenta dedit in epistola quam facit ad Gerbertum de quaestione diametri super Macrobium et in nonnullis aliis. Habuit discipulos praedicandae indolis et prosapiae nobilis, Rodbertum filium Hugonis cognomento Capet, Otonem filium imperatoris Otonis. Rodbertus, postea rex Franciae, magistro vicem reddidit, et archiepiscopum Remensem fecit. Extant apud illam ecclesiam doctrinae ipsius documenta: horologium arte mechanica compositum, organa hydraulica, ubi mirum in modum per aquae calefactae violentiam ventus emergens implet concavitatem barbiti et per multiforatiles tractus aereae fistulae modulatos clamores emittunt. Et erat ipse rex in ecclesiasticis cantibus non mediocriter doctus; et tum in his tum in ceteris multum ecclesiae profuit. Denique pulcherrimam sequentiam *Sancti Spiritus assit nobis gratia*, et responsorium *O Iuda et Ierusalem* contexuit, et alia plura, quae non me pigeret dicere, si non alios pigeret audire. Otho, post patrem imperator Italiae, Gerbertum archiepiscopum Ravennatem et mox papam Romanum creavit. Urgebat ipse fortunas suas, fautore diabolo, ut nihil quod semel excogitasset imperfectum relinqueret. Denique thesauros olim a gentibus defossos, arte nigromantiae molibus eruderatis inventos, cupiditatibus suis implicuit. Adeo improborum vilis in Deum affectus et eius abutuntur patientia, quos ipse mallet redire quam perire. Sed reperit tandem ubi magister suus haereret, et, ut dici solet, quasi cornix cornicis oculos effoderet, dum pari arte temptamentis eius occurreret.

169. *Quomodo Gerbertus thesauros Octoviani invenit.*

Erat iuxta Romam in Campo Martio statua, aerea an ferrea
incertum mihi, dextrae manus indicem digitum extentum habens,
scriptum quoque in capite: *Hic percute.* Quod superioris aevi
homines ita intelligendum rati quasi ibi thesaurum invenirent,
multis securium ictibus innocentem statuam laniaverant. Sed
illorum Gerbertus redarguit errorem, longe aliter ambiguitate
absoluta. Namque meridie, sole in centro existente, notans quo
protenderetur umbra digiti, ibi palum figit. Mox superveniente
nocte, solo cubiculario laternam portante comitatus, eo con-
tendit. Ibi terra solitis artibus dehiscens, latum ingredientibus
patefecit introitum. Conspicantur ingentem regiam, aureos pa-
rietes, aurea lacunaria, aurea omnia, milites aureos aureis tes-
seris quasi animum oblectantes, regem metallicum cum regina
discumbentem, apposita obsonia, astantes ministros, pateras
multi ponderis [p. 463] et pretii, ubi naturam vincebat opus.
In interiori parte domus carbunculus, lapis inprimis nobilis et
parvus inventu tenebras noctis fugabat. In contrario angulo
stabat puer, arcum tenens, extento nervo et harundine intenta.
Ita in omnibus, cum oculos spectantium ars pretiosa raptaret,
nihil erat quod posset tangi etsi posset videri. Continuo enim
ut quis manum ad contingendum aptaret, videbantur omnes illae
imagines prosilire et impetum in praesumptorem facere. Quo
timore pressus Gerbertus, ambitum suum fregit. Sed non ab-
stinuit cubicularius, quin mirabilis artificii cultellum, quem
mensae impositum videret, abriperet, arbitratus scilicet in tanta
praeda parvum latrocinium posse latere. Verum mox omnibus
imaginibus cum fremitu exsurgentibus, puer quoque, emissa
harundine in carbunculum, tenebras induxit. Et nisi ille monitu
domini cultellum reicere accelerasset, graves ambo poenas de-
dissent. Sic insatiata cupiditatis voragine, laterna gressus du-
cente, discessum. Talia illum adversis praestigiis machinatum
fuisse, constans vulgi opinio est. Veruntamen si quis verum
diligenter exsculpat, videbit nec Salomonem, cui Deus ipse dederit sapientiam, huiusce inscium commenti fuisse — ut enim
Iosephus auctor est, thesauros multos cum patre defodit in lo-
culis, *qui erant*, inquit, *mechanico modo reconditi sub terra* —

nec Hircanum, prophetia et fortitudine clarum, qui, ut obsi-
dionis levaret iniuriam, de David sepulchro tria milia talenta
auri arte mechanica eruit, ut obsessori partem enumeraret, parte
xenodochia construeret. At vere Herodes, qui magis presump-
tione quam consilio idem aggredi voluerit, multos ex satellitibus,
igne ex interiori parte prodeunte, amiserit. Praeterea cum audio
dominum Iesum dicentem: Pater meus usque modo operatur,
et ego operor, credo quod qui dederit Salomoni virtutem super
demones, ut idem historiographus testatur, adeo ut dicat etiam
suo tempore fuisse viros qui illos ab obsessis corporibus expel-
lerent, apposito naribus patientis anulo habente sigillum a Salomone monstratum: credo, inquam, quod et isti hanc scientiam
dare potuerit, nec tamen affirmo quod dederit.

170. *Quomodo quidam thesauros Octoviani quaesierunt.*

. . . .

[p. 464] 171. *De aniculis quae iuvenem asinum videri fecerunt.*

. . . .

172. *De capite statuae loquentis.*

Haec Aquitannici verba ideo inserui, ne cui mirum videatur
quod de Gerberto fama dispersit: fudisse sibi statuae caput,
certa inspectione syderum, cum videlicet omnes planetae exordia
cursus sui meditarentur, quod non nisi interrogatum loqueretur,
sed verum vel affirmative vel negative pronunciaret. Verbi gratia
diceret Gerbertus: Ero apostolicus? responderet statua: Etiam —:
Moriar antequam cantem missam in Jerusalem ? Non. Quo illum
ambiguo deceptum ferunt, ut nihil excogitaret poenitentiae, qui
animo blandiretur suo de longo tempore vitae. Quando enim
Ierosolymam ire deliberaret, ut mortem stimularet ? Nec providit quod est Romae ecclesia Ierusalem dicta, id est Visio
pacis ; quia quicumque illuc confugerit, cuiuscumque criminis
obnoxius, subsidium invenit. Hanc in ipsius Urbis rudimentis
Asylum accepimus dictam, quod ibi Romulus, ut augeret civium
numerum, statuisset omnium reorum refugium. Ibi cantat missam
papa tribus dominicis quibus praetitulatur Statio ad Ierusalem.

Quocirca cum uno illorum dierum Gerbertus ad missam se pa-
raret, invaletudinis ictus ingemuit, eademque crescente decubuit:
consulta statua, deceptionem et mortem suam cognovit. Advocatis igitur cardinalibus, diu facinora sua deploravit. Quibus
inopinato stupore nec aliquid referre valentibus, ille insaniens
et prae dolore ratione hebetata, minutatim se dilaniari et membratim foras proici iussit: *Habeat,* inquiens, *membrorum officium
qui eorum quaesivit hominium; namque animus meus nunquam
illud adamavit sacramentum, immo sacrilegium.*

5.

Cronaca detta di Guglielmo Godell, l. III (ap. Pertz,
Mon. Germ., Script., t. XXVI, p. 196). L'autore, ignoto,
era, per sua stessa dichiarazione, assai giovane nel 1144:
visse sin dopo il 1173.

Iohannes vero XVI. papa Romanus post 10 menses lacrima-
biliter satis vitam finivit. Succedit ei Silvester papa annis 4
et mensibus 5. Hunc dicunt quidam Gerbertum fuisse; quod
utrum verum sit, certum non habeo. Fertur enim de Gerberto
hoc, quod fuerit primo monachus Sancti Benedicti Floriacensis;
sed quia nimis cupidus honoris et temporalis proprietatis, ut
dicunt, fuit, deceptus a demone adeo fertur, ut hosti antiquo
homonagium faceret, quatinus per eius potestatem ad libitum
suum voti sui compos efficeretur. Loquebatur etenim cum eo
hostis ipse, et ille eius obsequiis insistere non verebatur.
Huiusmodi pessimo federe inito, explevit ei pro voto que po-
scebat; et licet exterius pareret, intro quam sublimis efficie-
batur, videlicet quia regibus servierat et ab eis talem gratiam
fuerat nactus, permittente tamen Domino, qui de nostris malis
solus novit operari meliora. Ceterum adeo factus est miser ille,
ut ab hoste expeteret et hosti ascriberet, quod, etsi hostis suggestione et placita voluntate acceleratum est, non tamen nisi
Dei voluntate vel permissione illi ad effectum perductum. Primo
itaque Remensis archiepiscopus, secundo Ravennensis archi-
presul, postremo urbis Rome papa effectus est. Inter hec in-
terrogans hostem de fine suo, responsum ab eo accepit, quod
non esset moriturus, donec in Ierusalem celebraret mysteria
divina. Quod cecus papa audiens, gavisus est, reputans apud

se, tam longe se esse a fine suo, quam se sentiebat longe ab huiusmodi peregrinationis voto ac voluntate. Post hec proxima mediante quadragesima ex more pape missam celebrans in palatio Constantini, in capella que dicitur Ierusalem, subito intra sacra mysteria sibi adesse sentiens mortem, suspiravit et ingemuit; et licet nequissimus et sceleratissimus, seram non credens in vita hac penitentiam, speravit et promeruit veniam. Precepitque, ut dicunt, se particulatim detruncari, ut temporali supplicio extingueret dolores eternos. Factum est ut imperavit, et Deus, ut promiserat penitenti veraciter veniam non negavit. Sepultus ergo Rome est, et super eum huiusmodi epitaphium inditum :

Scandit ab R Gerbertus ad R post papa vig ɔns R.

Huius vero nunc antistitis sepulcrum fertur tale indicium de Romani pontificis morte conferre, ut paululum, antequam ipsius instet finis, tantam de se humoris inundantiam effundat, ut in circuitu sui lutum faciat. Si vero cardinalis aliquis vel persona quelibet magna in cetu clericorum summe sedis migrare per mortem debet, super se sepulchrum tantum aque emittat, ut irrigari videatur. Hec de prefato Gerberto papa ab aliis audivi; utrum vero sint subnixa veritate, lectoris arbitrio inquirenda derelinquo.

6.

Anonimo (XII o XIII secolo). Testo pubblicato dal Mone di su un codice di Heidelberg, negli *Anzeiger für Kunde des deutschen Mittelalters*, anno 1833, coll. 188-9.

Surgit ab R. Gerbertus ad R., fit papa potens R.

Ortus Remensis praeclaris moenibus urbis
illic Gerbertus libris datur erudiendus ;
discere non potuit et ob hoc trepidando refugit.
Ut silvas iniit, Sathanas huic obvius ivit :
5   " quid Gerberte fugis ? vel quo tam concite vadis ? „
    " Discere non possum „, dixit, " fugioque magistrum „.

“ Heus, ait ille, mihi si vis tantum modo subdi,
ne quis Gerberto sit doctior en ego faxo „.
Annuit his ille, secum subit abdita silvae,

10 sedulo quem docuit, cunctos precellere fecit.
Silvas linquentem post haec scolas repetentem
doctor derisit : “ rufus es, hinc perfidus ! inquit „.
Ille refert : “ nigrum simulas tu valde tyrannum „.
Respondet : “ magro similem te vinco tyranno „.

15 Disceptant ambo de libris tempore longo,
confundit victum Gerbertus et ipse magistrum ;
mox urbem liquit, Sathanan consultat et infit :
“ Heus pedagoge, virum mihi nunc ostende peritum,
cum quo scripturis possim confligere divis „.

20 Dixit daemon : “ ini Ravennam concite, fili,
pontificem clarum libris cernes ibi gnarum „.
Pergit et aggreditur conflictu denique justum,
qui cito Gerbertum jussit discedere victum.
Hinc rediit moestus, huic narrat et haec furibundus.

25 Tum docuit talem, quae dicitur abacus artem,
in tabulam scripsit Ravennam ferreque jussit.
Haec cum legisset, nescire pudebat et inquit :
“ sit mihi quaeso trium dilatio, posco, dierum „.
Ibat Gerbertus, sacer est, dominumque precatur :

30 “ si venit de te mihi res, deus optime, pande,
sin autem, nunquam Gerbertum fac rogo cernam „.
Praesul migravit, Gerbertus dum remeavit,
sedem Ravennae mox praesul suscipit ille.
Post haec Romanam possedit papa cathedram.

35 Debeat hic Zabulum consultat vivere quantum.
“ Ut cantes inibi, Solimam venies, „ ait illi.
Est statio Solimam vocat hanc populusque.
In xlmae medio missam celebrante
Gerberto dirum dixisse ferunt inimicum :

40 “ nolis sive velis, Gerberte, cito morieris,
sic venies ad me tua te merces manet ex me „.
“ Fraus tua jam magna, Gerbertus ait, patet, illa,
qua genus humanum capiebas et protoplastum ;
dum Solimam dire me dixisti prius ire,

45 daemon ades vere nequaquam falleris a me „.

Advocat hic populum cunctum vel in ordine clerum,
rem pandit cunctis veniam deposcit ab illis.

7.

GUALTIERO MAP, *De Nugis Curialium*, dist. IV, cap. 11
(ap. PERTZ, *Mon. Germ.*, *Script.*, t. XXVII, pp. 70-2).
Gualtiero nacque, sembra, fra il 1135 e il 1140; morì
nei primi anni del sec. XIII.

De fantastica decepcione Gerberti.

Quis fantasticam famosi nescit illusionem Gerberti? Gerbertus,
a Burgundia, puer genere, moribus et fama nobilis, Remis id
agebat intentus, ut tam indigenas quam adventicios pectore
vinceret et ore scolares, et obtinuit. Erat autem ea tempestate
filia prepositi Remensis quasi speculum et admiratio civitatis,
in quam omnium intendebant suspiria, votis hominum et desiderio dives. Egreditur, videt, admiratur, cupit, et alloquitur;
audit et allicitur; haurit ab apotheca Scille furorem, et a matre
Morphoseos edoctus, oblivisci morem suo non abnegat veneno,
cuius virtute degenerat in asinum, ad onera fortis, ad verbera
durus, ad opera deses, ad operas ineptus, in omni semper miseria petulcus. Non ei sentitur inflicta calamitas, non eum ca-
stigationum flagella movent, torpens ad strenuitates, impromptus
ad argutias; incircumspecte iugiter inhiat impetigini, suppli-
citer petit, acriter instat, obstinate perdurat, et obtuso per
improbitatem mentis acumine, certa desperatione torquetur, et
ab animi tranquillitate decidens, conturbato se et extra modum
posito, rem moderari vel statui suo provideri non potest. De-
pereunt igitur res; oneratur debitis, subicitur usuris, derelin-
quitur a servis, vitatur ab amicis, et substantia denique
penitus direpta, domi solus residet, sui negligens, hirtus et squa-
lidus, horridus et incultus, una tamen felix miseria, ultima
scilicet egestate, que ipsum a principe miseriarum absoluit
amore, que sui memoria non sinit eius reminisci. Hec tua sunt,
Dyane, tam dolorosa quam dolosa dispendia, que pro tue mi-
litie stipendiis tuis impendis equitibus, ut a te circa finem
ridiculi reddantur palamque confusi, sive tuis doloribus cunctis

habeantur ostentui. Miser hic, de quo nobis sermo, paupertate
magistra, solutus ab hamo Veneris, ingratus est ei, que solvit,
quia que preterierunt angustie faciles videntur comparate pre-
sentibus, dignamque dicit inediam mercede leonis, qui damulam
lupis aufert, ut eam devoret.

Exit una dierum Gerbertus civitatem hora meridiana quasi
spaciatum, et fame torquebatur ad luctum, et totus extra se
pedetentim longe defertur in nemus, et in saltum deveniens,
feminam ibi reperit inaudite pulcritudinis, maximo insedentem
panno serico, habentem coram positum maximum denariorum
acervum. Subtrahit ergo pedem furtim, ut effugiat, fantasma
sive prestigium timens. At illa, ipsum ex nomine vocans, con-
fidere iubet et, quasi miserta eius, pecuniam ei presentem et
quantam desiderare potest divitiarum copiam spondet, dum-
modo filiam prepositi, que ipsum tam insolenter spreverat,
dedignetur et sibi non tanquam domine vel maiori, sed tanquam pari et amice velit adherere, adiciens: " Meridiana vocor,
et generosissimo producta stemmate, id semper summopere
curavi, ut michi parem omnimodi invenirem, qui mee virgini-
tatis primos decerpere flores dignus haberetur, nec quemquam
repperi, qui non in aliquo michi dissideret, usque ad te. Unde
quia michi per omnia places, ne differas omnem suscipere feli-
citatem, quam tibi de celo pluit Altissimus, cuius ego creatura
sum ut tu. Quoniam, nisi iustas extorseris iras a me, beatus es
omni rerum et status opulentia, tantum cum mea refloarueris ad
plenum diligentia, eadem ipsam superbiam repellas, quae te
ipsa miserabilem fecit. Scio enim, quod penitebit eam et rever-
tetur ad spreta, si liceat. Si tuos odisset instinctu castitatis
amores, in tua meruisset gratiam victoria. Sed id solum in
causa fuit, ut, te, qui omnium iudicio super omnes eras ama-
bilis, insolenter abiecto, sine suspicione faveret aliis, falsoque
Minerve peplo velavit Affroditem, et sub tue pretextu repulse
in suam alii divaricationem appulerunt. Proh dolor! expulsa
Pallade, tegitur sub egide Gorgon, et tua manifesta confusio
dedit umbraculum lupe spurciciis, quam si digne semper di-
xeris tuis indignam amplexibus, precelsum te faciam in omnibus
excelsis terre. Times forsitan illudi et succubi demonis in me
vitare tendis argutias. Frustra. Nam illi, quos metuis, cavent
similiter hominum fallacias et, non, nisi data [p. 71] fide vel

alia securitate, se credunt alicui et nichil preter peccatum ab eis referunt, qui falluntur. Nam si quando, quod raro fit, vel successus vel opes afferunt, aut tam inutiliter et tam vane transeunt, ut nichil sint aut in cruciatum cedunt et perniciem deceptorum. Ego autem nullam a te expecto securitatem, mores tue sinceritatis edocta plenissime. Nec secura contendo fieri, sed te securum facere. Ego tibi cuncta libens expono et volo tecum hec deferas antequam coeamus; et sepe revertaris ad plura tollenda, donec universo debito soluto, probaveris, fantasticam non esse pecuniam, et non timeas veri amoris impendiis iustas rependere vices. Amari cupio, non dominari nec etiam tibi parificari, sed ancilla fieri. Nichil in me reperies, quod non sentias amorem sapere. Nullum adversitatis in me signum deprehendere poterunt vera indicta „. Hec et similia multa Marianna, cum non oporteret. Avidus enim oblatorum, Gerbertus fere mediis eam rapit sermonibus ad annuendum, anxius paupertatis evadere copiosus et velox venustissimum Veneris periculum inire. Supplex igitur omnia spondet, fidem offert et, quod non petitur, iuramentum, oscula iungit, salvo pudoris reliquo tactu.

Redit honustus Gerbertus, nuncios advenisse creditoribus fingit et lente, ne thesauros invenisse videatur, se debitis exhonerat. Porro iam liber et Marianne muneribus habundus, supellectile ditatur, familia crescit, vestium mutatoriis et ere cumulatur, cibariis et potu stabilitur, ut sit eius in Remis copia similis glorie Salomonis in Ierusalem et lecti secura letitia non minor, licet ille fuit multarum, hic unius amator. Singulis ab ipsa, que preteritorum habebat scientiam, docetur noctibus quid in die sit agendum. Hec sunt noctes admiratissimi Nume, quibus Romani fingebant sacrificia fieri, colloquia deorum ascisci, cum unicam coleret, cui nocturno studio sudabat occulte sapientiam. Duplici proficit doctrina Gerbertus, thori et scole, et ad summa fame propugnacula triumphat in gloria; nec minus eum promovet lectio lectoris in studio quam lectricis in lecto. Huius in rebus agendis ad summam gloriam, illius adiuventis ex artibus ad illuminationem in modico fit impar omnibus, universos excedit, fit panis esurientium, vestis egentium et omnis oppressionis prompta redempcio; et non est civitas, cui non sit invidiosa Remis.

Audiens hec et videns filia Babilonis misera, que per superbiam ipsum in vallem redegerat, consuetos expectat auribus
arrectis nuncios moramque miratur et arguit, et se tandem
spretam intelligens, quos fastidiosa repulerat, tum primo con-
cipit ignes. Iam vivit lautius et cultius incedit et ipsi verecun-
dius obviat et reverentius loquitur, et se per omnia delapsam
in viteperium sentiens et abiectionem, eo bibit cifo rancorem
animi, quo propinaverat amatori suo furorem. Frenum igitur
arripit amens et, quo lora flectant aut retrahant, non curat, sed
quibus impetitur calcaribus, toto facit obedientiam cursu et,
quibuscunque modis ipsam ille tentaverat, id est omnibus,
ipsum aduncare conatur. Sed frustra fiunt insidie, tenduntur
retia, iaciuntur hami. Nam odii veteris ultor et novi adulator
amoris ei quicquid dare solet dilectio negat, quicquid odium
infligere iaculatur. Exinanitis ergo conatibus, augmentatur
in amentiam amor, sensumque doloris excedit acerbitas et,
sicut medicinam membrorum stupor non admittat, sic animus
exhauste spei solatia non sentit. Excitat eam tandem, quasi
mortuam suscitat anus vicina Gerberti et ipsum a tugurio suo
per foramen ostendit deambulantem in medio modico pomerio
in fervore diei post cenam solum, quem etiam post pusillum
decumbere sub umbra vident esculi tortulose sopitumque quie-
scere. At non illa quiescit, sed, pallio reiecto, sola camisia vestita, sub ipsius se clamide totam toti coniungit capiteque
velato ipsum osculis et amplexibus excitat. A vinolento et sa-
turo leviter optinet quod quesierat; in unum enim Veneris
estum convenerant iuventutis et temporis, ciborum et vini
fervor. Sic nimirum semper assurgunt Veneri Phebus et Pan,
Ceres et Bacus, a quorum ubique conventu celebri Pallas exclu-
ditur. Instat illa complexibus et osculis et tacita verborum
adulari blanditie, donec ille Marianne memor, pudore confusus
et non modico timore trepidus, eam tamen verecunde vitare
volens, sub redeundi promisso recedit et in nemore solito a
pedibus Meridiane veniam petit erratui. Illa diu despicit insolenter et tandem eius hominium ad securitatem, quia deliquerat,
poscit et optinet et in eius perseverat tutus obsequio.

Contigit interea archiepiscopum Remensem in fata cedere et
Gerbertum fame sue meritis incathedrari. Deinceps etiam su-
scepti negotium honoris exsequens, dum Rome moram faceret,

fit a domino papa cardinalis et archiepiscopus Ravennas et post pauca, defuncto papa [p. 72], sedis illius electione publica gradum ascendit. Et toto sacerdotii sui tempore confecto sacramento corporis et sanguinis dominici non gustabat ob timorem vel ob reverentiam et cautissimo furto, quod non agebatur simulabat. Apparuit autem ei Meridiana anno sui papatus ultimo, designans ei vite securitatem, donec Ierosolimis missam celebrasset, quod Rome commorans pro voto suo cavere putabat. Contigit autem ipsum ibi celebrare, ubi asserem illum aiunt depositum, quem Pilatus summitati crucis dominice titulo sue passionis inscriptum affixerat, que quidem ecclesia usque in hodiernum diem Ierusalem dicitur, et ecce! sibi ex opposito applaudebat Meridiana quasi de adventu suo proximo ad ipsam gavisura. Qua visa et intellecta, nomenque loci edoctus, cardinales omnes, clerum et populum convocat, publice confitetur nec aliquem totius vite sue nevum irrelevatum observat. Statuit etiam, ut deinceps contra clerum et populum in facie omnium fieret consecratio. Unde multi altari celebrant interposito, dominus autem papa percipit facie ad faciem omnium sedens. Gerbertus modicum vite sue residuum assidua et acerrima penitentia sincere beavit et in bona confessione decessit. Sepultus est autem in ecclesia beati Iohannis Laterani in mausoleo marmoreo, quod igitur sudat, sed non adunantur in rivum gutte, nisi mortem alicuius divitis Romani prophetantes. Aiunt enim, quod, cum imminet domino pape migratio, rivus in terram defluit; cum alicui magnatum, usque ad tertiam vel quartam vel quintam partem emanat, quasi cuiusque dignitatem arto designans vel ampliori fluento. Licet autem Gerbertus avaricie causa glutino diaboli diutissime detentus fuerit, magnifice tamen in manu forti Romanam rexit ecclesiam, a cuius, ut dicitur, possessionibus omnium successorum suorum temporibus aliquit defluxit.

8.

Chronica Albrici monachi Trium Fontium a monacho novi monasterii Hoiensis interpolata (ap. Pertz, *Mon. Germ., Script.*, t. XXIII, pp. 774, 778.) Alberico scriveva negli anni intorno al 1230; l'interpolatore (che poche cose aggiunse) prima del 1295.

Guido: Bis igitur in regno Francie iam mutata regali serie, fit regum tertio nova successio de Hugonis Magni progenie. Nam Clodovei primo Pipinus Karoli Magni pater a sceptris amovit heredes. Secundo dux Hugo Karoli Magni sobolem extirpavit a regni solio, quod sibi suoque generi confirmavit. Venerat et gratiam magnam apud ipsum invenerat ille peritus artium et famosus ingenii subtilitate Gerbertus, qui in Gallia Remis ut dicitur natus, monachus a puero apud Floriacum adolevit, mox in Hyspaniam profugiens, ut astrologiam a Sarracenis disceret, et desiderio satisfecit. Ibi liberales artes ita ebibit, quod eas industria magna revocaret in Galliam, omnino ibidem pridem obsoletas. Abbacum certe primus a Sarracenis rapuit, et regulas dedit que a sudantibus abbacistis vix intelliguntur. Ibi quid cantus et volatus avium portendat edidicit, ibi etiam excire tenues ex inferno figuras, ibi quidquid noxium vel salubre curiositas humana scrutabatur, deprehendit. Unus erat codex magistri sui totius artis conscius, quem sub eius cervicali positum nocte rapuit et aufugit. Profugus ergo respiciens eadem peritia, qua persequebatur eum magister suus, sub ponte ligneo, qui proximus erat, se pendulus occulit, pontem amplectens, ut nec aquam nec terram tangeret. Ita querentis aviditate frustrata devenit ad mare. Ibi per incantationem dyabolo accersito perpetuum illi paciscitur hominium, si se a persequente ultra pelagus eveheret defensatum; et ita factum est. Inde cum redisset in Franciam et arcem in doctrina teneret artium, quia regis Hugonis filium Robertum liberalibus disciplinis instruxit; idem rex eum in sedem Remensis ecclesie irreverenter, ut postea dicetur, intrusit [p. 774].

Ex relatione Guidonis et Guilelmi: Gerbertus, qui et Silvester papa, de quo premisimus, fuderat sibi caput certa inspectione siderum, quod non nisi interrogatum loqueretur, sed verum vel affirmative vel negative. Verbi gratia diceret Gerbertus: *Ero apostolicus?* responderet statua: *Etiam. Moriar, antequam cantem missam in Ierusalem? Non.* Quo illum ambiguo deceptum ferunt. Nec enim providit, quod est Rome ecclesia Ierusalem dicta, ad quam quicumque reus criminis confugerit, subsidium pacis invenit. Hanc ferunt fuisse Romuli asilum. In hac ergo, cum ex more cantasset, invaletudinis ictus ingemuit consultaque statua

deceptionem et mortem suam cognovit. Advocatis igitur cardinalibus, cum facinora sua deplorasset, dilaniari se membratim
et foras proiici iussit: *Habeat* inquiens *membrorum officium, qui
eorum quesivit hominium.*

De hoc ergo in quodam libello, ubi agitur de sanctuario
Lateranensis ecclesie, ita scriptum reperitur : In dextro latere
ecclesie Lateranensis prope altare sanctorum Vincentii et Ana-
stasii martirum iacet Gerbertus Remorum archiepiscopus, qui
papa effectus Silvester fuit appellatus. Quod autem tumba eius
guttas quasi lacrimarum emittat, quando aliquis papa vel aliquis
cardinalis magnus mortuus est, satis probatum est et satis vul-
gatum. Dicitur etiam, quod quicumque tumbam eius visitaverit
et *Pater noster* ibi dixerit, quotiens hoc fecerit, indulgentiam
obtineat aliquot dierum a summis pontificibus statutam [p. 778].

9.

FILIPPO MOUSKET, *Chronique rimée*, vv. 15434-15599
(ap. PERTZ, *Mon. Germ., Script.*, t. XXVI, pp. 727-9).
Filippo non visse oltre il 1244.

> Kapès, cil rois, bien m'en sai ciert,
> 15435 Fist faire arcevesque Gerbiert
> A Rains, et puis fu desposés.
> Si s'en est a Othon alés,
> Qui de Roume estoit emperere,
> Et la mellour de son empere
> 15440 Arcevesquié lues li dona,
> C'est Ravenne, u il l'asena.
> Et tout çou fu par l'anemi,
> Dont Gerbiers ot fait son ami
> Puis l'ama il si durement,
> 15445 Qu'il le fist aukes fausement
> Apostole sacrer a Roume,
> Dont l'escriture cest vier nomme :
> *Scandit ab er Gerbertus ad er,*
> *Fit papa vigens vigens er.*
> 15450 C'est a dire que d'er monta
> Gerbiers a er, point n'i douta,

Et apriès si refu d'er pappe,
Ki Rains, Ravenne et Rome atrape.
Car par R comence Rains,
15455   Et de Ravenne premerains,
Est R li mos ; ausi de Rome
Li mos premiers est R. c'on nomme.
Mais çou dïent li anciien,
Que cil papes Gerbiers sans bien
15460   Siervi son signour le deable,
Tant qu'il en vint a tele estable
Qu'en la tiere de Belleem
Quida canter en Jhursalem.
S'a defors Rome une capiele,
15465   Jursalem a non, moult est biele.
Gerbiers ot demandé un jour
Al deable, le sien signour,
K'il li desist quant il morroit.
Et il li dist qu'il feniroit,
15470   Quant canteroit en Jhursalem.
Li pape entendi Belleem
Et Jherusalem en Surïe,
Si pensa que la n'iroit mïe,
Et dont ne morroit il ja mais,
15475   Si durroit sa joie et ses mais.
A la capiele dont jou di,
Defors Romme vint un mardi.
La se vot Gerbiers pour canter,
De l'autre Jursalem oster.
15480   Et il comença le sierviche
De male pensee et faintiche,
Ensi com il ot fait maint jor
El despit de nostre signor.
Mais pour faillir ne pour trecier
15485   Ne pooit il point empirier
Le siervice k'il devoit faire,
Coment qu'il fust en mal afaire,
Ne ausi ne puet autres om
Del comencement jusqu'a som.
15490   Car Dameldieux si l'a fait tel,

Pour ke priestres vient a l'autel
Pour le siervice comenchier,
N'acroistre ne apetichier
Nel puet il; mais s'il i quiert mal,
15495   Lui mëismes met en traval,
En painne et en dampnation
Par sa male devotion;
Et comment qu'il soit fel ne faus,
S'est li cors Dieu sacrés et saus.
15500   Si con pappe Gerbiers cantoit,
Ki del cors Dieu ne s'i gaitoit,
Es vous d'infier les anemis,
Tous a guise de corbous mis,
Par l'air volant, et de woltoirs
15505   Grant noisse faissant, lais et noirs;
Sour la capiele sont asis
Plus de cinc cens et trente sis;
Quar pour son desloial peciet
Li avoient cel jor ficiet.
15510   Et quant li pappe mious s'envoisse,
Si demenerent si grant noisse
Que li peules et li clergiés
S'en est forment esmiervilliés:
Quar moult s'aloient deferant.
15515   Gerbiers s'i reconnut esrant;
Quar dit li ot li anemis,
Ki ses sire iert et ses amis,
Et il ses om et ses siergans,
Si l'ot mis a ces honors grans,
15520   Dont il estoit en cel peril
Que jusqu'a tant ne morroit il
K'en Jerusalem canteroit;
Et il, qui garder s'en quidoit,
Ot canté en cele capiele,
15525   Pour quoi li anemis l'apiele,
Quar ses tiermes iert acomplis.
Gerbiers en fu moult asoplis;
Ses viestemens a desviestus,
S'en est al ventaile venus.

15530   De cuer moult tristre et nonjoiant
         Regehi tout, la gent oiant,
         Comment le diable ot siervi,
         Par quoi il ot çou desiervi,
         Qu'il l'avoit mis en tele honor
15535   K'il ne pooit avoir grignor.
         Et dist : ' Signour, pour Dieu mierci,
         Si m'a diables avanchi '.
         Lors apiela un sien siergant
         Et fist prendre un coutiel trençant
15540   Que il a son keus demanda,
         Et puis al siergant commanda,
         En remission des peciés
         Dont il estoit plus enteciés,
         Et pour Jhesu Crist autresi,
15545   Ki li avoit souffiert ensi,
         Que maintenant, voiant tamains,
         Li trençast les pies et les mains,
         Dont il estoit devenus om
         Al diable jusques a som,
15550   Et sa langue trençast apriès,
         Dont il fu de parler engriès ;
         Et les pies ans deus li trençast,
         Si que ja mais viers lui n'alast,
         Qu'il fist premiers et maintes fois.
15555   A çou faire n'ot nul defois :
         Mains et langue et pies li trença,
         Les pieches fors en balancha,
         Et li corbiel les em portoient,
         Voiant tous çaus ki la estoient.
15560   Et dont fist il ses ious crever,
         Pour l'afaire mious aciever,
         Dont le diable avoit vëu,
         Ki tant li avoit pourvëu.
         Et puis fist ses levres coper,
15565   Pour s'arme plus a descouper,
         Dont il ot l'anemi baissié,
         Ki si l'avoit mal aaissié.
         Les gens en orent grans miervelles,

```
        Quar il fit trencier ses orelles,
15570   Dont il ot öis les mesdis
        Que li sathanas li ot dis.
        Voians tous, non mïe sos cape,
        Fist decoper Gerbiers li pappe
        Trestous ses menbres un et un
15575   Et fors gieter as cans cascun,
        Pour çou qu'en lieu desconvenable
        En avoit siervi le diable.
        Et li corbou et li woutoir,
        Ki diable ierent lait et noir,
15580   Les pieces entr'aus devoroient,
        Et moult grant noisse demenoient
        Pour l'arme k'il orent pierdüe,
        Dont fait orent longe atendüe.
        Tout ensi cil pappe Gerbiers
15585   Ne fu pas en la fin bobiers,
        Mais del tout a Dieu s'asenti,
        Si que pour mort vïe senti,
        Et Dieux ne voloit perdre mïe
        L'arme qu'il li avoit cargïe.
15590   Si fait savoir, qui de cuer fin
        Se doune a Dieu devant sa fin ;
        Quar, puis que faire le savra,
        Ja tant de peciés fais n'avra
        Que Dameldieux n'en ait mierci.
15595   Pappe Gerbiers s'adevanci,
        Car point ne se desespera :
        Se li cors son mal compera,
        L'arme fu sauve, ce croit l'on,
        A quanque savoir en puet l'on.
```

10.

Chronica minor auctore minorita Erphordiensi (ap. PERTZ,
Mon. Germ., Script., t. XXIV, pp. 186-7). L'ignoto
autore compose la sua cronica negli anni 1261-6.

Post hunc papam Johannem 149, qui sedit menses 10, et
ultimo excecatum et precipitatum, Silvester papa 150 ordinatur,

sedit annis 4, mens. 5. Iste vocabatur Gerbertus. Iste dicitur fuisse in papatu magus et nigromanticus et dyabolum pro diviciis adorasse, et ei a dyabolo fuisse promissum, quod nunquam moreretur, nisi prius veniret in Ierusalem. Hoc intellexit papa de Ierusalem ultra mare et quomodo voluit vixit. Set cum hic papa quadam die Rome in capella, quam construxit Constantinus et Helena, ubi et plurimas [p. 187] reliquias recondiderunt, que vocatur Ierusalem, missarum sollempnia celebrasset, dixit ei suus dominus dyabolus : ' Ecce in Ierusalem fuisti, nunc morieris tu et non vives ,. Quo audito, Silvester qui et Gerbertus male sibi conscius, ostendens magna signa compunccionis, in quadam capella, que Rome sita est inter Lateranum et Coliseum, iussit se ipsum, amputatis manibus et pedibus suis ac aliis membris, enormiter et crudeliter mutilari, et sic vitam Gerbertus in ipsa capella finivit. Unde in eandem capellam, que Gerberti appellatur, nullus papa in detestacionem illius facti postea intrare voluit nec curavit.

11.

Martino Polono (m. 1279), *Chronicon* (ap. Pertz, *Mon. Germ., Script.*, t. XXII, p. 432).

Silvester II. sedit annis 4, mense 1, diebus 8, et cessavit episcopatus diebus 23. Iste nacione Gallicus nomine Gilbertus mortuus fuit ad Sanctam crucem in Iherusalem. Hic primum iuvenis Floriacensis cenobii in Aurelianensi diocesi monachus fuit, sed dimisso monasterio homagium diabolo fecit, ut sibi omnia succederent ad votum, quod diabolus promisit adimplere. Ipse obsequiis diaboli frequenter insistens, super desideriis suis cum eo loquebatur. Veniens autem in Hyspalim Hispaniae causa discendi in tantum profecit, quod sua doctrina etiam maximis placuit. Habuit enim discipulos Ottonem imperatorem et Robertum regem Francie, qui inter alia sequenciam *Sancti spiritus adsit nobis gratia* composuit, et Leothericum, qui post fuit archiepiscopus Senonensis. Sed quia idem Gilbertus quam plurimum honores ambiebat, diabolus ea quae petebat ad votum implevit. Fuit enim primo Remensis archiepiscopus, post Ravennas, tandem papa, et tunc quaesivit a diabolo, quamdiu

viveret in papatu. Responsum habuit, quamdiu non celebraret
in Iherusalem. Gavisus fuit valde, sperans se longe esse a fine,
sicut fuit longe a voluntate peregrinacionis in Iherusalem ultra
mare. Et cum in quadragesima ad ecclesiam que dicitur Iherusalem in Laterano celebraret, ex strepitu demonum sensit
sibi mortem adesse. Suspirans ingemuit; licet autem sceleratissimus esset, de misericordia Dei non desperans, revelando coram
omnibus peccatum, menbra omnia, quibus obsequium diabolo
prestiterat, iussit precidi et demum truncum mortuum super
bigam poni, et ut ubicumque animalia perducerent et subsisterent, ibi sepeliretur. Quod et factum est. Sepultusque est in
ecclesia Lateranensi, et in signum misericordie consecute sepulchrum ipsius tam ex tumultu ossium, quam ex sudore pre-
sagium est morituri pape, sicut in eodem sepulchro est litteris
exaratum.

12.

Flores temporum auctore fratre ordinis minorum (ap.
PERTZ, *Mon. Germ.*, *Script.*, t. XXIV, p. 245). Furono
scritti negli ultimi anni del secolo XIII.

Silvester II anno Domini 997, sedit annos 4, mensem unum.
De cuius vita pessima et morte bona breviter est dicendum.
Gilbertus antea vocabatur, apostata nigromanticus se dyabolo
sub iuramento tradens, ut daret sibi divicias, sciencias et honores magnos. Igitur discipulos congregavit, scilicet Ottonem
imperatorem, Rupertum regem Francie, Leotonium archiepiscopum Senensem, adhuc pueros. Quorum auxilio tres archiepisco-
patus adeptus est, Remensem, Ravennensem et papatum. Cui
dyabolus promisit vitam, donec in Ierusalem missam celebraret.
Sic autem vocatur capella [in Roma], quam fecit Helena. Ubi
dum celebraret, ex demonum strepitu mortem timens, publice
confessus est; et pedibus ac manibus amputatis, super bigam
cum equo indomito positus, ad Lateranensem ecclesiam est de-
vectus. Cuius sepulchrum insudat vel strepit, quando papa
mortuus est; et hoc [est] in signum misericordie consecute.

13.

LEONE D'ORVIETO, *Chronica Summorum Pontificum* (ap. LAMI, *Deliciae eruditorum*, vol. II, pp. 162-3). Leone condusse la sua Cronica sino al 1314.

Silvester, natione Gallicus, nomine Gilbertus, qui mortuus fuit ad sanctam Crucem in Ierusalem, sedit annis tribus, mense uno. Hic primum iuvenis Floriacensis coenobii in Aurelianensi dioecesi Monachus fuit, sed dimisso Monasterio, homagium diabolo fecit, ut sibi omnia ad votum succederent, quod diabolus promisit implere. Ipse obsequiis diaboli insistens, frequenter super desideriis suis cum eo loquebatur. Veniens autem Hispalim Hispaniae, causa discendi, in tantum profecit, quod sua doctrina etiam maximis placuit; habuit enim discipulos, Othonem Imperatorem, et Robertum Regem Franciae (qui inter alia Sequentiam [p. 163], *Sancti Spiritus adsit nobis gratia*, composuit) et Leoteringum, qui post fuit Episcopus Senonensis. Sed idem Gilbertus quia plurimum honores ambiebat, diabolus, ea quae petebat, ad votum implevit; fuit enim post Remensis Archiepiscopus; post Ravennensis, vel Ravennas; tandem Papa: et tunc quaesivit a diabolo, quantum viveret in Papatu; responsum habuit, quamdiu non celebraret in Ierusalem. Gavisus fuit valde, sperans se longe vivere, et longe esse a fine, sicut longe fuit a voluntate peregrinationis in Ierusalem ultra mare. Et quum in Quadragesima in ecclesia, quae dicitur Ierusalem, celebraret, ex strepitu daemonum, praesensit sibi mortem imminere, et suspirans ingemuit. Licet autem sceleratissimus esset, de misericordia Dei non desperans, coram omnibus revelando peccatum suum, membra omnia, quibus diabolo obsequium praestiterat, iussit praecidi, et demum truncum mortuum super bigam poni, ut ubicumque animalia perducerent, et subsisterent, ibi sepelirent; sepultusque est in Lateranensi ecclesia, et in signum misericordiae consequutae, sepulcrum ipsius, tam ex tumultu ossium, quam ex sudore, praesagium est morituri Papae, sicut in eodem sepulcro est in litteris exaratum.

14.

RICOBALDO DA FERRARA, *Historia pontificum romanorum* (ap. MURATORI, *Scriptores*, t. IX, coll. 172-3). Ricobaldo fioriva nei primi anni del secolo XIV.

Silvester Secundus sedit ann. IV mens. I. dies VIII. et cessavit diebus XXIII. imperante Ottone III. et post Henrico Primo. Hic natione Gallicus nomine proprio Gilbertus, mortuus fuit Romae ad Sanctam Crucem in Jerusalem. Hic primum juvenis Coenobii Floriacensis Monachus fuit, mox omisso Monachatu Diabolo fecit homagium, ut voti sui compos a Diabolo fieret, et Diaboli familiaris alloquio multum per ipsum obtinuit. Studuit itaque in Hispali Hispaniae, et in tantum profecit in Nigromantia, quod sua doctrina maximis placuit. Habuit quoque Ottonem Imperatorem discipulum et Robertum Regem Franciae, qui inter alia composuit sequentiam: *Sancti Spiritus adsit nobis gratia, etc.* et Neothericum, qui mox fuit archiepiscopus Senonensis. Ceterum idem Gilbertus nimium honores ambiebat. Diabolus vero eum voti compotem fecit. Fuit enim primo Archiepiscopus Remensis, post Ravennas, et tandem Urbis Episcopus. Et Papatu fungens quaesivit a Diabolo, quamdiu viveret in Papatu? responsum habuit; quamdiu non celebraret in Jerusalem. Tunc valde gavisus, sperans multum a morte abesse, sicut multum longe aberat a voluntate peregrinationis in Jerusalem ultra mare. Cum autem in Quadragesima ad Ecclesiam [col. 173] quae dicitur in Jerusalem apud Lateranum celebraret, per strepitum Daemonum sensit mortem adesse. Suspirans igitur ingemuit; et licet esset sceleratissimus, de Dei misericordia non desperans coram omnibus peccatum suum confessus est, et membra omnia, quibus Diabolo obsequium fecit, sibi jussit praecidi, et demum truncum corporis sui exanimem super biga poni, et quocumque animalia illud perducerent, ibi sisterent, atque ibi sepeliretur; quod factum est. Sepultus est igitur in Lateranensi Ecclesia in misericordiae signum, cum ad transeuntes sepulchrum ipsius, tam ex tumultu ossium, quam ex sudore praesagium est morituri Papae; sicut eodem sepulchro est literis exaratum.

DEMONOLOGIA DI DANTE

DEMONOLOGIA DI DANTE

—

Una dottrina demonologica ordinata e compiuta negli scritti di Dante non si trova, e nemmeno poteva esserci; ma da molti luoghi della *Commedia*, e più particolarmente dell'*Inferno*, nei quali o sono introdotti demonii, o si parla di demonii, e da alcuni altri sparsi qua e là per le rimanenti opere, confrontati fra loro e aggruppati opportunamente, si ricava un certo numero di credenze e di opinioni che giova esaminare congiuntamente e conoscere. E come appena siensi esaminate alquanto, una cosa anzi tutto si rileva, ed è che la demonologia del poeta, in parte è dottrinale e dommatica, si rannoda cioè alla speculazione e alla disquisizione teologica, in parte è popolare, conforme cioè a certe immaginazioni comuni ai credenti del tempo; senza che manchino per altro qua e là, dentro di essa, vestigia di un pensar proprio e personale. Per ciò che riguarda la parte dottrinale, il poeta l'ha senza dubbio attinta dalla teologia scolastica, di cui egli si mostra, come tutti sanno, assai ampio conoscitore, e più particolarmente dalle opere di S. Bonaventura, di Alberto Magno, di S. Tommaso d'Aquino, il suo dottor prediletto. Non è improbabile tuttavia che egli abbia udito in una od altra Università d'Italia, forse anche di fuori, lezioni e dispute sopra un argomento di tanta importanza quale si era nel medio evo la dottrina dei demonii, intimamente

congiunta con quella degli eterni castighi, e intorno a cui
s'erano sino dai primi tempi della Chiesa esercitati gl'ingegni più acuti e più alacri. Se non che sono così scarse
ed incerte le notizie tramandateci degli studii e delle peregrinazioni di Dante, che nulla si può affermare in proposito. Se fosse vero quanto afferma Giovanni Villani, e
infiniti ripeterono dopo lui, che Dante, sbandito di Firenze,
se ne andò allo studio di Bologna ; quivi avrebbe potuto
il poeta apprendere di molte cose circa l'essere e le operazioni di Satana e degli angeli suoi. Una ragione per
crederlo si ha in quelle parole che egli pone in bocca a
frate Catalano de' Malavolti :

> Io udi' già dire a Bologna
> Del diavol vizii assai, tra i quali udi'
> Ch'egli è bugiardo, e padre di menzogna [1].

Ma comunque se la procacciasse, il poeta del mondo invisibile non poteva non avere una dottrina demonologica :
senza curarci d'altro, vediamo qual sia [2].

I.

Gli è noto che il mito della ribellione e della caduta
degli angeli si fonda sopra alcuni luoghi del Nuovo Testamento, i quali non sono di troppo sicura significazione.
Un mito parallelo, e che ha radice nel Testamento Antico,
narra di angeli, che avendo avuto commercio con le figlie
degli uomini furono cacciati dal cielo. Entrambi i miti
trovarono credito fra i Padri dei primi secoli ; ma poi il
primo soperchiò e fece in qualche modo dimenticare il
secondo. Dante osserva su questo punto la comune credenza del tempo suo. Nel *Convivio* egli chiama in generale i demonii *intelligenzie che sono in esilio della su-*

perna patria[3], e *piovuti dal cielo* li dice nel c. VIII dell'*Inferno*[4]; di Lucifero,

> Che fu la somma d'ogni creatura,

dice nel XIX del *Paradiso*, che

> Per non aspettar lume cadde acerbo[5];

ma nel VII della prima cantica allude alla parte più drammatica del mitico racconto, alla cacciata dei ribelli, vinti dall'arcangelo Michele, che

> Fe' la vendetta del superbo strupo[6];

e *cacciati dal ciel*, *gente dispetta* li chiama nel IX[7]. Essi corsero in colpa immediatamente dopo la loro creazione:

> Nè giungeriesi, numerando, al venti
> Sì tosto, come degli angeli parte
> Turbò il suggetto dei vostri elementi[8];

e ciò avvenne fuori della intenzione divina, benchè non fuori della divina prescienza[9]. Cagione della colpa fu la superbia; e invidia e superbia sono, secondo S. Tommaso, i due soli peccati, che possano propriamente capire nella diabolica natura[10].

> Principio del cader fu il maledetto
> Superbir di colui che tu vedesti
> Da tutti i pesi del mondo costretto,

dice Beatrice al poeta[11]; di colui che *fu primo suberbo*[12], e

> Contra il suo Fattore alzò le ciglia[13].

Di tutti gli ordini degli angeli *si perderono alquanti tosto che furono creati*, *forse in numero della decima*

*parte; alla quale restaurare fu l'umana natura poi
creata* [14]. I cacciati dal cielo furono precipitati sopra la
terra : Lucifero cadde *folgoreggiando* [15], dalla parte del-
l'emisfero australe,

> E la terra, che pria di qua si sporse,
> Per paura di lui fe' del mar velo,
> E venne all'emisperio nostro ; e forse
> Per fuggir lui lasciò qui il loco voto
> Quella che appar di qua e su ricorse [16].

Questa mirabile immaginazione è, per quanto io so, tutta
propria di Dante, e dà luogo ad alcune difficoltà sulle
quali io non intendo di trattenermi [17]. Ma non tutti gli
angeli tristi peccarono egualmente : alcuni di essi si serbarono neutrali ;

> non furon ribelli,
> Nè fûr fedeli a Dio, ma per sè foro.

Cacciati dal cielo, e rifiutati dal profondo Inferno, essi
scontano la loro pena nel vestibolo, insieme con

> l'anime triste di coloro
> Che visser senza infamia e senza lodo [18].

Dicono i commentatori, ultimo lo Scartazzini, tal classe
di angeli neutrali non trovarsi nella Bibbia, ed esser forse
invenzione di Dante. Che nella Bibbia non si trovi è ve-
rissimo [19] ; ma non così che Dante ne sia l'inventore. Nella
leggenda del Viaggio di S. Brandano, la cui redazione
latina risale, per lo meno, all'XI secolo, si legge che, nel
corso della sua avventurosa navigazione, il santo, co' suoi
compagni, giunse ad un' isola, dove trovò un albero meraviglioso, popolato di uccelli candidissimi, i quali erano
appunto angeli caduti, ma non però malvagi [20]. Essi non

soffron castigo, ma sono fuori dell'eterna beatitudine. Certo, la finzione della ingenua leggenda si scosta per più ragioni da quella del poeta, ma ha con essa un concetto comune, il concetto di una schiera di angeli che, travolti nella ruina, perdettero il cielo, senza diventar propriamente ospiti dell'Inferno. La leggenda di S. Brandano fu una delle più diffuse nel medio evo, e passò dalle redazioni latine, di cui rimangono ancora innumerevoli manoscritti, nelle volgari, dove ebbe spesso a soffrire alterazioni di più maniere. Si può tenere per certo che Dante la conobbe. Del resto quella finzione non ricorre soltanto nella leggenda di S. Brandano. Ugone di Alvernia, eroe di uno strano romanzo, del quale, perdutasi la redazione francese originale, non rimangono se non rifacimenti franco-italiani e italiani, viaggiando alla volta dell'Inferno, trova, in prossimità del Paradiso terrestre, e in forma di uccelli neri, demonii d'intermedia natura, i quali han riposo la domenica [21]. Ora, sebbene nella descrizione dell'Inferno, quale si ha nei rifacimenti nostri, sieno evidenti gl'influssi danteschi, molto nulladimeno è in essa che va esente da tali influssi e che certamente appartiene a immaginazioni e tradizioni predantesche, accolte nel poema primitivo [22]. E al poema primitivo tengo per fermo che spetti quanto si dice di quei demonii intermedii, la cui condizione è non poco disforme dalla condizione che Dante attribuisce agli angeli del *cattivo coro*. Assai probabilmente la intera finzione passò nell'*Ugone d'Alvernia* dalla leggenda di S. Brandano. Nè questo basta. Una finzione consimile si trova in un altro poema, di un buon secolo anteriore alla *Divina Commedia*. Wolfram von Eschenbach (m. c. il 1220) fa dire a Trevrizent, nel suo *Parzival*, che i primi custodi del Santo Gral furono gli angeli che nella battaglia fra Lucifero e Dio si mantenner neutrali [23].

II.

I demonii che Dante pone nel suo Inferno si possono, avuto riguardo ai luoghi di loro provenienza, dividere in due classi, demonii biblici e demonii mitologici, secondochè sono tolti alla tradizione scritturale e patristica, o al mito pagano. Così è che insieme con Satana, o Beelzebub, o Lucifero [24], troviamo nel doloroso regno Caronte, Minosse, Cerbero, Plutone, Flegias, le Furie, Medusa, Proserpina [25], il Minotauro, i Centauri, le Arpie, Gerione, Caco, i Giganti. E non solo il poeta ricorda molti più demonii mitologici che non biblici; ma assegna inoltre a quelli, fatta eccezione pel solo Lucifero, officii assai più importanti che a questi: infatti, mentre agli altri demonii è solo commesso di tormentare alcune classi di dannati, il che è pure commesso ai Centauri e alle Arpie, Caronte traghetta le anime, Minosse le giudica, Cerbero e Plutone stanno a guardia, l'uno del terzo, l'altro del quarto cerchio, e via discorrendo. Ma qui c'è argomento a parecchie osservazioni.

Più volte fu Dante ripreso per aver mescolato insieme cose appartenenti al mito pagano e cose appartenenti alla credenza cristiana; e chi lo riprese in nome di questa credenza medesima, contaminata, in qualche modo, per tale immistione; chi in nome di certe convenienze estetiche, quanto evidenti e necessarie a chi le propugna, tanto ignote ai tempi di Dante e un gran tratto ancora prima e dopo di lui. Considerare poi quella mescolanza come l'effetto anticipato di certe tendenze e di certe usanze dell'umanesimo, se non è erroneo in tutto, è erroneo in gran parte, e bisogna a questo proposito distinguere una doppia tradizione, letteraria e popolare.

Echi e riflessi del mito pagano si trovano in molte descrizioni dell'Inferno cristiano, a cominciare dai primi secoli della Chiesa e a venir giù giù sino ai tempi che immediatamente precedono Dante. Il Tartaro, l'Averno, il Flegetonte e gli altri fiumi infernali, la palude Stigia, Caronte, Cerbero, ricorrono frequentissimi [26]. L'Inferno descritto nel *Roman de la Rose* ha tra' suoi abitatori Issione, Tantalo, Sisifo, le Danaidi, Tizio [27]; e Alano de Insulis pone a dominare nelle *tartaree sedi* le Furie [28].

Qui noi ci troviamo di fronte a una tradizione letteraria; ma questa non è la sola, chè insieme con essa va anche una tradizione popolare.

È noto che la Chiesa cristiana non giunse a far ciò, che a un certo punto della loro storia religiosa (ma a un certo punto solamente) fecero gli Ebrei: negare cioè in modo reciso e assoluto l'esistenza degli dei delle genti. La Chiesa cristiana, qual che ne fosse la ragione, che a noi ora non tocca indagare, non negò l'esistenza delle deità pagane, ma la divinità, e con lo stesso giudizio le convertì in demonii. Non è cosa su cui gli apologeti e i Padri della Chiesa primitiva insistano con più vigore; nè il fatto è tale da doverne stupire se si pensa che in molte altre religioni avvenne per appunto il medesimo [29]. Così si trasformarono in diavoli, non solamente gli dei maggiori e minori, ma ancora i semidei, e degli dei quelli più facilmente, come ben s'intende, cui già i pagani attribuivano qualità paurose e maligne: inoltre le Lamie, le Empuse, le Arpie, le Chimere, i Gerioni, non furono spenti, ma diventarono ospiti dell'Inferno, sudditi e ajutatori di Satanasso.

Si potrebbe tessere di questa trasformazione un'assai lunga e curiosa istoria. I nomi delle antiche divinità, o almeno di alcune di esse, continuarono a vivere nella memoria dei popoli bene o male convertiti, e intorno a

quei nomi nacquero superstizioni, leggende e fantasie.
Sant'Antonio incontrava nel deserto un centauro, e San
Gerolamo non sa risolvere se fosse apparizione diabolica, o
mostro naturale [30]. Incontrava anche un satiro che parlava
e lodava Dio, ma per eccezione certamente, giacchè quella
del satiro fu una delle forme che più di spesso si diedero
al diavolo [31]. Ai tempi di Gervasio da Tilbury (XII e
XIII sec.) si parlava ancora di fauni, di satiri, di silvani,
di Pani, e molti affermavano averli veduti [32]: i fauni s'invocavano ancora nella diocesi di Lione ai tempi di Stefano
di Borbone (m. verso il 1262) [33].

Mercurio diventa un diavolo nella leggenda di Giuliano l'Apostata; Venere un diavolo in parecchie leggende,
di cui la più famosa è quella del cavaliere Tanhäuser [34];
un diavolo, com'è del resto assai naturale, Vulcano. Sigeberto Gemblacense ricorda che certe bocche vulcaniche
in Sicilia, le quali si credevano essere spiracoli dell'Inferno, si chiamavano da quegli abitanti col nome di Ollae
Vulcani [35]. C'erano diavoli acquatici che si chiamavano
Nettuni, pericolosi a chi si trovava in prossimità di acque
profonde, e infesti, pare, alle donne [36]; c'erano le sirene
che, come in antico, traevano a perdizione col canto gl'in-
cauti navigatori [37].

Demonio di molta importanza diventò Diana, certamente
in grazia della identificazione sua con Ecate e con Proserpina. Di Diana demonio si discorre nella leggenda di
S. Niccolò [38], mentre altre leggende la designano più propriamente come il demonio meridiano [39]. In una Vita di
S. Cesario, vescovo di Arles (m. 542) si fa menzione di
un demonio chiamato Dianum dai campagnuoli [40]. Un
canone, indebitamente attribuito al sinodo di Ancira del-
l'anno 314, ma riportato da Reginone, abate di Prüm
(m. 915) [41], da Burcardo di Worms (m. 1024) [42], da Graziano (m. 1204?) [43], fa menzione di donne le quali s'imma-

ginavano di andare in giro la notte, a cavallo di varii animali, in compagnia di Diana e di Erodiade; e a questa stessa superstiziosa credenza alludono, un Capitolare di Lodovico II imperatore, dell'anno 867 [44], il già citato Stefano di Borbone [45], Giovanni Herolt (m. 1418) [46], e altri. Anzi è da notare che il nome di Diana e la credenza accennata non sono per anche in tutto dileguati dalla memoria di alcuni popoli cristiani [47]. Sant' Eligio, morto poco oltre il mezzo del settimo secolo, dice in un sermone famoso, combattendo certi avanzi di credenze pagane: *Nullus nomina daemonum, aut Neptunum, aut Orcum, aut Dianam invocare praesumat* [48]. Il pessimo pontefice Giovanni XII fu, nel sinodo romano del 963, accusato d'aver bevuto alla salute del diavolo, *diaboli in amorem,* e di avere, giocando a dadi, invocato l'ajuto di Giove, di Venere, *ceterorumque demonum* [49].

Se, dunque, le antiche divinità s'erano tramutate in demonii, era, non pure lecito, ma necessario, porle con gli altri demonii in Inferno. Gli autori delle *Chansons de geste* ricordano spesso quali diavoli Giove ed Apollo, talvolta i Nettuni rammentati di sopra e Cerbero [50]. Cerbero apparisce inoltre come cane infernale in alcun documento di poesia medievale tedesca [51], e in molti di poesia latina [52]. Nella Visione di Tundalo, Vulcano e i suoi ministri arroventano nel fuoco le anime, le martellano sulle incudini [53]; nella *Kaiserchronik* si racconta che l'anima di Teodorico fu portata dai demonii nel monte, a Vulcano, *in den berc ze Vulkân* [54]. Dante anche in ciò non fece se non seguire la tradizione e il costume, salvo che egli si contentò di porre nell'Inferno cristiano divinità pagane infernali, e lasciò in pace Giove, Apollo e gli altri; anzi il nome di sommo Giove diede a Cristo. Forse non gli bastò l'animo di abbassare alla condizione di diavoli malvagi e deformi le divinità luminose di cui la fantasia di lui doveva pure essersi innamorata leggendo Virgilio e gli altri poeti latini [55].

Ma i diavoli mitologici dell'Inferno dantesco porgono argomento a più altre considerazioni.

Dante ricorda parecchi giganti tolti al mito pagano (Efialte, Briareo, Anteo, Tizio, Tifeo) e uno tolto al mito biblico (Nembrot): sono essi demonii nel concetto del poeta? Credo che sieno a quel modo che i Centauri, ed anche perchè, quelli del mito pagano almeno, sono, non uomini, ma dei. Quanto a Nembrot si può osservare che, sonando il corno, e poi con le inintelligibili e orrende parole, egli sembra, o volere spaventare i poeti che si avvicinano, o avvertire Lucifero di loro venuta [56], e così fa presso a poco ciò che già prima avevano fatto Caronte, Minosse, Cerbero, Plutone. Perciò non si può dire che i giganti sieno in luogo a loro non conveniente, laggiù nel pozzo dell'ottavo cerchio. Demonii appunto erano, secondo un'antica opinione, i giganti nati dal commercio degli angeli e delle figlie degli uomini [57]; giganti nerissimi trova Carlo il Grosso [58] nell'Inferno da lui veduto, intesi ad accendere ogni maniera di fuochi [59]; nelle *Chansons de geste* i giganti sono spesso considerati come diavoli venuti fuor dall'Inferno, o come figli di diavoli [60], e Tundalo vede due enormi giganti tenere aperta la voraginosa bocca del mostro Acheronte, la quale *capere poterat novem milia hominum armatorum* [61].

Minosse e Flegias sono due semidei, figli di Giove l'uno, di Ares o Marte l'altro. A prima giunta sembra che se ciò che in essi era di divino doveva rendere possibile e provocare la trasformazione in demonii, ciò che era di umano doveva impedirla, se non per Minosse, il quale aveva già trovato posto, come giudice, nell'Inferno pagano, almeno per Flegias [62]. Ma, in verità, questo impedimento non c'era. Nei demonii Giuseppe Flavio riconosceva le anime degli uomini malvagi (ανθρώπων πονηρών πνεύματα) [63]: nelle *Chansons de geste* appajono spesso come demonii Nerone, Maometto, Pilato [64]; e come demonio appare Maometto nel poema di Giacomino da Verona, *De Babilonia civitate infernali* [65]. Dante stesso riconosce una grande affinità fra lo spirito dell'uomo malvagio e il demonio, quando col nome di demonio appunto chiama l'anima dannata [66], e Demonio dice Maghinardo Pagani [67]. Come Dante di Minosse, Wolfram von Eschenbach fa un diavolo di Radamanto [68].

III.

Dante dà un corpo ai demonii, seguendo in ciò la opinione di molti Padri e Dottori della Chiesa e la vulgata credenza [69]; ma di che natura è desso? Sia che il poeta non avesse in proposito concetti ben definiti, sia che la materia del suo poema e certe convenienze di trattazione non gli permettessero di sempre osservarli, fatto sta che in quanto egli dice o accenna a tale riguardo si nota incertezza e contraddizione. Le opinioni stesse dei Padri non sono troppo concordi. Fra quella di Gregorio Magno, che voleva i diavoli al tutto incorporei [70], e quella di Taziano, che volentieri esagerava la materialità loro [71], alcuna ve n'è più temperata; ma si ammetteva quasi generalmente che i demonii avessero un corpo formato d'aria o di fuoco; anzi un corpo si attribuiva anche agli angeli, e si diceva che, dopo la caduta, quello dei demonii era divenuto più grossolano e più spesso. Dante ha gli angeli in conto di forme pure, di *sustanze separate da materia* [72], e nulla dice del modo onde i demonii acquistarono un corpo; ma forse ci può dar qualche lume in proposito, quanto egli dice del modo che tengon le anime uscite di questa vita nel formarsene uno d'aria condensata [73]. E badisi che qui si discorre del corpo che i demonii hanno in proprio, e non di quello onde possono rivestirsi accidentalmente, per loro particolari propositi.

Ho accennato a incertezze e contraddizioni di Dante in sì fatto argomento. Il corpo di cui è provveduto il demonio Flegias è certo un corpo sottilissimo, non più pesante dell'aria entro a cui si muove, e in tutto simile all'ombra di Virgilio, giacchè la barca con cui egli fa passare ai due poeti la palude degli iracondi sembra *carca* solo quando Dante vi entra [74]. Il corpo di Lucifero per contro dev'essere assai più denso e grave, non solo per quel suo essersi sprofondato sino al punto

> Al qual si traggon d'ogni parte i pesi;

e perchè la *ghiaccia* lo stringe tutto intorno e ritiene, come solo può fare solido con solido; ma ancora perchè i due poeti, e specialmente Dante, che è d'ossa e di polpe, possono scendere e arrampicarsi sopra di esso non altrimenti che se fosse una rupe [75]. Può darsi che Dante abbia con pensato proposito dato un corpo più grossolano e più denso al più malvagio degli angeli ribelli, a colui che è

> Da tutti i pesi del mondo costretto [76];

ma vuolsi notare che qualche incertezza egli lascia scorgere anche riguardo ai nuovi corpi rivestiti dalle anime dannate o purganti. Nell'Antipurgatorio il poeta vuole abbracciare Casella e non può:

> O ombre vane, fuor che nell'aspetto!
>> Tre volte dietro a lei le mani avvinsi,
>> E tante mi tornai con esse al petto [77];

e pure trova poco più oltre le anime dei superbi che si accasciano sotto i ponderosi massi [78]. Nel terzo cerchio dell'Inferno i poeti passano *su per l'ombre che adona la greve pioggia*, e pongono le piante

Sopra lor vanità che par persona [79];

ma nel nono Dante *forte percote il piè nel viso ad una* delle anime triste dell'Antenora [80]. Virgilio non isparge ombra in terra [81]; ma è in grado di sollevare e portar Dante [82].

Quanto alla forma e all'aspetto de' suoi demonii Dante non dice gran che, fatta eccezion per Lucifero. Caronte è da lui dipinto [83] quale già il dipinse Virgilio. Minosse ha più del bestiale e del diabolico: sta orribilmente, ringhia, agita una lunga coda, con cui può cingersi ben nove volte il corpo, quanti sono i cerchi dell'Inferno [84]. Plutone, che Virgilio chiama *maladetto lupo*, mostra altrui un volto gonfio d'ira (*enfiata labbia*), una sembianza di *fiera crudele*, ha la voce *chioccia* [85]. Gerione, mutato l'aspetto che già ebbe nel mito, ha faccia d'uom giusto, il resto di serpe, due branche pelose, coda aguzza, il dorso, il petto, le coste simbolicamente dipinti di nodi e di rotelle [86]. Cerbero [87], le Furie [88], il Minotauro [89], i Centauri [90], le Arpie [91], serbano invariate le forme tradizionali; e così dicasi dei Giganti, dei quali non si descrive se non la smisurata statura [92].

Ma non mancano nell'Inferno dantesco diavoli in cui più propriamente si scorge l'aspetto che ai nemici dell'uman genere attribuì la turbata fantasia dei credenti, specie nel medio evo. Questi diavoli sono neri (*angeli neri* [93], *neri cherubini*) [94], quali già s'immaginavano nel IV secolo [95], e con forma umana, la forma che in quel medesimo tempo si attribuì loro [96]. I demonii che sferzano i mezzani nella prima bolgia dell'ottavo cerchio, sono cornuti [97]; Ciriatto è sannuto [98]; Cagnazzo mostra, non un

volto, ma un muso [99]; ed essi e i compagni loro sono armati
di artigli [100]. Il demonio che butta giù nella pegola spessa
dei barattieri *uno degli anziani di Santa Zita* è dipinto
quale infinite opere d'arte del medio evo appunto cel mostrano :

> Ahi, quanto egli era nell'aspetto fiero!
>   E quanto mi parea nell'atto acerbo,
>   Con l'ale aperte e sovra i piè leggiero!
> L'omero suo, ch'era acuto e superbo,
>   Carcava un peccator con ambo l'anche,
>   E quei tenea de' piè ghermito il nerbo [101].

Se non che bisogna dire che Dante, trattenuto forse da
un delicato sentimento d'arte, non diede a nessuno dei
demonii suoi, nemmeno a Lucifero, la deformità abbomi-
nevole che spesso hanno i demonii descritti nelle leggende,
o ritratti da pittori e scultori nel medio evo [102].

Lucifero, il principe dei demonii,

> La creatura ch'ebbe il bel sembiante [103],

è da Dante rappresentato di smisurata grandezza, brutto
quanto già fu bello, e forse più, con *tre facce alla sua testa*,
l'una vermiglia, tra bianca e gialla l'altra, nera la terza,
sei enormi ali di pipistrello, corpo peloso [104]. Quelle tre
facce diedero assai da pensare ai commentatori, parecchi
dei quali attribuirono loro significati, cui non sarebbero
certo andati a rintracciare, se invece di stimarle una immaginazione propria di Dante, avessero saputo che assai prima
di Dante si trovano. I commentatori più antichi, i quali
dovevano saperlo, ne diedero, in generale, interpretazione
assai più giusta che non i moderni, e non si smarrirono
dietro a sogni, come il Lombardi, che nelle tre facce vide
simboleggiate le tre parti del mondo onde Satana ha tri-

buto di anime, e come il Rossetti che vi riconobbe Roma, Firenze, la Francia.

Questo Lucifero con tre facce non balza fuori per la prima volta dall'accesa fantasia di Dante ; già innanzi la coscienza religiosa l'aveva immaginato e scorto, già le arti l'avevano raffigurato. Esso è come l'antitesi della Trinità, o come il suo rovescio. La Trinità fu qualche volta nel medio evo rappresentata sotto specie di un uomo con tre volti; e poichè il concetto della Trinità divina suggerisce il concetto di una Trinità diabolica, e poichè inoltre nello spirito del male si supponeva essere tre facoltà o attributi opposti e contraddicenti a quelli che si spartiscono fra le tre persone divine, così era naturale che si ricorresse per rappresentare il principe de' demonii a una figurazione atta a far riscontro a quella con che si rappresentava il Dio uno e trino. Lucifero appare con tre facce in isculture , in pitture su vetro , in miniature di manoscritti, quando cinto il capo di corona, quando sormontato di corna, tenente fra le mani talvolta uno scettro, talvolta una spada, o anche due [105]. Quanto tal figurazione sia antica è difficile dire. Un manoscritto anglo-sassone del Museo Britannico, appartenente alla prima metà del secolo XI, reca una immagine di Satana, nella quale si vede, dietro l'orecchio sinistro (la figura è di profilo), spuntare di traverso una seconda faccia [106]. Più tardi il corpo dei demonii ebbe spesso a coprirsi di facce, significative di malvagi istinti. Senza dubbio Dante volle con le tre che dà al suo Lucifero, conformemente a una usanza già antica, rappresentare gli attributi diabolici opposti ai divini; e poichè, per lo stesso Dante, come per S. Tommaso, il Padre è potestà, il Figliuolo è sapienza, lo Spirito Santo è amore [107], le tre facce non possono simboleggiare se non impotenza, ignoranza, odio, come rettamente giudicarono alcuni dei commentatori più antichi.

Non solo Dante non immaginò, egli primo, il Lucifero con tre facce; ma nemmen primo immaginò di porre in ciascuna delle tre bocche immani un peccatore non degno di minor pena. Nella chiesa di Sant'Angelo in Formis, presso Capua, una grande pittura, stimata opera del secolo XI, rappresenta Lucifero in atto di maciullar Giuda[108]. Nella chiesa di S. Basilio, in Étampes, una scultura del XII rappresenta appunto Lucifero che maciulla tre peccatori, e rappresentazioni sì fatte erano, sembra, frequenti in Francia[109]. Il Boccaccio ricorda il Lucifero da San Gallo[110], e il Sansovino dice che nella chiesa di San Gallo, in Firenze, era dipinto un diavolo con più bocche[111].

Dante parla del terror che lo colse alla vista di Lucifero:

> Com'io divenni allor gelato e fioco,
>   Nol dimandar, lettor, ch'io non lo scrivo,
>   Però ch'ogni parlar sarebbe poco.
> Io non morii e non rimasi vivo.
>   Pensa oramai per te, s'hai fior d'ingegno,
>   Qual io divenni d'uno e d'altro privo[112].

Non è forse da tacere, a tale proposito, che la vista del diavolo si credeva potesse essere perniciosa e letale. Cesario di Heisterbach narra di due giovani che languirono gran tempo per aver veduto il diavolo in forma di donna[113]; Tommaso Cantipratense dice che la vista del diavolo fa ammutolire[114].

Dante non dice nulla delle forme varie che i demonii possono assumere a lor piacimento. Egli fa ricordo di *cagne bramose e correnti* che lacerano i violenti contro a se stessi[115]; di serpenti che tormentano i ladri[116]; di un drago, che stando sulle spalle di Caco, *affoca qualunque s'intoppa*[117]; ma non dice che sieno demonii, e noi non possiamo indovinare con sicurezza il pensier suo a tale riguardo. Animali diabolici s'incontrano nelle Visioni: in quella di Alberico si fa espressa menzione di due demonii che hanno forma, l'uno di cane, l'altro di leone[118]; ma, da altra banda è da ricordare che serpenti e scorpioni smisurati e lupi e leoni sono nell'Inferno di Maometto, e che molte fiere selvagge e voraci sono nell' Inferno indiano [119].

IV.

Circa la natura morale dei demonii Dante non ha, e non poteva avere cose nuove da dire: conosciuti erano gli atti e portamenti loro; la loro riputazione era fatta.

Lucifero fu creato più nobile d'ogni altra creatura [120]; ma il peccato, il *superbo strupo* [121], cancellò in lui, come ne' seguaci suoi, ogni natia nobiltà. La superbia fu il suo primo peccato [122]; fu il secondo l'invidia, e questa trasse a perdizione i primi parenti, e con essi tutto il genere umano [123]. Egli è il nemico antico ed implacabile dell'umana prosperità [124], l'*antico avversaro* [125] di tutti gli uomini, ma più di quelli che non vanno per le sue vie, e cui egli tenta trarre a peccato e a ruina; il *vermo reo che il mondo fora* [126]. Perciò egli con amo invescato attira le anime [127], e tenta insidiarle persino in Purgatorio, donde lo cacciano gli angeli [128]. Egli, *il perverso* [129] κατ᾽ ἐξοχήν, è *bugiardo e padre di menzogna* [130]. *Il mal voler, che pur mal chiede* [131], è fatto natura sua e degli angeli suoi: Dante, con tutti i teologi del suo tempo, rifiuta e condanna la opinion di Origene e di alcuni seguaci di lui, che i demonii possano ravvedersi e trovar grazia. L'ira e la rabbia sono passioni principali dei *maledetti* [132]. Caronte parla iracondo, si cruccia, batte col remo qualunque anima si adagia [133]; Minosse si morde per gran rabbia la coda [134]; Plutone *consuma dentro sè* con la sua *rabbia* [135]; Flegias, conosciuto il proprio inganno, *se ne rammarca nell'ira accolta* [136]; i demonii che stanno a custodia della città di Dite parlan tra loro *stizzosamente* [137]; il Minotauro morde se stesso,

Sì come quei cui l'ira dentro fiacca [138];

e non parliam delle Furie e d'altri demonii che con atti o con parole fan manifesta la rabbia che li divora. Quelli della quinta bolgia dell'ottavo cerchio digrignano i denti e *con le ciglia minaccian duoli* [139]. Opportuna perciò la comparazione che più di una volta Dante fa de' suoi demonii con mastini sciolti, con cani furibondi e crudeli [140]. Se Rubicante è pazzo, come Malacoda lo chiama [141], la sua è certo pazzia furiosa.

I demonii sono gelosi del loro regno, e malvolentieri vedono altri penetrarvi e aggirarvisi, se non è condotto da loro e in lor servitù. Come già si opposero alla discesa di Cristo [142], così si oppongono al viaggio di Dante. Caronte, Minosse, Cerbero, Plutone, i demonii della città di Dite, le Furie, forse anche Nembrot, cercano in varii modi e con varii argomenti di farlo retrocedere [143]. Allo stesso modo, nella leggenda del Pozzo di S. Patrizio, i demonii tentano ripetutamente di far tornare addietro il cavaliere Owen. La tracotanza e l'insolenza sono proprie qualità dei superbi caduti, a umiliare le quali è talvolta necessario l'intervento divino [144]. E anche quando sanno non essere senza l'espresso volere di Dio l'andata dei due poeti, i demonii più protervi si studiano di nuocer loro, minaccian Dante coi raffii [145], ingannano Virgilio con false informazioni [146], inseguono l'uno e l'altro per prenderli, dopo averli lasciati andare [147]. Nella Visione di Carlo il Grosso appajono *nigerrimi demones advolantes cum uncis igneis*, i quali tentano di uncinare Carlo, e ne sono impediti dall'angelo che lo guida [148]; nella Visione di un uomo di Nortumbria, narrata da Beda, demonii minacciano di afferrare con ignee tenaglie l'intruso [149]; anche Alberico è minacciato da un diavolo e difeso da S. Pietro [150]. Giunto in prossimità dell' Inferno, il Mandeville si vide contrastare il passo da un nugolo d'avversarii, ed ebbe da uno di loro una mala percossa, di cui portò il segno per ben diciott'anni. Che con un naturale sì fatto i diavoli non possano amarsi tra loro s'intende facilmente. Come Alichino e Calcabrina fanno, là, nella bolgia dei barattieri [151], così debbono gli altri azzuffarsi quando l'occasione se ne porga. Vero è che Barbariccia, co' suoi, tiran poi fuori del *bollente stagno*, in cui eran caduti, i due combattenti.

Quest'opera di fraterno soccorso ci lascia pensare che anche nei diavoli possa talvolta essere alcun che di men tristo. Minosse, il *conoscitor delle peccata*, ha da avere, se non altro, un sicuro sentimento di giustizia, senza di che non potrebbe assegnare a ciascun peccatore la pena che gli si conviene. Chirone dà una *scorta fida* ai poeti [152]; Gerione concede loro il suo dorso [153]; Anteo li posa sull'ultimo fondo d'Inferno [154].

È opinione comune dei teologi che l'intelletto dei demonii siasi ottenebrato dopo la caduta, di maniera che, se vince ancora, e di molto, l'umano, è di gran lunga inferiore all'angelico. Essi non conoscono il futuro se non in quanto Dio lo fa loro palese, o in quanto possono argomentarlo da indizii e da fenomeni naturali; similmente non penetrano l'animo umano, ma da segni esteriori argomentano ciò che in esso si muove [155]. Dante non pare abbia pensato altrimenti, sebbene, sul conto del saper loro, mostri di essere incorso in qualche contraddizione. A suo giudizio i demonii non possono filosofare, *perocchè amore è in loro del tutto spento, e a filosofare..... è necessario amore*[156]; ciò nondimeno, il demonio che se ne porta l'anima di Guido da Montefeltro può vantarsi d'esser *loico*, e de' buoni[157]. Caronte conosce essere Dante un'anima buona[158]: da che? non sappiamo. Flegias, per contro, crede vedere in Virgilio un'anima rea[159]. Del resto nè Caronte, nè Minosse, nè Plutone, nè i demonii della città di Dite, sanno la ragione del viaggio di Dante e il divino patrocinio sotto cui esso si compie, e Virgilio a più riprese deve far ciò manifesto. Ora tale ignoranza può parere un po' strana, se si pensa che Dante stesso afferma non avere i demonii bisogno della parola per conoscere l'uno i pensamenti dell'altro[160]. Dato dunque che non potessero penetrare nella mente di Virgilio e di Dante, essi avrebbero dovuto aver cognizione del fatto come prima uno dei loro l'avesse avuta. Ma i demonii, che Dante trova in Inferno, usano della parola anche quando conversan tra loro[161].

Della potenza diabolica Dante non dice gran che; ma si conforma in tutto alla comune opinione quando attribuisce ai demonii potestà sugli elementi, e narra della procella da essi suscitata, che travolse con le sue acque il corpo di Buonconte da Montefeltro[162].

Il demonio può invadere il corpo umano e produrre in esso turbazioni simili a quelle che arrecano certi morbi[163]; può inoltre animare i corpi morti e dar loro tutte le apparenze e gli atti della vita. I traditori della Tolomea hanno, secondo dice frate Alberigo a Dante, questa sorte, che l'anima loro piomba in Inferno e pena, mentre il corpo, governato da un demonio, si rimane, in apparenza ancor vivo, nel mondo:

> Cotal vantaggio ha questa Tolomea,
>   Che spesse volte l'anima ci cade
>   Innanzi ch'Atropós mossa le dea.
> E perchè tu più volentier mi rade
>   Le invetriate lagrime dal volto,

Sappi che tosto che l'anima trade,
Come fec'io, il corpo suo l'è tolto
Da un dimonio, che poscia il governa
Mentre che il tempo suo tutto sia vôlto [164].

Nella medesima condizione si trovano Branca d'Oria, che

In anima in Cocito già si bagna,
Ed in corpo par vivo ancor di sopra,

ed un suo *prossimano* [165].

Ora questa *ingegnosa invenzione* non è, come sembra allo Scartazzini [166], una invenzione di Dante, suggerita da quanto nell'Evangelo di Giovanni (XIII, 27) si dice di Giuda: *Et post bucellam introivit in eum Satanas;* perchè con tali parole l'Evangelista non vuole dir altro se non che da indi in poi Giuda fu in potestà di Satana, e come invasato del maligno spirito. In fatti Giuda non muore allora, ma, dopo consumato il tradimento, da se stesso si uccide. La invenzione, o, meglio, la immaginazione, Dante la trovò già bella e formata, e le citate parole dell'Evangelista poterono tutto il più suggerirgli l'idea di applicarla a pessimi peccatori, traditori come Giuda. Cesario di Heisterbach racconta la storia di un chierico *cuius corpus diabolus loco animae vegetabat.* Questo chierico cantava con voce soavissima e incomparabile; ma un bel giorno un sant'uomo uditolo, disse: Questa non è voce d'uomo, anzi è di demonio; e fatti suoi esorcismi costrinse il diavolo a venir fuori, e il cadavere cadde a terra [167]. Tommaso Cantipratense racconta come un diavolo entrò nel corpo di un morto, che era deposto in una chiesa, e tentò di spaventare una santa vergine che pregava; ma la santa vergine, datogli un buon picchio sul capo, lo fece chetare [168]. Di un diavolo, che, per tentare un recluso, assunse il corpo di una donna morta, narra Giacomo da Voragine [169]. Ma la immaginazione è assai più antica. Di un diavolo, che, entrato nel corpo di un dannato, traghettava a un fiume i viandanti, con isperanza di poter loro nuocere, si legge nella Vita di San Gilduino [170]; di un altro, che teneva vivo il corpo di un malvagio uomo, si legge nella Vita di Sant'Odrano [171]. Se e come in quei corpi dei traditori animati dai demonii si compiessero le funzioni vitali, Dante non dice: la opinione che non si compiessero se non in apparenza doveva essere la più diffusa. Nei racconti testè citati di Cesario e di Giacomo, i cadaveri, appena abbandonati dagli spiriti maligni, presentano tutti i caratteri di una inoltrata putrefazione, e ciò conformemente ad altre opinioni e credenze, delle quali non mi dilungo a discorrere.

V.

I demonii avevano due sedi, l'Inferno, per punizione loro e dei dannati, e l'aria, per esercitazione degli uomini, sino al dì del Giudizio [172]. Della sede aerea Dante non dice nulla di proposito; ma la suppone evidentemente quando accenna a tentazioni diaboliche, quando parla della potestà che hanno i demonii di suscitar procelle, o di demonii che contendono agli angeli le anime dei morti.

In Purgatorio Dante non pone demonii: l'antico avversario tenta di penetrarvi in forma di biscia,

> Forse qual diede ad Eva il cibo amaro;

ma gli angeli, *gli astor celestïali*, lo volgono in fuga [173]. I teologi sono comunemente d'accordo nel ritenere che in Purgatorio non ci siano demonii a tormentare le anime; ma moltissime Visioni rappresentano il Purgatorio pieno anch'esso di diavoli, intesi a farvi il consueto officio di tormentatori. La Chiesa, che solo nel 1439, nel concilio di Firenze, fermò il dogma del Purgatorio, la cui dottrina era stata innanzi svolta da S. Gregorio e da S. Tommaso, non si pronunziò sopra questo punto particolare [174]. Dante, che, quanto alla situazione e alla struttura del Purgatorio ha immaginazioni e concetti proprii, quanto alla relazion di esso coi demonii tiene la opinion dei teologi, rifiutando quella dei mistici.

Della situazione dell'Inferno, erano state, ed erano tuttavia, molte svariate opinioni [175]; la più accreditata e diffusa lo poneva nel centro della terra, e questa è appunto l'opinione seguìta da Dante. Nell'Inferno dantesco i demonii sono variamente distribuiti, conforme al concetto che il poeta s'era formato della gravità delle colpe e della conseguente gravità dei castighi. Che demonii non debbano essere nel limbo, dove sono gli spiriti magni, solo esclusi dal cielo *perchè non ebber battesmo*, e i fanciulli morti prima di averlo, s'intende facilmente; e mezzi demonii si possono dire quelli che nel vestibolo scontano lor pena insieme con gli *sciaurati che mai non fur vivi*. Il primo vero demonio che Dante incontri è Caronte, ed è strano abbastanza che egli non ne abbia posto alcuno a guardia della porta su cui sono le parole di colore oscuro, e che, forzata da Cristo, trovasi ancora, a dir di Virgilio, senza serrame [176]. Nel secondo cerchio è Minosse, solo nominato; ma debbono pure esservi altri demonii esecutori delle sentenze di lui, quelli per le cui mani le anime giudicate *son giù vôlte* [177]. I diavoli appajono per la prima volta numerosi (più di mille) sulle porte della città di Dite [178]. Possono i diavoli che sono in Inferno, e cui è commesso di tormentare le anime, uscir di là entro? Dante nol dice, ma per alcuni espressamente lo nega. Lucifero è confitto nel ghiaccio, nè si può muovere, suggerita senza dubbio la immaginazione da quel luogo dell'Apocalissi, detta di S. Giovanni, ove si narra che l'arcangelo Michele

prese il dragone e lo legò per mille anni [179]. Lucifero
legato nell'ultimo fondo dell'Inferno appare anche in alcune
Visioni [180]. Efialte è legato [181], mentre Anteo è sciolto [182].
I diavoli della quinta bolgia del cerchio ottavo, non possono uscire di là,

> Chè l'alta provvidenza che lor volle
> Porre ministri della fossa quinta,
> Poder di partirsi indi a tutti tolle [183].

Ed è assai probabile che Dante abbia inteso il medesimo
dei diavoli che nell'altre bolge e negli altri cerchi hanno
ufficio di punitori.

S. Tommaso, al pari di molti altri teologi, e conformemente a quanto è accennato nel Nuovo Testamento, ammette che fra i demonii come fra gli angeli rimasti fedeli,
ci sieno varii ordini e una gerarchia, a capo della quale
è Beelzebub [184]. Dante non esprime a tale riguardo una
opinione categorica; ma presenta Lucifero quale re del-
l'Inferno e principe dei demonii [185], cui forse Plutone invoca nel suo inintelligibile linguaggio [186]. Quanto agli
altri demonii si può notare qua e là qualche indizio di
primazia e di soggezione. Abbiamo già veduto che Minosse
deve avere altri demonii sotto di sè, esecutori delle sue
sentenze. Chirone sembra essere il duce dei Centauri [187]:
Malacoda sembra avere alcuna signoria sui diavoli che
tormentano i barattieri [188]. Forse Dante ebbe anche a ricordarsi dell'antica opinione di Erma, di Clemente Alessan-
drino, di Origene e di altri, che ordinavano i demonii
secondo le varie specie di peccati a promuovere i quali
più specialmente attendevano: questo dubbio nasce quando
si vede l'iracondo Flegias fatto navicellajo della palude
degli iracondi [189]; il ladro Caco perseguitare i ladri [190];
Lucifero, il primo traditore, dirompere coi denti i tre
grandi traditori [191].

Dante considera l'Inferno quale un regno opposto e contrario al regno de' cieli, e come Dio è *l'imperador che lassù regna, l'alto sire* del regno della beatitudine, così Lucifero è

> Lo imperador del doloroso regno [192],

e le Furie sono

> le meschine
> Della regina dell'eterno pianto [193].

Questo concetto di un regno satanico si trova già negli Evangeli [194] e in Padri della Chiesa, onde si trasse argomento, nelle rappresentazioni dell'arte, a dare a Lucifero, quali insegne della sua potestà, scettro e corona. Con tali insegne, o seduto sopra un trono, comparve anche Satana fuori dell' Inferno, in molte leggende [195]. Giacomino da Verona chiama anch'egli Lucifero re dell'Inferno [196]; ma, come Dante, gli nega ogni segno e fregio di signoria.

VI.

Vediamo ora i demonii di Dante in relazione coi dannati, nell'ufficio loro di giustizieri e tormentatori infernali.

Quando muore Guido da Montefeltro, resosi, dopo una vita tutta piena di colpe, *cordigliero*, S. Francesco viene per raccorne l'anima; ma *un de' neri Cherubini* gli dice:

> Nol portar; non mi far torto.
> Venir se ne dee giù tra' miei meschini,
> Perchè diede il consiglio frodolente,
> Dal quale in qua stato gli sono a' crini;
> Ch'assolver non si può chi non si pente,
> Nè péntere e volere insieme puossi
> Per la contradizion che nol consente [197].

Quando invece muore Buonconte, sinceramente pentito, e col nome di Maria sulle labbra, viene l'*angel di Dio* e ne prende l'anima; ma *quel d'Inferno* grida:

> O tu dal ciel, perchè mi privi?
> Tu te ne porti di costui l'eterno
> Per una lagrimetta che il mi toglie:
> Ma io farò dell'altro altro governo [198].

Qui abbiamo, se non isvolti, indicati due contrasti, del demonio e d'un santo l'uno, del demonio e dell'angelo l'altro: nel primo vince il demonio; nel secondo l'angelo.

È noto che contrasti sì fatti furono popolarissimi nel medio evo, e varie letterature di quella età ne serbano numerosi documenti [199]. Il concetto che li inspira scaturisce del resto dall'intimo della credenza cristiana e non è d'indole popolare soltanto. La lotta fra il divino e il diabolico è in essa iniziale, immanente. Prima Lucifero si ribella al suo fattore, poi perverte i primi parenti e tutta l'umana generazione; Cristo vince Lucifero e spoglia l'Inferno; Maria calpesta l'antico serpente; l'Anticristo, campione di Satana, rinnoverà la pugna. Se oggetto dell'interminabile contesa è l'umanità, gli è giusto che per ogni singola anima le contrarie potestà combattano. La credenza che ciascun uomo sia, lungo il corso di tutta la vita, accompagnato, a destra da un angelo, da un demonio a sinistra, è tanto antica quanto ovvia [200], e poichè, mentre dura la vita di quello, i due spiriti avversarii tentano di sopraffarsi a vicenda, l'uno persuadendo il bene, l'altro istigando al male, ragion vuole che il contrasto non cessi, anzi si faccia più vivo in quel supremo momento in cui si decide il destino immutabile delle anime e si suggella sopr' esse l'eternità. In una lettera che i vescovi Remensi e Rotomagensi scrissero nell'858 a Luigi il Germanico si dice che i diavoli sono sempre presenti alla morte degli uomini . così dei malvagi, come dei giusti [201]; e poichè, da altra banda, son pur presenti gli angeli, il contrasto è inevitabile. Un tale, di cui narra la Visione S. Bonifazio, apostolo della Germania (683-755), assistè a una specie di contrasto generale delle milizie celesti e infernali : *Innumerabilem quoque malignorum spirituum turbam nec non et clarissimum chorum supernorum angelorum adfuisse, narravit. Et maximam inter se miserrimos spiritus et sanctos angelos de animabus egredientibus de corpore disputationem habuisse, daemones accusando et peccatorum pondus gravando, angelos vero relevando et excusando* [202]. Nel *Muspilli* è detto che ogni qual volta un'anima esce dal corpo angeli e diavoli s'azzuffan tra loro.

L'immaginazione di sì fatti contrasti è assai antica. Nella epistola cattolica di Giuda, tenuta ora generalmente apocrifa dai critici, ma che si trova già ricordata nel secondo secolo, si accenna (v. 9) ad un alterco che l'arcangelo Michele ebbe col diavolo pel corpo di Mosè [203]. Di Sant'Antonio racconta Sant'Atanasio, che una volta fu rapito in ispirito, e levato dagli angeli in cielo. I diavoli, ciò vedendo, cominciarono a contrastare, e gli angeli a chiedere perchè il facessero, non essendo in Antonio macchia di peccato. I diavoli allora presero a ricordare tutti i peccati che egli aveva commessi prima di abbracciare la vita solitaria, sin dalla nascita, e ad aggiungerne molt'altri, da loro calunniosamente inventati. Finalmente, non riuscendo loro la cosa, sgombrarono il passo [204]. I Mongoli credono che ogni anima d'uomo che muore giunga in presenza del supremo giudice accompagnata da uno spirito buono e da un spirito malvagio, i quali, con sassolini bianchi e neri fanno il novero delle sue buone e cattive azioni.

Il contrasto è più spesso tra demonii e angeli ; talvolta è tra demonii e santi, come si vede nella lettera apocrifa

che si volle scritta da S. Cirillo, arcivescovo di Gerusalemme
a Sant'Agostino, e nella Visione che un sant'uomo ebbe
della liberazione dell'anima di re Dagoberto [205]. Talvolta
pure è tra i demonii e la Vergine, e ne' varii casi assume
varia forma e vario carattere, secondo tempi, luoghi, e condizioni di persone. Come s'è veduto, Dante accenna appena
ad un diverbio; anzi diverbio propriamente non pone, giacchè
S. Francesco nulla risponde alle ragioni del diavolo *loico*,
e nulla risponde l'angelo ai rimproveri del vinto avversario. Ma di forme così parche e temperate non avrebbe
potuto appagarsi nè la fantasia dei mistici, nè la fantasia
popolare, e per esse il contrasto doveva, facendosi sempre
più grossolano, accogliere in sè tutti i possibili modi della
contestazione e della contesa. Il libro dove sono notate
tutte le buone azioni, e il libro, di solito molto maggiore,
dove tutti i peccati son registrati, l'uno recato dagli angeli,
l'altro dai diavoli, figurano già nella storia di un malvagio
cavaliere del re Coenredo, narrata da Beda [206], ripetuta
dal Passavanti. Essi trovansi del resto anche in altre mi-
tologie. I Mongoli credono che il dio della morte ha un
libro dove nota tutte le azioni degli uomini. In altre leggende cristiane si ha la bilancia con cui angeli e diavoli
pesano azioni buone e cattive [207]. In una delle Visioni di
S. Furseo, i demonii disputano assai dottamente con gli
angeli di peccati e di penitenza, citano le Scritture, e
non si mostrano men buoni dialettici del diavolo che se
ne porta l'anima di Guido [208]. Per l'anima di Baronto
contrastano due demonii e l'arcangelo Raffaele. Disputano
un giorno intero, senza venire a nessuna conclusione:
allora l'arcangelo, spazientito, tenta di levar senz'altro
l'anima in cièlo; ma invano, perchè l'uno dei demonii
l'acchiappa dal lato sinistro, l'altro, da tergo, la tempesta
di calci. La battaglia dura un pezzo, si fa più aspra. Sopraggiungono altri quattro demonii in ajuto de' compagni,

altri due angeli in ajuto di Raffaele. Dàgli e picchia, finalmente le potestà celesti trionfano [209]. Notevole esempio di
antropomorfismo anche questo, da aggiungersi agl'infinti
onde è piena la storia di tutte le religioni. Con certe forme
di tali contrasti ha stretta relazione quello che fu chiamato il processo di Satana, di cui io qui non mi curo [210].
Noterò solo che in Dante il contrasto non passa oltre ad
un grado, che si potrebbe chiamare, sebbene impropria-
mente, di prima istanza. Nè S. Francesco per l'anima di
Guido, nè il demonio per l'anima di Buonconte, si richiamano di quanto nel primo caso risolve il diavolo loico,
di quanto nel secondo pare abbia già risoluto l'angelo.
Così non avviene in molti altri contrasti. Nella Visione
di S. Furseo angelo e demonio, non potendo accordarsi
circa il possesso di un'anima, si appellano a Dio. Giacomo
da Vitry narra di un gran peccatore che, in punto di morte
si confessò al diavolo, credendo confessarsi a un prete.
Morto il peccatore, angeli e demonii furono, contrastando,
intorno all'anima, e quelli dicevano che la confessione era
valida, perchè fatta in buona fede, e questi gridavano che
non poteva valere, perchè fatta al demonio. Per giudizio
di Dio il peccatore risuscitò e potè rifare la confessione.
Questa storia è ripetuta dal Cavalca [211].

Degno di attenzione nel secondo contrasto narrato da
Dante è il mal governo che il demonio, non potendo avere
l'anima, fa del corpo di Buonconte [212]; giacchè, di solito,
non è data ai demonii potestà di offendere i corpi di chi
muore riconciliato con Dio. Bensì sono spesso dati loro
in balìa i corpi degli scelerati le cui anime vanno in Inferno; e molte storie spaventevoli si raccontano di corpi
che furono strappati a furia fuor delle chiese, bruciati
negli avelli, o fatti a pezzi. Le peripezie del corpo di Pilato
sono note abbastanza.

Ma qui viene in taglio un'altra osservazione. Il diavolo

loico prende l'anima di Guido da Montefeltro, e la porta
a Minosse, che la giudica e la manda fra i *rei del foco
furo* [213]. Come ciò? Dice Virgilio che le anime di coloro
che *muojon nell'ira di Dio convengnon d'ogni paese* alla
triste riviera d'Acheronte, e che son pronte a passàre il
fiume, così spronandole la divina giustizia che *la tema
si volge in desio* [214]. Se esse convengono di per sè al fiume;
se Caronte è quegli che le traghetta; se per tal via giungono in cospetto del giudice infernale, come va che l'anima
di Guido è portata al giudizio da un diavolo? Si può
rispondere che Dante, narrando il passaggio delle anime
oltre il fiume ebbe in mente il mito pagano, e che narrando poi di Guido, si scordò quel mito, e si sovvenne
della comune credenza de' tempi suoi, secondo la quale
le anime malvage erano portate via dai diavoli, e non le
anime soltanto, ma qualche volta anche i corpi. Nè Dante
ebbe a sovvenirsene in questo caso soltanto. Il diavolo che
porta nella bolgia dei barattieri l'anziano di santa Zita,
dice :

> Mettetel sotto, ch'io torno per anche
> A quella terra che n'ho ben fornita [215].

Anche nell'Inferno dantesco i diavoli hanno per ufficio
di tormentare i dannati; ma bisogna subito dire che tale
officio essi non adempiono con la frequenza, il furore,
l'atrocità di cui porgono tanti esempii le altre Visioni.
Caronte si contenta di battere col remo qualunque si
adagia [216]; poi, per tutto il primo e secondo cerchio, come
già innanzi nel vestibolo dove sono i vigliacchi [217], non è
più cenno di diavoli tormentatori, fino a Cerbero, che

> Graffia gli spirti, gli scuoja ed isquatra [218].

Minosse assegna soltanto a ciascun'anima la pena ade-
guata. Dante volle, non senza un concetto profondo, che

i dannati trovassero lor castigo, almeno nella più parte dei casi, in una condizione prestabilita, in un ordinamento fisso e costante di pene, nelle quali i demonii non han troppa ingerenza, e volle ancora sovente che i dannati stessi fossero gli uni contro gli altri esecutori e strumenti del meritato castigo. Così gli avari e i prodighi del quarto cerchio percotonsi coi pesi che van *voltando per forza di poppa*[219]; così le *fangose genti* fanno strazio di Filippo Argenti[220]; così il conte Ugolino rode il teschio dell'arcivescovo Ruggieri con denti *come d'un can forti*[221]. Però non vediamo nell'Inferno di Dante demonii far bollire le anime in pentole affocate, arrostirle infisse in lunghi spiedi, struggerle in padelle roventi, segarle per lungo e per traverso, come in tante Visioni e rappresentazioni dell'Inferno interviene. L'orribile cuoco dell'Inferno di Giacomino da Verona[222] non ha luogo nell'Inferno di Dante, dove l'opera dei diavoli tormentatori comincia propriamente solo nel primo girone del settimo cerchio. Quivi i Centauri vanno a mille a mille intorno al fosso, saettando le anime che alcuna parte di sè levan fuori dal sangue bollente[223]. Ora, col settimo cerchio comincia quella parte dell'Inferno nella quale sono puniti i più malvagi, secondo dice Virgilio[224]. Da indi in poi troviamo, per non parlare delle cagne nere, bramose e correnti che inseguono e lacerano i violenti contro a se stessi[225], e dei serpi che mordono i ladri[226], le Arpie, le quali si pascono delle fronde degli arbusti in che pure le anime dei violenti contro a se stessi son prigioniere[227]; i diavoli cornuti, che con grandi sferze battono di dietro i mezzani[228]; quelli che coi raffii arroncigliano i barattieri[229]; il diavolo che *accisma* i seminatori di scandalo e di scisma[230]; Lucifero, che maciulla i tre massimi peccatori, e col vento delle grandi ale aggela Cocito[231].

Ma i demonii cui è commesso l'ufficio di tormentare i

dannati soffrono essi pure una qualche pena, oltre a quella cui soggiacciono per la esclusione dal regno dei cieli, e per l'avvilimento di lor natura, conseguenza della caduta? Non mancano scrittori i quali dicono che dei tormenti infernali essi non soffrono, perchè, se ne soffrissero, assai di mala voglia attenderebbero a quel loro officio, e all'altro di tentare i cristiani ; e spesso nelle rappresentazioni dell'arte i diavoli tormentatori mostrano in viso il compiacimento che provano di quel loro esercizio. Del solo Lucifero Dante accenna, più che non narri, l'intimo crucio, quando dice che

> Con sei occhi piangeva, e per tre menti
> Gocciava il pianto e sanguinosa bava [232].

Il Lucifero di Dante è confitto nel ghiaccio, nè si può muovere : altrove siede tra le fiamme, o è dagli stessi demonii suoi arrostito a fuoco vivo. Ad ogni modo le torture dei demonii non sono senza refrigerio, se è vero, come gli scrittori affermano, che essi godono del commesso peccato, dell'ingiuria fatta a Dio e ai santi, dell'anima che piomba in Inferno, dei mali infiniti che affliggono la misera umanità. Dante dice che Lucifero nel suo fondo si placa, vedendo le brutture e le nefandità della Curia di Roma [233].

VII.

I diavoli che Dante trova nella quinta bolgia del cerchio ottavo , se hanno del terribile , hanno anche del comico. Essi stringono la lingua coi denti per far cenno al lor duce, come è usanza dei monelli, e il lor duce fa trombetta di ciò che non occorre rammentare [234]. Si lasciano ingannare da Ciampolo, o chi altri si sia il *famiglio del buon re Tebaldo* [235], e due di loro, Alichino e Calcabrina, si azzuffano per ciò, e cadono nel bel mezzo del bollente stagno [236].

Diavoli così fatti, se possono incutere terrore (e molto ne incutono a Dante), possono anche muovere a riso, ed hanno grande somiglianza con quelli che si vedono trescare per entro ai Misteri e alle Moralità del medio evo. Io non ho a ricercare qui come la fantasia popolare, e anche la non popolare, pure ingombre come erano dei terrori dell'Inferno, giungessero a ideare il demonio burlesco, sciocco, ridicolo. Molti elementi concorrono in sì fatto concetto, a sceverare i quali sarebbe necessaria un'accurata analisi. Ricorderò solo che il diavolo appar ridicolo in numerose leggende [237], e che viene un tempo in cui l'officio principale suo sulla scena è quello di far ridere gli spettatori [238].

Se fu in Francia, il che è assai dubbio, Dante può avervi veduto, in certe rappresentazioni di sacro argomento, diavoli molto simili a quelli ch'ei pone nella bolgia dei barattieri, poichè, già nel XII secolo, alla rappresentazione del *Mistère d'Adam*, si vedevano demonii correre per la piazza, tra il popolo [239] : ma è da credere che anche in Italia Dante potesse vedere così fatti demonii, sebbene sia vero ciò che nota il D'Ancona, non avere, cioè, più tardi, nelle Sacre Rappresentazioni nostre, il diavolo raggiunto mai quel grado di ridicolo che raggiunse in Francia [240]. La rappresentazione dell'Inferno, fattasi in Firenze nel 1304, e nella quale erano, secondo narra Giovanni Villani [241], diavoli *orribili a vedere*, è possibile non si facesse in quell'anno la prima volta. In una sua costituzione, del 1210, Innocenzo III parla di *monstra larvarum*, che s'introducevano nelle chiese, ed è assai probabile che tra esse ce ne fossero di diaboliche.

Anche i nomi che Dante dà a que' suoi demonii rimandano a Misteri e a Sacre rappresentazioni, dove nomi consimili occorrono frequenti. Tali Misteri e tali Sacre Rappresentazioni sono, gli è vero, posteriori alla *Divina Commedia;* ma nulla vieta di credere che essi occorressero già in drammi più antichi, non pervenuti sino a noi [242].

NOTE

NOTE

—

[1] *Inf.*, XXIII, 142-4.

[2] Non so che il tema da me preso a trattare in questo scritto sia stato già trattato da altri, ordinatamente e in modo compiuto. I commentatori non troppo se ne impacciarono, e nel toccarlo errarono spesso. Coloro che di proposito discorsero della teologia di Dante, come Gian Lorenzo Berti, Melchiorre Missirini, A. F. Ozanam, Antonio Fischer, Ferdinando Piper, Fr. Hettinger, altri, nemmeno essi se ne curarono gran che, quasi fosse argomento di poca importanza trattandosi del poeta che descrive *fondo a tutto l'universo.* Fr. Hettinger, l'ultimo venuto, se ne sbriga in un pajo di pagine. (*Die Theologie der göttlichen Komödie des Dante Alighieri in ihren Grundzügen. Erste Vereinschrift der Görres-Gesellschaft für 1879*, Colonia, 1879, pp. 37-9). Gli scritti seguenti concernono in particolar modo questo o quello dei demonii danteschi, ma sono per la più parte condotti con criterii puramente letterarii ed estetici, o hanno speciale riguardo alla significazione allegorica, della quale io non mi curo : F. Lanci, *Della forma di Gerione e di molti particolari ad esso demone attenenti*, in *Giornale arcadico*, nuova serie, t. VII ; L. C. Ferrucci, *Sul Cerbero di Dante*, in *Giornale arcadico*, t. XXII ; G. Franciosi, *Il Satana dantesco* in *Scritti danteschi*, Firenze, 1876 ; 2ᵃ ediz., Parma, 1889 ; P. G. Giozza, *Iddio e Satana nel poema di Dante*, Palermo (s. a.); V. Miagostovich, *Lucifero nella Divina Commedia di Dante* (Programm der Städtischen Ober-Realschule in Triest), Trieste, 1878; R. Fornaciari, *Il mito delle Furie in Dante*, in *Nuova Antologia*, 15 agosto, 1879 ; inserito poi nel volume *Studi su Dante*, Milano, 1883, pp. 47-93. V. Duina, *L'ira e i mostri dell'Inferno dantesco, Commentari dell'Ateneo di Brescia per l'anno 1886.* Cf. nel vol. VI, pᵗᵉ 1ᵃ, della *Storia della letteratura italiana* di Adolfo Bartoli, Firenze, 1887, uscito in luce

dopo la prima pubblicazione del presente scritto, il capitolo intitolato *I Demoni, gli Angeli, le Persone Divine.* Senza sapere l'uno degli studii dell'altro sopra questo speciale argomento, il dottissimo mio amico ed io ci trovammo concordi in molte opinioni e conclusioni.

[3] Tratt. III, c. 13.

[4] V. 83. Cfr. *De vulg. el.,* I, 2.

[5] Vv. 46-8.

[6] Vv. 11-12.

[7] V. 91.

[8] *Parad.,* XXIX, 49-51. Cfr. S. Tommaso, *Summa theol.,* P. I, qu. XLIII, art. 6.

[9] *Conv.,* III, 12. Punto delicato intorno a cui i teologi annasparono assai.

[10] *Summa theol.,* P. I, qu. LXIII, art. 2.

[11] *Parad.,* XXIX, 55-7.

[12] *Parad.,* XIX, 46.

[13] *Inf.,* XXXIV, 35.

[14] *Conv.,* II, 6. Cfr. Alberto Magno, *Summa theol.,* P. II, tratt. IV, qu. 20, m. 1; S. Tommaso, *Summa theol.,* P. I, qu. LXIII, art. 7, 9.

[15] *Purgat.,* XII, 27. Nell'evangelo di Luca, X, 18, è scritto : *Videbam Satanam sicut fulgur de coelo cadentem.*

[16] *Inf.,* XXXIV, 122-6.

[17] Vedi le giuste osservazioni che a questo luogo appunto fa lo Scartazzini nel suo commento.

[18] *Inf.,* III, 34-42.

[19] Il solo passo delle Scritture che, volendo, si potrebbe in qualche modo adattare alla condizione e al castigo degli angeli neutrali, è nell'Apocalissi, III, 15, 16 : *Scio opera tua : quia neque frigidus es, neque calidus : utinam frigidus esses, aut calidus : — Sed quia tepidus es, et nec frigidus, nec calidus, incipiam te evomere ex ore meo.*

[20] Uno di quegli strani uccelli dice a S. Brandano : " Nos " sumus de magna illa ruina antiqui hostis ; set non peccando

" aut consentiendo sumus lapsi ; set Dei pietate predestinati,
" nam ubi sumus creati, per lapsum istius cum suis satellitibus
" contigit nostra ruina. Deus autem omnipotens, qui justus est
" et verax, suo judicio misit nos in istum locum. Penas non
" sustinemus. Presentiam Dei ex parte non videre possumus,
" tantum alienavit nos consorcium illorum, qui steterunt. Va-
" gamur per diversas partes hujus seculi, aeris et firmamenti
" et terrarum sicut et alii spiritus qui mittuntur. Set in sanctis
" diebus dominicis, accipimus corpora talia que tu vides, et
" per Dei dispensacionem commoramur hic et laudamus crea-
" torem nostrum „. (JUBINAL, *La légende latine de S. Brandaines*,
Parigi, 1836, p. 16). La ragione del cadere, oscura, a dir vero,
un po' più del bisogno, non fu troppo bene intesa da rifacitori
e da trascrittori, e non è nelle varie redazioni espressa sempre
a un modo ; ma il concetto fondamentale passa in quasi tutte.
Vedi JUBINAL, *Op. cit.*, pp. 70-71, 121 ; SCHROEDER, *Sanct Brandan.
Ein lateinischer und drei deutsche Texte*, Erlangen, 1871, pp.12,78;
FRANCISQUE MICHEL, *Les voyages merveilleux de Saint Brandan*,
Parigi, 1878, pp. 26-7 ; VILLARI, *Alcune leggende e tradizioni che
illustrano la Divina Commedia*, in *Annali delle Università toscane*,
t. VIII, Pisa, 1866, p. 143 ; ecc. Nel testo italiano pubblicato dal
Villari di su un codice Magliabechiano del secolo XIV, l'uccello
dice al santo : " O servo di Dio, noi siamo di quella grande
" compagnia che caddono di cielo con quello agnolo Lucifero,
" lo quale è nimico dell'umana generazione. Noi non peccammo
" per noi, ma per consentimento ; e per questo non siamo dove
" noi fummo creati, anzi siamo cacciati di fuori con quelli che
" peccarono gravemente „. Cfr. ALBERTO MAGNO, *Summa theol.*,
P. II, tratt. IV, qu. 20, m. 2. Il riscontro fu, del resto, già notato dall'OZANAM, *Dante et la philosophie catholique au treizième
siècle*, nuova ediz., Parigi, 1845, p. 343, e dal D'ANCONA, *I pre-
cursori di Dante*, Firenze, 1874, p. 52.

[21] Ecco in che modo uno di quegli uccelli informa Ugone di
loro caduta e di loro stato. I versi che seguono, e di cui debbo
comunicazione alla grande gentilezza del prof. Tobler, sono tolti
dalla redazione più antica giunta sino a noi, e contenuta in un
codice del Museo Regio di Berlino, già Hamilton, codice finito
di scrivere nel 1341, e identificato con quello che si registra
nel noto catalogo dei libri posseduti da Federico Gonzaga

nel 1407 (Vedi Tobler, *Die Berliner Handschrift des Huon
d'Auvergne*, in *Sitzungsb. d. k. preuss. Akad. d. Wiss.*, phil.-hist.
Cl., vol. XXVII, 1884):

> Qvant li ber oit soe oraison complie,
> Vn des osiaus qe auech soy stesie
> En l'auernaus lengaçe le desplie:
> Tu as diex del tron feit proierie,
> Par qui ci somes de sauoir en partie:
> Nos le diron: or met bien en oie.
> A yh'u plest qe auqes de ses secrie
> Sauome en part, qe autremant non mie.
> Conois adonqe qe sons de cel regnie,
> Que deualla en l'abis parfondie,
> Que enferne mant homes apellie.
> De celle entente non somes nemie.
> Quant vint le pont de la departie,
> Tot environ le ciel avoit scrolie:
> Angle et archangle, et tot le monarchie,
> Tot de paor aurent tuit fremie,
> Sol a la voiç deu per, quant ot parllie.
> Tot li malfer iluech si demostrie ;
> Tant defendrent cum aurent uigorie:
> Quant non porent il plus, aual sont trabuchie;
> Autre remis en aer, autre in terre icie,
> Autre en abisme trauaillent la lor uie.

> Vasal, dit li diable en forme d'oiselons,
> Nos, qe ci somes, ne bien, ni mal feisons ;
> Mes pur il ere la nostre entencions
> Te tenir sempre cum cil qi uencerons.
> Por ce qe deu per conoit nos pensasons,
> En guisse de oisel trasfigura cum sons.
> D'alor auant uenimes a cis mons,
> Maint torment auomes, mais de peior lisons.
> Vne uos en diray, les autres taiserons,
> Que a uos riens ne fesist, se elle conterons.
> En air et en mer façon nos peschesons,
> Si cum onde nos maine tot ensinqe alons:
> Pescher sauomes et nulle nen prendrons:
> Ensi estoit nostre destrucions.
> Vn ior de la semaine une remedie auons ;
> Ce estoit la domenege, qe enci nos demorons :
> Ce estoit li nostre paradis, qui clamons ;
> Ci aurons hosteler, anuit demorerons;
> Pues domain al aube apres si partirons,
> E sosteromes ce qe destineç nos sons.
> Mentre qe nos ci somes auons repoisesons ;
> Enforçon nostre uoiç al bien dir qe poisons,
> Tot a los de deu pere, ce bien sauons.

Par foy, ce dit le cont, bele uertue aues,
Pois qe remedie da deu aues uos troues ;
E deu sor tot soie regracies.
D'une autre çouse uoil auoir da uos scoutes:
Si uos riens de ma qeste car rien uos en saves.
J'en sai tant, fit il, cum vos oir pores.
Vestre uoie ert mout longe de ci, uoil qe sachies ;
Sanç la deuine puisance la aler non poreç mes.
Mes bien plait a deu, et si moy ert reuelles,
Que en ceste este sia del tot aquites ;
Mes auant qe cit auiegne uereç meruoille ases :
Non say plus de ce dir: uostre signor serues :
Si l'ameç de bon quuer, il ert uestre auoes,
Qui en la fin ert chaschun de soe oure loes ;
Le merit en atent de tot ce cha oures.
E ge l'en croy trop bien, respond li quuens ades.

Lo stesso si ha, su per giù, nel testo della Nazionale di Torino, cod. N, III, 19, f. 116 r. a 117 r., e nel romanzo in prosa (ANDREA DA BARBERINO, *Storia di Ugone d'Alvernia*, Bologna, 1882, *Scelta di cur. lett.*, disp. 188, 190, vol. II, p. 33). Nel testo della Biblioteca del Seminario in Padova, cod. 32, questa parte manca, come il prof. Crescini mi avverte, e come può anche rilevarsi dall'analisi che egli ne diede (*Orlando nella Chanson de Roland e nei poemi del Boiardo e dell'Ariosto. Segue una appendice sul poema franco-veneto Ugo d'Alvernia*, estratto dal *Propugnatore*, vol. XIII, 1880, p. 96).

[22] Vedi quanto osserva in proposito il RENIER, *La discesa di Ugo d'Alvernia allo Inferno*, Bologna, 1883 (*Scelta di cur. lett.*, disp. 194), pp. CXLV-CLIV. La imitazione di Dante è del resto già penetrata nella redazione più antica, del codice di Berlino.

[23] Ediz. di C. Bartsch, Lipsia, 1870-1, l. IX, vv. 1155-65. Lo stesso Trevrizent, per altro, confessa poi a Parzival che quanto disse in proposito è favola (l. XVI, vv. 341-60). Cfr. BIRCH-HIRSCHFELD, *Die Sage vom Gral, ihre Entwicklung und dichterische Ausbildung in Frankreich und Deutschland im 12. und 13. Jahrhundert*, Lipsia, 1877, p. 250.

[24] Satana, Beelzebub, Lucifero, sono per Dante tre nomi dello stesso principe dei demonii.

[25] Che Proserpina sia tra i demonii si argomenta, sebbene il poeta non dica altro di lei, dai vv. 43-4 del c. IX dell'*Inferno*, e da quelle parole di Farinata degli Uberti, X, 79-81 :

> Ma non cinquanta volte fia raccesa
> La faccia della donna che qui regge,
> Che tu saprai quanto quell'arte pesa.

[26] Per esempio, nell'*Hamartigenia* di PRUDENZIO, nei *Commentarii in Genesim* di CLAUDIO MARIO VITTORE, in un inno di RABANO MAURO, nel *De imagine mundi* di ONORIO D'AUTUN, ecc., ecc. Cfr. MAURY, *La magie et l'astrologie dans l'antiquité et au moyenâge*, Parigi, 1877, pp. 168-9. SAN GIOVANNI CRISOSTOMO biasimò (*Adv. oppugnat. vitae monasticae*, II, 10), quest'assimilazione dell'Inferno cristiano all'Inferno pagano, ma senza frutto.

[27] Ediz. di Francisque Michel, Parigi, 1864, vv. 20212-40.

[28] *Anticlaudianus*, VIII, 3.

[29] Cfr. ROSKOFF, *Geschichte des Teufels*, Lipsia, 1869, vol. II, pp. 2-3.

[30] SAN GEROLAMO, *De vita S. Pauli eremitae*. Nella Vita che di Sant'Antonio scrisse Sant'Atanasio di Alessandria, si dice che quel santo vide una volta un mostro, che, sino al pube, aveva figura d'uomo, il resto d'asino: a un segno di croce sparì.

[31] Cfr. PIPER, *Mythologie der christlichen Kunst*, Weimar, 1847-51, vol. I, pp. 405-6.

[32] *Otia imperialia, in einer Auswahl neu herausgegeben von* FELIX LIEBRECHT, Hannover, 1856, prima decis., XVIII; tertia decis., LXXVI. Tale credenza era assai antica: cfr. GIOVANNI CASSIANO, *Collationes patrum*, collat. VIII, c. 32.

[33] *Anecdotes historiques, légendes et apologues tirés du recueil inédit d'Etienne de Bourbon, publiés par* A. LECOY DE LA MARCHE, Parigi, 1877, p. 327. Satiri e fauni si confondevano coi dusii, ricordati dallo stesso Gervasio e da altri. Vedi *Otia imperialia*, ed. cit., p. 145, e GIACOMO GRIMM, *Deutsche Mythologie*, 4ª ediz., Berlino, 1875-8, vol. I, p. 398.

[34] Per la leggenda di Giuliano l'Apostata e per le varie leggende in cui comparisce la Venere diabolica, vedi il mio libro, *Roma nella memoria e nelle immaginazioni del medio evo*, Torino, 1882-3, vol. II, pp. 121-52, 382-406. GIOVANNI NYDER (m. 1438) racconta ancora nel suo *Formicarius* la storia di un cavaliere che, addormentatosi pensando di penetrare nel Monte di Venere, si trovò, allo svegliarsi, in un pantano.

[35] *Chronographia,* ad a. 998.

[36] GERVASIO DA TILBURY, *Op. cit.,* tertia decis., LXI; TOMMASO CANTIPRATENSE, *Bonum universale de apibus,* Duaci, 1627, l. II, c. 57, num. 5.

[37] GERVASIO DA TILBURY, *Op. cit.,* tertia decis., LXIV. Anche S. Brandano incontra sirene in certe redazioni della leggenda; Brunetto Latini alle sirene classiche (ricordate con certa frequenza dai lirici nostri delle origini) non crede più, e anche Dante sembra ricordarle solo come un mito (*Purg.,* XIX, 19; XXXI, 45; *Parad.,* XII, 8). Cfr. BERGER DE XIVREY, *Traditions tératologiques,* Parigi, 1836, pp. 25-7, 539; PIPER, *Op. cit.,* pp. 383 sgg. Il diavolo fu spesso rappresentato in figura di sirena.

[38] GIACOMO DA VORAGINE, *Legenda aurea,* ediz. di Th. Grässe, Dresda e Lipsia, 1846; c. III, 5, p. 24; VINCENZO BELLOVACENSE, *Speculum historiale,* l. XIII, c. 71.

[39] Vedi *Passio S. Symphoriani* in RUINART, *Acta martyrum sincera,* Verona, 1731, p. 71, col. 1ª. Circa il diavolo meridiano, vedi GREGORIO DI TOURS, *Historia Francorum,* l. VIII, c. 33, e *De miraculis S. Martini,* l. IV, c. 36; *Vita S. Rusticulae* in MABILLON, *Acta sanctorum ordinis S. Benedicti,* saec. II, p. 135, n. c.; CESARIO DI HEISTERBACH, *Dialogus miraculorum,* ed. dello Strange, 1851, dist. V, cap. 2. Meridiana (o Marianna) chiamavasi il diavolo succubo con cui, secondo la leggenda, ebbe commercio Gerberto.

[40] DU CANGE, *Glossarium,* s. v. *Dianum.*

[41] *Libri duo de sinodalibus caussis et disciplinis ecclesiasticis,* ediz. di Lipsia, 1840, l. II, c. 37.

[42] *Libri decretorum collect.,* l. X, c. 1.

[43] *Decretum,* II, 26, quaest. 5, 12, § 1.

[44] XIII, *De sortilegis et sortiariis,* ap. BALUZE, *Capitularia regum Francorum,* t. II, col. 365.

[45] *Op. cit.,* pp. 323-4.

[46] *Sermones discipuli de tempore et de sanctis,* serm. 11, Cfr. SOLDAN, *Geschichte der Hexenprozesse,* ediz. rifatta da Enrico Heppe, Stoccarda, 1880, vol. I, pp. 130-1.

[47] Vedi G. GRIMM, *Op. cit.,* vol. II, p. 778, n. 2; vol. III, p. 282.

[48] In D'Achery, *Spicilegium veterum aliquot scriptorum* etc., 1ª ediz., t. V, p. 215. Cfr. Caspari, *Eine Augustin fälschlich beilegte Homilia de sacrilegiis*, Cristiania, 1886, pp. 18-9.

[49] Vedi Liudprando, *Liber de rebus gestis Ottonis Magni imperatoris*, ap. Pertz, *Mon. Germ., Script.*, t. III, p. 343. Cfr. Vogel, *Ratherius von Verona und das zehnte Jahrhundert*, Jena, 1854, vol. I, p. 284.

[50] Vedi Schroeder, *Glaube und Aberglaube in den altfranzösischen Dichtungen*, Erlangen, 1886, pp. 63 sgg.

[51] Dreyer, *Der Teufel in der deutschen Dichtung des Mittelalters*, P. 1ª, Rostock, 1884, p. 18.

[52] Per es., nel *Rhytmus de pugna fontanetica*, ap. Duemmler, *Poëtae latini aevi Carolini*, t. II, Berlino, 1883-84, p. 138; nel *Liber de fonte vitae* di Andrado Modico, *id.*, t. III, P. 1ª, 1886, p. 78, ecc., ecc.

[53] *Visio Tnugdali*, ediz. Schade, Halis Saxonum, 1869, c. 11; Wagner, *Visio Tnugdali, lateinisch und altdeutsch*, Erlangen, 1882, p. 31. Così pure nelle versioni.

[54] *Kaiserchronik*, ediz. Massmann, Quedlimburgo e Lipsia, 1849-54, v. 14191.

[55] In un luogo del *Convivio*, II, 5, Dante assimila le divinità dei gentili alle idee di Platone; ma tale assimilazione mal si conviene agli *dei falsi e bugiardi* ricordati nel I dell'*Inferno*, i quali non possono essere se non demonii.

[56] *Inf.*, XXXI, 12-8, 67-75. Cf. uno studio di M. Scherillo, *Accidia, invidia e superbia ed i giganti nella* Divina Commedia, *Nuova Antologia*, serie 3ª, vol. XVIII (1888).

[57] Vedi Dillmann, *Das Buch Henoch*, Lipsia, 1853, p. xlii; Gfroerer, *Geschichte des Urchristenthums*, Stoccarda, 1838, vol. I, p. 385.

[58] Meglio Carlo III: il soprannome di Grosso viene in uso solamente nel XII secolo. Vedi Duemmler, *Geschichte des ostfränkischen Reichs*, Berlino, 1862-5, vol. II, p. 292.

[59] Ap. Pertz, *Mon. Germ., Script.*, t. V, p. 458.

[60] Vedi Schroeder, *Glaube und Aberglaube*, ecc., p. 102.

[61] Edizioni citate, c. 7. I due giganti si chiamano Fergusius e Conallus, *et suis temporibus in secta ipsorum tam fideles sicut ipsi non sunt inventi : quorum nomina,* dice l'angelo a Tundalo, *tu bene nosti.* Fergusius è probabilmente il Ferracutus, che nella Cronica dello Pseudo Turpino disputa di teologia con Orlando ed è vinto da lui. (TURPINI, *Historia Karoli Magni et Rotholandi,* ediz. Castets, Montpellier e Parigi, 1880, c. XVII, pp. 27 sgg., e nota ivi pp. 27-28). Esso comparisce anche, in condizioni del tutto simili, nell'*Entrée de Spagne,* dove è detto espressamente che l'anima di lui è portata via dai diavoli. Notisi che *Fergusius* riproduce, non la forma latina del nome, ma la francese, *Fergus.* Quel Conallus non so chi sia. I nomi dei due giganti suonano Conallus e Ferguncius nel poema latino (ediz. Wagner, v. 985); ma mancano nel racconto che VINCENZO BELLOVACENSE introduce nel suo *Speculum historiale,* l. XXVIII, c. 91, e che staccatosene, riappare da sè, come redazione abbreviata, in molti manoscritti. (Non altro è il testo latino ripubblicato dal VILLARI, *Op. cit.,* pp. 55-74. Vedi MUSSAFIA, *Sulla Visione di Tundalo,* in *Sitzungsb. d. k. Akad. d. Wiss.,* philos.-hist. Cl., t. LXVII, 1871, p. 162). La redazione italiana riprodotta dal VILLARI, e che è tutt'uno con quella inserita in alcune stampe antiche delle *Vite dei Santi Padri,* reca (*Op. cit.,* p. 81) Feragudo e Chinelaco ; quella pubblicata da F. CORAZZINI (*Visione di Tugdalo,* Bologna, 1872, *Sc. di cur. lett.,* disp. 128, p. 29) ha Fergugi e Conali ; ma i nomi mancano nell'altra, pubblicata dal GIULIARI (*Il libro di Theodolo o vero la Visione di Tantolo,* Bologna, 1870, *Sc. di cur. lett.,* disp. 112, p. 25). I nomi mancano del pari nel poema tedesco di Alber (ediz. Wagner, vv. 681-2). Nella versione catalana pubblicata dal BAIST (*Zeitschrift für romanische Philologie,* vol. IV, pp. 313 sgg.) suonano Sergus e Tonalt. Non ho agio di riscontrare la versione francese, la provenzale ecc., nè alcune pubblicazioni, come quelle del TURNBULL (*The Vision of Tundale,* Londra, 1843) e dello SPRENGER (*Albers Tundalus,* Halle, 1875) dove questo punto potrebbe essere esaminato. Nella *Passion* del GRESBAN, edita da G. Paris, si ha, v. 33476, un demonio Fergalus.

[62] Federigo Frezzi, il quale più di una volta, nel suo poema, si arroga di corregger Dante, restituisce Flegias alla sua prima e natural condizione (*Il Quadriregio,* l. II, c. 12).

[63] *De bello judaico,* VII, 6, 3.

[64] Vedi Schroeder, *Glaube und Aberglaube,* ecc., pp. 63 sgg. Per Nerone demonio vedi più particolarmente il già citato mio libro, *Roma* ecc., vol. II, pp. 356-7.

[65] V. 46, in Mussafia, *Monumenti di antichi dialetti italiani, Sitz. d. k. Akad. d. Wiss. in Wien,* phil.-hist. Cl., vol. XLVI, 1864. Insieme con Maometto, Giacomino ricorda Trifon, Barachin e Sathan. Barachin potrebbe essere il Baratron dei poemi francesi, il quale, ora significa opportunamente l'abisso infernale, ora è nome di demonio : non so che dire di quel Trifon, nome di parecchi santi.

[66] *Inf.,* XXX, 117. Il verso non mi pare di dubbia interpretazione.

[67] *Purgat.,* XIV, 118. Fra Filippo da Siena racconta (*Gli assempri,* Siena, 1864, cap. 25) di certo ser Giontino da Monte Luccio, notajo, il quale diventò, dopo morto, notajo dell'Inferno diventò, cioè, uno degli officiali del regno di Satanasso.

[68] *Parzival,* l. IX, v. 911, ediz. cit.

[69] Vedi Roskoff, *Op. cit.,* vol. I, pp. 233, 268, 290, 300-1, e il mio libro *Il Diavolo,* Milano, 1889, pp. 39 sgg. San Tommaso, nella XVI delle sue *Quaestiones disputatae de potentia Dei* (*De daemonibus,* art. 1). recate in mezzo le contrarie opinioni di chi attribuiva un corpo ai demonii e di chi lo negava loro, conclude : *Dicendum, quod sive daemones habeant corpora sibi naturaliter unita, sive non habeant, hoc non multum refert ad fidei christianae doctrinam.* Cfr. Alberto Magno, *Summa theol.,* P. II, tratt. V, qu. 25, m. 2, art. 1, partic. 1.

[70] *Dialog.,* l. IV, c. 29. Il Vida chiama espressamente i demonii *rabidum sine corpore vulgus.*

[71] *Oratio contra Graecos, Max. biblioth. vet. pat.,* t. II, p. 27.

[72] *Parad.,* XXIX, 22 sgg.; *Conv.,* II, 5.

[73] *Purgat.,* XXV, 79-108.

[74] *Inf.,* VIII, 27.

[75] *Inf.,* XXXIV, 28 sgg.

[76] *Parad.,* XXIX, 57.

[77] *Purgat.,* II, 79-81.

[78] *Purgat.*, X, 118 sgg.

[79] *Inf.*, VI, 34-6.

[80] *Inf.*, XXXII, 79.

[81] *Purgat.*, III, 16-21.

[82] *Inf.*, XXI, 24 sgg.; XXIII, 37 sgg. Notisi che Chirone si meraviglia vedendo Dante muovere ciò che tocca. Egli dice ai compagni (*Inf.*, XII, 80-2):

> Siete voi accorti
> Che quel di retro move ciò ch'ei tocca?
> Così non soglion fare i piè dei morti.

[83] *Inf.*, III, 82 sgg. Cfr. *Aeneid.*, VI, 298 sgg.

[84] *Inf.*, V, 4 sgg.

[85] *Inf.*, VII, 1 sgg.

[86] *Inf.*, XVII, 1 sgg.

[87] *Inf.*, VI, 13-8, 22-33.

[88] *Inf.*, IX, 37-42.

[89] *Inf.*, XII, 11-25.

[90] *Inf.*, XII, 55 sgg.; XXV, 19-21.

[91] *Inf.*, XIII, 10-5.

[92] *Inf.*, XXXI, 19 sgg.

[93] *Inf.*, XXIII, 131.

[94] *Inf.*, XXVII, 113.

[95] Secondo narra PALLADIO nella *Historia Lausiaca*, c. XXVIII, Sant'Antonio vide una volta il demonio in figura di gigante nero ed altissimo. Nel racconto di Sant'Atanasio questa particolarità del colore non è menzionata. Altra volta Sant'Antonio vide il demonio voltolarglisi ai piedi in forma di un fanciullo orrido e nero. Cfr. TEODORETO, *Historia ecclesiastica*, l. V, c. 21. Di un demonio che, sotto forma di fanciullo nero, distoglieva un monaco dalla preghiera, narra SAN GREGORIO, *Dialog.*, l. II, c. 4. Sono innumerevoli le leggende in cui il diavolo comparisce in figura di Etiope; in tal forma ebbe ancora a vederlo S. Tommaso d'Aquino. I diavoli di GIACOMINO DA VERONA, non solo sono neri, ma cento volte più neri del carbone, *De Babilonia civitate infernali*, v. 99, ediz. cit.

[96] Vedi Roskoff, *Op. cit.*, vol. I, p. 283.

[97] *Inf.*, XVIII, 35.

[98] *Inf.*, XXI, 121.

[99] *Inf.*, XXII, 106.

[100] *Inf.*, XXII, 136-41.

[101] *Inf.*, XXI, 31-6. Un demonio dalle scapule acute descrive Cesario di Heisterbach, *Op. cit.*, dist. V, cap. 5.

[102] I diavoli che tormentavano San Gutlac (m. 714) sono, per citare un esempio, così descritti : *Erant enim aspectu truces, forma terribiles, capitibus magnis, collis longis, macilenta facie, lurido vultu, squallida barba, auribus hispidis, fronte torva, trucibus oculis, ore foetido, dentibus equinis, gutture flammivomo, faucibus tortis, labro lato, vocibus horrisonis, comis combustis, buccula crassa, pectore arduo, femoribus scabris, genibus nodosis, cruribus uncis, talo tumido, plantis aversis, ore patulo, clamoribus raucisonis.* (*Acta Sanctorum,* Apr., t. I, p. 42). Confronta con questi i diavoli veduti da S. Furseo che avevan capi come caldaje di rame. (*Acta Sanctorum,* Genn., t. II, p. 37. Avverto che l'edizione degli *AA. SS.* da me citata è sempre quella di Venezia). A cominciare dall'XI secolo la figura del diavolo si fa sempre più mostruosa, e raccoglie in sè, accozza e sovrappone tutte le possibili forme e parvenze del brutto, dello sconcio, dell'orrendo. La pittura e la scoltura, quasi per dare immagine della ingenita disarmonia della natura diabolica, a gara congiunsero nei corpi maledetti le forme più disparate e più repugnanti dell'umano e del bestiale, trasmodando spesso nella più pazza caricatura, e preparando le paurose e in un comiche immaginazioni di Gerolamo Bosch, di Pietro Breughel, di Giacomo Callot e di Salvator Rosa. Per la figura attribuita ai demonii nel medio evo, vedi Von Blomberg, *Studien zur Kunstgeschichte und Aesthetik*, P. I: *Der Teufel und seine Gesellen in der bildenden Kunst*, Berlino, 1867, pp. 25-53 ; Wessely, *Die Gestalten des Todes und des Teufels in der darstellenden Kunst*, Lipsia, 1876, pp. 75-92 ; Twining, *Symbols of early christian art*, Londra, 1860, tav. LXXV-LXXX ; Wright, *A History of Caricature and Grotesque in Literature and Art*, Londra, 1875, cc. III, IV, XVII e passim.

[103] *Inf.*, XXXIV, 18.

[104] *Inf.*, XXXIV, 28 sgg.

[105] Vedi Didron, *Iconographie chrétienne. Histoire de Dieu* (*Collection de documents inédits de l'histoire de France*), Parigi, 1843, pp. 543-6; Didron et Durand, *Manuel d'iconographie chrétienne*, Parigi, 1845, p. 78; Viollet-Le-Duc, *Dictionnaire raisonné de l'architecture*, Parigi, 1867-68, s. v. *Trinité*. Non è dunque il caso di ricordarsi con l'Ozanam, *Op. cit.*, p. 108, di Ecate Triforme, e nemmeno è da ricordarsi di Cerbero, sebbene Cerbero possa aver suggerito l'idea di un demonio, non con tre facce, ma con tre teste. Al ricordo di Cerbero è dovuto probabilmente il tricefalo Beelzebub che si ha in una omelia di Eusebio di Alessandria (sec. VI?) e altrove (Piper, *Op. cit.*, vol. I, p. 403). Giovanni Wier dice che il demonio Bael ha tre teste, una di rospo, l'altra d'uomo, la terza di gatto (*Pseudomonarchia daemonum, Opera*, Amsterdam, 1660, p. 650).

[106] Vedila riprodotta nella citata opera del Wright, p. 56.

[107] *Inf.*, III, 5-6.

[108] Caravita, *I codici e le arti a Montecassino*, Montecassino, 1869 sgg., vol. I, pp. 245 sgg.

[109] Didron et Durand, *Op. cit.*, p. 78. Se la figurazione in discorso era già familiare alle arti rappresentative, prima che Dante la recasse nel suo poema, si vede quanto bisogni andar guardinghi nell'asserire che il tale o tale altro pittore contemporaneo di Dante, o di poco posteriore, da Dante appunto ne abbia tratto il concetto. Ciò si afferma comunemente di Giotto, dell'Orcagna, dell'incerto, che nel Campo Santo di Pisa dipinse il Giudizio Universale, di altri. Quanto all'Orcagna non può esservi dubbio, perchè il Lucifero da lui dipinto nella Cappella degli Strozzi in Santa Maria Novella di Firenze, risponde a capello al Lucifero dantesco, meno la particolarità di un serpente che il pittore attorcigliò al braccio destro del suo demonio, e di cui non è cenno nel poeta. (Cfr. Dobbert, *Orcagna*, nella raccolta del Dohme, *Kunst und Künstler des Mittelalters und der Neuzeit*, Lipsia, 1875 sgg., t. II, P. I, p. 63). Ma la cosa va altrimenti pel Lucifero che con sola una bocca divora i dannati, dipinto da Giotto nell'Oratorio degli Scrovegni, nell'Arena di Padova, e per quello che campeggia nel Giudizio

Universale del Campo Santo di Pisa. Rispetto al primo baste-
rebbe avvertire che gli affreschi di Giotto in Padova sono an-
teriori alla *Divina Commedia*. Ad ogni modo nota in proposito
G. G. Ampère: *La tradition veut que le Giotto ait exprimé dans
ces peintures les idées de Dante; elle ajoute même que le peintre
était venu à Padoue tout exprès pour y voir le poëte. Le premier
coup d'oeil donné au* Jugement dernier *peint par le Giotto sur
un des murs de l'*Arena, *montre l'erreur de cette supposition.*
(*Voyage dantesque. La Grèce, Rome et Dante, études littéraires,*
nuova edizione, Parigi, 1859, p. 333). Nulla più plausibile, del
resto, mi sembra l'opinione espressa dal Jessen, *Die Darstellung
des Weltgerichts bis auf Michelangelo,* Berlino, 1883, pp. 44, 49,
che Dante abbia tolta da Giotto l'idea del suo Lucifero. Rispetto al Lucifero del Campo Santo di Pisa, basta far osservare: che esso è senz'ali; seduto tra le fiamme, e non confitto
nel ghiaccio; che ha un peccatore in ciascuna mano; che altri
peccatori gli escon dal corpo, o gli entran nel corpo, per due
aperture, nell'epigastrio e nell'inguine; ch'egli ha il corpo ri-
vestito di ferrea armatura; il tutto conformemente a figurazioni
già ricevute nell'arte. E pure dice lo stesso Ampère, *Op. cit.,*
p. 239, che questo Lucifero è ritratto da quello di Dante. Una
bocca nell'epigastrio, o nell'inguine, ha anche il Lucifero veduto da Guerino il Meschino. Cf. Renier, *Op. cit.,* p. cix. Vedi
pure Thode, *Franz von Assisi und die Anfänge der Kunst der
Renaissance in Italien,* Berlino, 1885, p. 460.

[110] *Decam.,* gior. VIII, nov. 9. Che dovesse essere un Lucifero
maciullator di dannati, si rileva dalle parole che il Boccaccio
pone in bocca a Bruno: " O me!... maestro, che mi doman-
date voi? egli è troppo gran segreto quello che voi volete
sapere, et è cosa da disfarmi e da cacciarmi del mondo; anzi
da farmi mettere in bocca del Lucifero da San Gallo, se altri
il risapesse... „.

[111] Così notò il Fanfani nella edizion del *Decamerone* da lui
procurata. Io non ho agio di compulsar tutti i numerosi libri
dello scrittor veneziano, e però non posso dire in quale di essi
la notizia si trovi. Nel *Ritratto delle più nobili et famose città
d'Italia,* là dove si parla di Firenze, non n'è cenno.

[112] *Inf.,* XXXIV, 22-7.

[113] *Op. cit.*, dist. V, c. 30.

[114] *Op. cit.*, l. II, c. 57, num. 38.

[115] *Inf.*, XIII, 124-9.

[116] *Inf.*, XXIV, 82 sgg.; XXV, 4 sgg.

[117] *Inf.*, XXV, 22-5.

[118] Cap. 14, nel IV volume della *Divina Commedia*, ediz. del De Romanis, Roma, 1817, p. 120. La Visione si trova anche nelle edizioni della Minerva e del Ciardetti.

[119] Cf. nel vol. I dei *Principles of Sociology* dello SPENCER l'istruttivo capitolo intitolato *Animal-worship*.

[120] *Purg.*, XII, 25-6; *Parad.*, XIX, 47.

[121] Che *strupo* stia per *stupro*, con metatesi della *r*, ammise recentemente anche lo ZINGARELLI, *Parole e forme della* Divina Commedia *aliene dal dialetto fiorentino*, nel fasc. 1° degli *Studi di filologia romanza* del MONACI, Roma, 1884, p. 158.

[122] Vedi sopra p. 81.

[123] *Parad.*, IX, 129. *Invidia autem diaboli mors introivit in orbem terrarum (Sap.* II, 24). Se la *invidia prima* cui accenna Virgilio (*Inf.*, I, 109), sia questa stessa invidia di Satana, è cosa che lascerò giudicare ad altri. Cfr. POLETTO, *Dizionario dantesco*, s. v. *Diavolo*.

[124] *Lettera* VII, 1, ediz. Fraticelli.

[125] *Purgat.*, XI, 20.

[126] *Inf.*, XXXIV, 108.

[127] *Purgat.*, XIV, 145-6.

[128] *Purgat.*, VIII, 95 sgg.

[129] *Parad.*, XXVII, 26.

[130] *Inf.*, XXIII, 144.

[131] *Inf.*, XXIII, 16; *Purgat.*, V, 112.

[132] *Inf.*, XXII, 42.

[133] *Inf.*, III, 84 sgg.

[134] *Inf.*, XXVII, 126.

[135] *Inf.*, VII, 9.

[136] *Inf.*, VIII, 23-4.

[137] *Inf.*, VIII, 83-4.

[138] *Inf.*, XII, 14-5.

[139] *Inf.*, XXI, 131-2.

[140] *Inf.*, XXI, 44, 67-8; XXIII, 16-8.

[141] *Inf.*, XXI, 123.

[142] *Inf.*, VIII, 124-6. Alla discesa di Cristo all'Inferno, conformemente al racconto dell'apocrifo Evangelo di Nicodemo, allude Dante in altri due luoghi (*Inf.*, IV, 52-63; VII, 38-9). È
noto che molti libri apocrifi ebbero nel medio evo autorità non
minore dei libri canonici: l'Evangelo di Nicodemo fu uno dei
più diffusi. Vedi Wuelcker, *Das Evangelium Nicodemi in der
abendländischen Literatur*, Paderborn, 1872. Una versione italiana di esso, fatta nel Trecento, fu pubblicata da Cesare Guasti,
Il Passio o Vangelo di Nicodemo, Bologna, 1862, *Sc. di cur. lett.*,
disp. 12.

[143] *Inf.*, III, 88-93; V, 16-20; VI, 22-4; VII, 1-6; VIII, 82 sgg.;
IX, 52-4; XXXI, 12 sgg.

[144] Caronte, Minosse, Plutone, altri demonii, si chetano alle
parole di Virgilio e non fanno altro contrasto; ma a vincere
la resistenza dei demonii che custodiscono la città di Dite, è
necessario scenda un angelo apposta (*Inf.*, IX, 76-103). Anche
qui, come sempre, gli angeli sono i naturali avversarii dei diavoli. Nelle Visioni molto spesso gli angeli vengono in soccorso
delle anime che compiono il periglioso viaggio.

[145] *Inf.*, XXI, 100-2.

[146] *Inf.*, XXIII, 139-41.

[147] *Inf.*, XXIII, 34-6.

[148] Ap. Pertz, *Mon. Germ.*, *Script.*, t. V, p. 458. Un caso consimile si ha nella Visione del cavaliere Owen.

[149] *Historia ecclesiastica*, l. V, c. 12.

[150] Cap. 15.

[151] *Inf.*, XXII, 133-41. Una zuffa di diavoli si ha pure nella
Visio Tnugdali, c. 3.

[152] *Inf.*, XII, 97-102.

[153] *Inf.*, XVII, 79 sgg.

[154] *Inf.*, XXXI, 130 sgg.

[155] S'intende che opinioni più o meno disformi da queste non mancarono. Vedi S. Tommaso, *Quaestiones disputatae de potentia Dei*, quaest. XVI, art. 6, 7, 8; *Summa theol.*, P. I, qu. LXXXVI, art. 4; S. Bonaventura, *Sententiae*, l. II, dist. VII, P. 2ᵃ, art. I, qu. 3. Secondo Onorio Augustodunense i demonii conoscono le male cogitazioni degli uomini, non le buone (*Scala coeli*, c. 12): in molte storie d'indemoniati si legge che gli spiriti maligni rivelarono occultissimi pensamenti degli esorcisti, o di altre persone.

[156] *Conv.*, III, 13.

[157] *Inf.*, XXVII, 121-3. In un racconto di Cesario di Heisterbach il principe dei demonii dice ad un suo consigliere: *Olivere, semper curialis fuisti (Dialogus miraculorum*, ediz. cit., dist. V, c. 3: questo demonio curiale è ricordato anche nel c. 35 della stessa distinzione). Buon *loico* si mostra anche il demonio nel contrasto suo con la Vergine, narrato da Bonvesin da Riva. Se ignaro della buona filosofia, il demonio doveva essere edotto della sofistica, anzi maestro d'essa; ricordisi la storia di quello scolare di Parigi, che morto e andato a perdizione, apparve al maestro con una cappa tutta piena di' sofismi indosso, storia narrata dal Passavanti, *Specchio della vera penitenza*, dist. III, c. 2. E non dimentichiamo che il demonio disputava assai acremente di teologia con Lutero.

[158] *Inf.*, III, 88-93, 127-9.

[159] *Inf.*, VIII, 18. In ben più grossi errori potevano cadere i demonii. Gregorio Magno racconta (*Dialog.*, l. IV, c. 36) di certo uomo nobile, per nome Stefano, il quale, in Costantinopoli, subitamente infermò e morì. Condotto dinanzi al giudice infernale, udì questo gridare: " Io ordinai di portar giù Stefano ferrajo e " non costui „. Ed ecco, tornato al mondo Stefano nobile, muore incontanente Stefano ferrajo. Notisi la presenza di quel giudice infernale, come in Dante.

[160] *De vulg. el.*, I, 2.

[161] Veramente Dante sembra aver conceduto più scienza alle anime dannate che ai demonii. Esse hanno cognizione del futuro: Ciacco (*Inf.*, V, 64-75), Farinata degli Uberti (X, 79-81), Reginaldo degli Scrovegni (o chi altri si sia, XVII, 67-9), Vanni Fucci (XXIV, 142-51), predicono varii casi al poeta. Dovrebbero,

invece, secondo dice lo stesso Farinata (X, 103-4), ignorare le cose prossime o presenti; ma Ciacco sa la pena di altri dannati (VI, 85-7).

[162] *Purgat.*, V, 109-29. SAN TOMMASO ammette che il diavolo possa, non *naturali cursu*, ma *artificialiter*, produrre pioggia e vento (*Comment. in Job.*, c. 1 e altrove). I fenomeni atmosferici erano più particolarmente soggetti alla potestà del demonio: TOMMASO CANTIPRATENSE attribuiva al demonio le illusioni della *fata morgana* (*Op. cit.*, l. II, c. 57, n. 29).

[163] *Inf.*, XXIV, 112-4.

[164] *Inf.*, XXXIII, 124-32.

[165] *Inf.*, XXXIII, 134-57.

[166] *Commento,* al c. cit., v. 130.

[167] *Op. cit.*, ed. cit., dist. XII, c. 4.

[168] *Op. cit.*, ed. cit., l. II, c. 57, num. 5.

[169] *Op. cit.*, ed. cit., c. CXVIII, p. 504.

[170] *Acta SS.*, Genn., t. II, p. 792.

[171] *Acta SS.*, Febbr., t. III, p. 132. La credenza durò a lungo anche dopo Dante: vedi, a questo proposito, una predica di Giovanni Geiler di Kaisersberg (1445-1510) sommariamente riferita da A. STOEBER, *Zur Geschichte des Volksaberglaubens im Anfange des XVI Jahrhunderts*, 2ª ediz., Basilea, 1875, p. 68. Nel secolo XVIII tale credenza non era ancora in tutto dileguata.

[172] SAN BONAVENTURA, *Sententiae*, l. II, dist. V, art. II, qu. 1; ALBERTO MAGNO, *Summa theol.*, P. II, tratt. V, qu. 25, m. 3; S. TOMMASO, *Summa theol.*, P. I, qu. LXIV, art. 4. Anche a proposito di ciò si trova del resto qualche incertezza.

[173] *Purgat.*, VIII, 94-108.

[174] Vedi BAUTZ, *Das Fegfeuer*, Magonza, 1883, p. 149.

[175] Alcuni posero l'Inferno nell'aria, altri nella Valle di Giosafat, sotto i poli, agli antipodi, nel sole, in isole remote, nell'estremo Oriente, nei vulcani, fuori del mondo. Vedi RUSCA, *De inferno et statu daemonum ante mundi exitium*, Milano, 1621, capp. 31-50.

[176] *Inf.*, VIII, 126.

[177] *Inf.*, V, 15.

[178] *Inf.*, VIII, 84-5.

[179] *Apocalyp.*, XX, 1-3.

[180] Nella *Visio Tnugdali*, c. 14, Lucifero, rappresentato gigantesco, come nella *Divina Commedia*, e con mille braccia, è legato con catene sopra una graticola e arrostito in eterno. (Cfr. una immagine tolta da un manoscritto contenente poesie dell'anglosassone Caedmon nella citata opera del WRIGHT, p. 55). Un Satana legato è pure nell'Evangelo apocrifo di San Giovanni secondo i Catari, e nella *Pistis Sophia*, apocrifo gnostico. Nella Visione di Alberico (c. 9) un *vermis infinitae magnitudinis* è legato con una catena dinanzi alla entrata dell'Inferno ed è forse reminiscenza di Cerbero. Di solito Lucifero si pone nel fondo dell'abisso (vedi la Visione di un monaco narrata da BEDA, *Hist. eccl.*, l. V, c. 14; la Visione del fanciullo Guillero, riferita da VINCENZO BELLOVACENSE, *Spec. hist.*, l. XXVIII, c. 84, ecc.). Circa l'opinione che Lucifero non possa uscir dall'Inferno, cfr. BAUTZ. *Die Hölle*, Magonza, 1882, p. 135.

[181] *Inf.*, XXXI, 85-90.

[182] *Inf.*, XXXI, 101.

[183] *Inf.*, XXIII, 55-7.

[184] *Summa theol.*, P. I, qu. CIX, art. I, II. Cfr. ALBERTO MAGNO, *Summa theol.*, P. II, tratt. VI, qu. 26, m. 1. Una gerarchia diabolica si ha già nel *Libro d'Enoch*, anteriore al cristianesimo. Cfr. BAUTZ, *Die Hölle*, pp. 135-6. Beelzebub è detto principe dei demonii nell'Evangelo di Matteo, XII, 24; in quello di Luca, XI, 15.

[185] *Inf.*, XXXIV, 1, 28.

[186] *Inf.*, VII, 1.

[187] *Inf.*, XII, 64 sgg.

[188] *Inf.*, XXI, 76 sgg.

[189] *Inf.*, VIII, 13 sgg.

[190] *Inf.*, XXV, 16 sgg.

[191] *Inf.*, XXXIV, 55 sgg.

[192] *Inf.*, XXXIV, 28.

[193] *Inf.*, IX, 43-4. *Meschine* nel significato del fr. *meschines*, ancelle.

[194] Luc., XI, 18; Giov., XII, 31.

[195] Vedi, p. es., la Vita che di San Basilio, arcivescovo di Cesarea, scrisse Amfilochio, vescovo d'Iconio, in Roswey (e non Rosweyd, come si scrive comunemente) *Vitae Patrum*, Anversa, 1615, p. 156; Giacomo da Voragine, *Legenda aurea*, ed. cit., c. LXVIII, p. 310; *Acta SS.*, Maggio, t. VI, p. 405; Guglielmo di Malmesbury, *De gestis regum Anglorum*, ap. Pertz, *Mon. Germ.*, *Script.*, t. X, pp. 471-2.

[196] *De Bab. civ. inf.*, ediz. cit., vv. 25, 65, 125.

[197] *Inf.*, XXVII, 112-20.

[198] *Purgat.*, V, 100-8.

[199] Di questa specie di contrasti, pure molto importanti, non è cenno nel recente libro di L. Selbach, *Das Streitgedicht in der altprovenzalischen Lyrik, und sein Verhältniss zu ähnlichen Dichtungen anderer Litteraturen*, Marburgo, 1886, dove di molte altre specie si tocca. Vedi quanto di essa dicono lo Zarncke, *Ueber das althochdeutsche Gedicht vom Muspilli, Ber. üb. d. Verhandl. d. k. sächs. Gesellsch. d. Wiss.* Philol.-hist. Cl., t. XVIII, 1866, pp. 202-13, e il D'Ancona, *Origini del teatro in Italia*, Firenze, 1877, vol. II, pp. 29-36; 2ª ediz., Torino, 1891, pp. 552-60.

[200] Vedi Giovanni Cassiano (m. poco dopo il 432), *Collationes patrum*, collat. VIII, c. 17.

[201] Baluze, *Capitularia*, t. II, p. 104.

[202] *Epist.* 10, in Jaffè, *Monumenta Moguntina, Bibl. rer. germ.*, t. III, Berlino, 1866, p. 55. Il contrasto assume qui un carattere anche più largo. L'anonimo visionario si udì accusare dai proprii peccati, difendere dalle proprie virtù, fatti in certo modo persone : un uomo già da lui percosso e ferito, compare, tuttochè vivo ancora, ad accusarlo. Abbiamo già l'embrione di un regolare processo. Angeli e demonii formavano due eserciti, sempre in guerra tra loro. Una volta, nel deserto, l'abate Isidoro mostrò all'abate Mosè, dalla parte di Occidente l'esercito dei diavoli, dalla parte di Oriente l'esercito degli angeli, quello pronto ad assaltare i santi uomini, questo a difenderli : Rufino di Aquileja, *De vitis patrum*, l. II, c. 10.

[203] Probabilmente era questa una tradizione rabbinica. I rabbini narrarono pure una specie di contrasto fra Sammaele, l'angelo della morte, e Mosè, che non vuol morire, e lo mette in fuga ; poi fra l'anima di Mosè, la quale non vuole uscire del corpo, e Dio stesso, che è venuto per prenderla. Vedi EISENMENGER, *Entdecktes Judenthum*, Königsberg, 1711, vol. I, pp. 858-61.

[204] Cfr. per la credenza, anche fuori del cristianesimo, MAURY, *Essai sur les légendes pieuses du moyen-âge*, Parigi, 1843, p. 81. Per la opinione, del resto non sostenibile, che le origini della credenza cristiana sieno da cercare nel paganesimo germanico, vedi GRIMM, *Op. cit.*, vol. I, pp. 349; II, 698-9.

[205] BOUQUET, *Recueil des historiens des Gaules*, t. II, p. 593.

[206] *Hist. eccl.*, l. V, c. 13. Sant'Agostino vide una volta il diavolo con un gran libro sopra le spalle, il libro dove notava per ordine tutti i peccati degli uomini. Aveva ad esser ben grande : di solito ciascun peccatore ha il suo libro particolare. L'idea di questo libro diabolico fu suggerita, probabilmente, per ragion di contrasto, dal libro della vita, di cui è più d'una volta menzione nelle Scritture.

[207] Caratteristico a tale proposito è il racconto riferito da LEONE MARSICANO (m. 1115) nella *Chronica Montis Casinensis*, all'anno 1024. Un monaco, stando in orazione la notte, vede passare con grande ruina una turba di diavoli. Chiamatone uno, gli chiede ove vadano, e avutone in risposta che vanno a torsi l'anima dell'imperatore Enrico III, protesta di non credere che Dio possa darla loro nelle mani, e gl'impone di venirne a lui al ritorno, a narrargli l'evento. Passati due giorni, ecco riapparire il malvagio spirito, con volto dimesso, con portamento lugubre, e narrare al monaco la disfatta propria e de' suoi. Già era durata un pezzo la contesa fra gli angeli ed essi, quando di comune accordo fu risoluto di pesare con una bilancia le buone e le male azioni del morto, e decidere così a chi dovesse appartenerne l'anima. Dato mano all'esperimento, traboccava la bilancia in favor dei demonii quand'ecco accorrere anelante San Lorenzo (*semiarsus ille Laurentius*) e gettar con grand'impeto nel piatto contrario un calice d'oro che tempo innanzi l'imperatore aveva donato a una basilica di lui. Incontanente la bilancia trabocca da quella parte, e i diavoli deb-

bono, confusi e scornati, abbandonare la preda. L. II, c. 47, ap. Pertz, *Mon. Germ., Scrip.*, t. VII, pp. 658-9. Una storia consimile si narra dell'anima di Carlo Magno dallo Pseudo Turpino, c. 32. Queste son due delle parecchie Visioni che dovrebbero essere registrate e non sono nell'opuscolo, per più rispetti manchevole, di C. Fritsche, *Die lateinischen Visionen des Mittelalters bis zur Mitte des 12. Jahrhunderts*, Halle, 1885. La ponderazione delle anime, o delle azioni, fu spesso figurata dall'arte cristiana in dipinti, in bassirilievi, nelle chiese, sopra tombe, ecc., ecc. Com'è noto, la immaginazione antichissima occorre in Egitto, in India, in Persia, in Grecia, fra' maomettani, fra' Mandaiti, ecc., ecc. Cf. Maury, *Recherches sur l'origine des représentations figurées de la psychostasie, ou pèsement des âmes et sur les croyances qui s'y rattachent, Revue archéologique,* anno 1844, p[te] 1[a], pp. 235-49, 291-307 ; *Remarques sur la psychostasie*, etc., *Rev. arch.*, anno 1845, p[te] 2[a], pp. 707-17 ; De Witte, *Scènes de la psychostasie homérique, Rev. arch.*, anno 1844, p[te] 2[a], pp. 647-56.

[208] *Acta SS.*, Genn., t. II, p. 37.

[209] *Acta SS.*, Marzo, t. III, pp. 570-1. Già Gregorio Magno, *Dial.*, IV, 36, narra di un'anima contrastata, che i diavoli tirano per le gambe, gli angeli per le braccia, quelli verso l'Inferno, verso il cielo questi.

[210] Vedi per le origini Roskoff, *Op. cit.*, vol. I, p. 230.

[211] *Frutti della lingua*, cap. 37.

[212] *Purgat.*, V, 109-29.

[213] *Inf.*, XXVII, 121-7.

[214] *Inf.*, III, 121-6.

[215] *Inf.*, XXI, 39-40. Innumerevoli sono le leggende in cui si narra di sceleratissimi uomini le cui anime, e spesso anche i corpi, sono portati via a furia dai diavoli. Vedi Cesario di Heisterbach, *Dial. Mirac.*, dist. XII, cc. 7, 8, 9, 13 ; Passavanti, *Sp. d. vera penit.*, dist. II, c. 6 ; Giacomo da Voragine, *Leg. aurea*, ed. cit., c. CXIX, p. 516 ; Pietro il Venerabile, *De miraculis*, l. I, c. 14 ; Fra Filippo da Siena, *Op. cit.*, passim. Morto l'imperatore Enrico II, un eremita vide una turba di diavoli por-

tarne l'anima, sotto forma di un orso, al giudizio, che le riuscì per altro favorevole (*Acta SS.*, Giugno, t. II, p. 1003).

[216] *Inf.*, III, 111.

[217] Ma, pel vestibolo, bisogna tener conto dei mosconi e delle vespe, che ai vigliacchi rigano di sangue il volto, e che potrebbero essere diavoli trasformati.

[218] *Inf.*, VI, 18.

[219] *Inf.*, VII, 25-30.

[220] *Inf.*, VIII, 58-60.

[221] *Inf.*, XXXII, 130-2; XXXIII, 76-8.

[222] L'anima è già in preda a tutti i tormenti dell'arsura e del gelo che si avvicendano :

> Staganto en quel tormento, sovra ge ven un cogo,
> Ço è Baçabù, de li peçor del logo,
> Ke lo meto a rostir, com'un bel porco, al fogo,
> En un gran spe de fer, per farlo tosto cosro.
> E po prendo aqua e sal e caluçen e vin
> E fel e fort aseo, tosego e venin,
> E sì ne faso un solso ke tant è bon e fin,
> Ca ognunca Cristian sì guarda el Re divin.

De Bab. civ. inf., ediz. cit., vv. 117-24. Veggansi le pene descritte nella Visione di Tundalo, le più spaventose forse e le più strane che mai siensi immaginate da mente in delirio. Se è vero ciò che San Gregorio Magno afferma, essere i tormenti dei dannati gradito spettacolo agli eletti, Dante mostrò di avere del gusto dei santi miglior concetto che non i contemporanei suoi.

[223] *Inf.*, XII, 73-5.

[224] *Inf.*, XI, 76-90.

[225] *Inf.*, XIII, 124-9.

[226] *Inf.*, XXIV, 82 sgg.; XXV, 1 sgg.

[227] *Inf.*, XIII, 101-2.

[228] *Inf.*, XVIII, 35-6.

[229] *Inf.*, XXI, 52-7; XXII, 34-6.

[230] *Inf.*, XXVIII, 37-8.

[231] *Inf.*, XXXIV, 52-7. Cfr. quanto dei demonii, quali tormentatori dei dannati, dice S. Tommaso, *Suppl.* qu. LXXXIX, art. 4. L'idea di porre nelle bocche, o fra gli artigli di Lucifero, o più prossimi a lui i peccatori massimi, era una idea ragionevole e ovvia. Già un monaco, di cui Beda narra la Visione (*Hist. eccl.*, l. V, c. 14), vide Satana immerso nel più profondo dell'Inferno, e vicino a lui Caifa e gli altri che uccisero Cristo.

[232] *Inf.*, XXXIV, 53-4.

[233] *Parad.*, XXVII, 22-7.

[234] *Inf.*, XXI, 137-9.

[235] *Inf.*, XXII, 97-123.

[236] *Inf.*, XXII, 133-51.

[237] Nella leggenda di S. Caradoc si vede il diavolo far lazzi e capriole da saltimbanco e da buffone (*Acta SS.*, Apr., t. II, p. 151). San Gerolamo racconta che un sant'uomo vide una volta un diavolo ridere sgangheratamente. Chiestagli il santo la cagion del suo riso, quegli rispose che un suo compagno diavolo stava seduto sullo strascico di una donna, e ch'egli lo vide tombolare per terra, quando la donna, dovendo passare un luogo fangoso, alzò la veste. Una volta il diavolo tenta con una gran sete S. Lupo, mentre sta in orazione. Il santo si fa recare un vaso d'acqua fresca, e il diavolo subito ci si caccia dentro, sperando di poter così entrare in corpo al buon servo di Dio; ma il buon servo di Dio, che ha conosciuto l'inganno, pone sul vaso il guanciale del letto, e tiene prigioniero il diavolo sino alla mattina, lasciandolo strillare a sua posta (Giacomo da Voragine, *Legenda aurea*, ediz. cit., c. CXXVIII, p. 580). Esempii sì fatti si potrebbero moltiplicare all'infinito. Il diavolo appar ridicolo anche in alcuni *fableaux* e *contes dévots*, e ridicolissimo spesso lo rappresentano le arti.

[238] Vedi Collier, *The history of english dramatic poetry*, Londra, 1831, vol. II, p. 262; Roskoff, *Op. cit.*, vol. I, pp. 359 sgg.

[239] *Adam, drame anglo-normand du XII*[e] *siècle*, pubblicato la prima volta da V. Luzarche, Tours, 1854, pp. 16, 18, 43. Una nuova edizione, critica, pubblicò L. Palustre, Parigi, 1877. Cfr. Petit de Julleville, *Les Mystères*, Parigi, 1880, vol. I, p. 83. Una delle didascalie del dramma (ediz., Luzarche, p. 43) dice

così : *Tunc veniet diabolus, et tres vel quatuor diaboli cum eo, deferentes in manibus chatenas et vinctos ferreos, quos ponent in collo Ade ed Eve. Et quidam eos impellunt, alii eos trahunt ad infernum. Alii vero diaboli erunt juxta infernum obviam venientibus, et magnum tripudium inter se faciunt de eorum perdicione; et singuli alii diaboli illos venientes monstrabunt, et eos suscipient et in infernum mittent, et in eo facient fumum magnum exurgere, et vociferabuntur inter se in inferno gaudentes, et collident caldaria et lebetes suos, ut exterius audiantur. Et facta aliquantula mora, exibunt diaboli discurientes per plateas; quidam vero remanebunt in infernum.* Di che natura avessero ad essere quei tripudii e a quali scene dovessero dar luogo quelle corse per la piazza, tra il popolo, possiamo immaginare facilmente.

[240] *Origini del teatro in Italia*, vol. II, p. 13; 2ᵃ ediz., vol. I, p. 534.

[241] *Cronica*, l. VIII, c. 70.

[242] Questi nomi sono : Malebranche, nome collettivo, Malacoda, Scarmiglione, Alichino, Calcabrina, Cagnazzo, Barbariccia, Libicocco, Draghignazzo, Ciriatto, Graffiacane, Farfarello, Rubicante. Parecchi di essi diedero da arzigogolare ai commentatori; e su che cosa non arzigogolarono i commentatori? Io non imiterò il loro esempio; noterò solo che *Alichino,* anzichè derivare dal *chinar le ali,* come piacque ad alcuno, potrebbe essere l'*Hellequin* dei Francesi, che già si trova ricordato da Elinando e da Vincenzo Bellovacense.

UN MONTE DI PILATO IN ITALIA

UN MONTE DI PILATO IN ITALIA

—

Fra le devote leggende più diffuse e più celebri nel medio evo, diffusissima e celeberrima fu quella di Pilato. Germogliata nei primi secoli del cristianesimo, cresciuta smisuratamente dipoi, trapiantata d'uno in altro suolo, essa soggiacque a varia fortuna, ebbe molte e curiose vicende, si mutò in tutto da quella ch'era stata in origine. I primi cristiani, solleciti di raccogliere quante più prove e testimonianze potevano in favore dell'insidiata e combattuta lor fede, giudicarono molto benignamente il giudice pusillanime; affermarono ch'egli aveva fatto quant'era in poter suo per istrappar Gesù all' ingiusto supplizio; mostrarono una lettera da lui scritta all'imperatore, nella quale era ampiamente riconosciuta l'innocenza del Nazareno ed esecrata la malvagità de' nemici suoi; giunsero a dire persino ch'egli era morto martire della fede. Mutati i tempi, e assicurato il trionfo della Chiesa, mutarono anche i giudizii. La sospetta testimonianza, divenuta inutile ormai, fu lasciata volentieri in disparte, e sotto l'influsso di un altro pensiero, in virtù di un postulato della coscienza che voleva colpiti da formidabile e condegno castigo quanti, in un modo o in un altro, avevano avuto parte nella condanna e nella morte del Redentore, cominciò un lavoro delle fantasie in tutto diverso da quel di prima, e la leggenda si trasformò, e, starei per dire, si capovolse. Ecco Pilato diventare un pessimo scelerato,

degno d'andarne alla pari co' rei giudici del Tempio e
con lo stesso Giuda. Si narra allora come l'imperatore
lo chiamasse al suo cospetto per chiedergli conto della
morte del Giusto; come rigorosamente il punisse; come
il punito si togliesse da se stesso la vita, e il maledetto
suo corpo fosse tramutato di luogo in luogo, cagione
sempre alla terra che l'accoglieva di turbamenti e di ca-
lamità. Si ricercano le origini di lui, il paese ove nacque,
i primi suoi fatti, e tutta una storia s'immagina, la quale
cel mostra malvagio sino dalla puerizia, e spiega il gran
misfatto finale. La sua leggenda si lega ad altre leggende
celebri, a quella della Veronica, a quella della vendetta
del Salvatore, fa corpo con esse, riceve da esse nuovo vigore e notorietà nuova. Egli finisce con Giuda, e con alcun
altro massimo scelerato, fra le mascelle formidabili di un
Satanasso trifronte, nel più profondo e tenebroso abisso
d'Inferno.

Io ho ricordate brevemente le origini e le vicende della
leggenda di Pilato; ma non è mio proposito di adden-
trarmi nello esame e nella discussione di essa. Tale
lavoro fu già fatto, se non in modo che possa dirsi
compiuto, almeno in modo sufficiente, e qui non accade
ripeterlo [1]. Io intendo solamente far parola di alcune
immaginazioni che si riferiscono alla presenza di Pilato
in Italia, e che propriamente appartengono a quella parte
della leggenda ove si narra della sorte toccata al corpo
di lui. In tale argomento sono da notare alcune cose che
non furono, per quanto io mi sappia, notate e che non
mancano di curiosità.

La leggenda, o, a meglio dire, le varie versioni di essa,
fanno nascere Pilato in Vienna di Francia, o in Lione,
o in Magonza, o in Forchheim, o nei dintorni di Bam-
berga, o in Ispagna. La ragione di tale varietà facilmente
s'intende quando si pensi che, affermando patria di alcun

celebre tristo la tale o tal città, la tale o tale regione, si dava sfogo di consueto a passioni d'inimicizia e di gelosia, e durevole e concreta espressione a un intendimento ingiurioso. Ciò che si fece per Pilato si fece, com'era naturale, anche per Giuda. In un luogo del *Dittamondo* Fazio degli Uberti dice:

> Entrati nella Marca, com'io conto,
>   Io vidi Scarïotto onde fu Giuda,
>   Secondo il dir d'alcun, da cui fu conto [2].

Giuda fu dunque fatto nascere, oltrechè in molti altri luoghi, anche in Italia, e in più luoghi d'Italia, similmente, fu fatto nascere Pilato. Durante il medio evo soleva mostrarsi in Roma, tra l'altre cose mirabili, anche una torre, o casa, o palazzo di Pilato [3].

La fine di Pilato è, nelle varie versioni della leggenda, narrata assai diversamente. Egli morì sotto Tiberio, sotto Caligola, sotto Nerone, sotto Vespasiano e Tito: fu fatto decapitare; fu ucciso dallo stesso Nerone furente; fu scorticato; fu cucito, come si usava coi parricidi, in una pelle di bue, insieme con un gallo, una vipera ed una scimia, e lasciato morire al sole; fu chiuso in una torre, ed egli con le proprie sue mani si uccise; fu, con la torre insieme, inghiottito dalla terra. La credenza che egli si fosse ucciso, suggerita forse dall'esempio di Giuda, e dal desiderio di far commettere al reo un'ultima colpa, a giudizio di cristiani gravissima, è molto antica e quasi cancellò tutte le altre: ad essa si legano, e da essa in certo qual modo derivano, i racconti in cui si dice delle vicende cui andò soggetto dopo la morte il corpo maledetto, e dei danni ch'esso produsse. Secondo un racconto più antico, Pilato si uccise nella città di Vienna, dov'era stato chiuso in una torre, e il suo corpo fu gettato nel Rodano. Secondo un racconto più recente, e che ebbe poi molto maggior diffusione, Pilato si uccise in Roma, e il corpo suo fu da prima gettato nel Tevere, poi tolto di là, trasportato in Gallia e buttato nel Rodano, ove non rimase nemmeno. Non solamente questi due racconti, che io reco qui in una forma meramente schematica, ma anche altri, sui quali non ho bisogno di soffermarmi, dan notizia dei turbamenti prodotti dal corpo sommerso del suicida e delle successive traslazioni che ne furono la conseguenza [4].

In un racconto latino intitolato *Mors Pilati qui Jhesum condemnavit*, pubblicato dal Tischendorf [5], si dice che Tiberio, fatto venire a Roma Pilato, ordinò fosse chiuso in un carcere, poi radunò il consiglio perchè pronunziasse sentenza sopra di lui. Saputo d'essere stato condannato a morire di morte turpissima (*ut morte turpissima damnaretur*) Pilato con un coltello si uccise. « Informato della morte di Pilato, Cesare disse: Veramente è morto di morte turpissima colui che non risparmiò se stesso. Fu legato a un enorme masso e gettato nel Tevere. Ma gli spiriti maligni e sordidi, tripudiando per amor di quel corpo maligno e sordido, si agitavano tutti nell'acqua, suscitando terribilmente nell'aria folgori e bufere e tuoni e grandini, così che teneva gli uomini un orribil timore. Onde i Romani, trattolo dal Tevere, lo portarono per vituperio a Vienna, e lo sommersero nel Rodano: Vienna, gli è come dire via Gehennae, poichè era allora luogo di maledizione. Ma anche quivi accorsero i malvagi spiriti, producendo le medesime turbazioni. Però gli uomini di quel paese, non potendo sopportare tanta infestazione di demonii, allontanarono da sè quel vaso di maledizione e lo buttarono in certo pozzo, ch'era tutto intorno serrato di monti, dove, per riferimento d'alcuni, si vedono sobbollire tuttavia le diaboliche macchinazioni » [6]. Così l'ingenuo ed incognito narratore.

Il codice ambrosiano, dal quale il Tischendorf trasse questo racconto, è del secolo XIV; ma il racconto stesso risale per lo meno al XII, nel qual tempo si congiunse alla già ricordata leggenda dei natali e dei primi fatti del proconsole romano, e diventò parte di maggior racconto, che, sotto il titolo di *Vita Pilati*, ebbe più redazioni diverse, e grandissima diffusione. Ciò che nella *Mors Pilati* si narra del corpo di costui, sommerso prima nel Tevere, poi nel Rodano, e gettato da ultimo in un pozzo fra' monti, accenna evidentemente a più leggende locali già sorte, e al desiderio dell'autore del racconto di legarle possibilmente tra loro senza negarne nessuna. L'autore, o, per dir meglio, il compilatore della *Vita,* procede alquanto più oltre su questa via, e dice che dal Tevere il corpo passò nel Rodano: che tolto dal Rodano, fu trasportato a Losanna; e che tolto finalmente anche da Losanna, sempre per le stesse ragioni, fu buttato in un pozzo dell'Alpi. Questa è la versione che, insieme con molti altri, accetta anche Giacomo da Voragine (m. 1298) nella *Legenda aurea* [7]. L'anonimo autore di un commento allo *Speculum regum* di Gotofredo da Viterbo dice, sebbene in modo erroneo, qualche cosa di più, che accenna a nuove leggende locali; dice, cioè, che il corpo di Pilato, estratto dal Rodano, fu gettato in una palude tra' monti, non lungi da Losanna, vicino a Lucerna: *in montanis circa Losoniam* (o Losaniam) *prope Lucernam in quandam paludem proiecerunt* [8]. L'anonimo, il quale sembra fosse romano, fonde qui insieme due tradizioni diverse, l'una che si riferiva a Losanna, l'altra che si riferiva a Lucerna, e, propriamente, al famoso Monte di Pilato, che sorge a ridosso di quella città [9]. Altre tradizioni del resto sembra non mancassero in Isvizzera. Un canonico di Zurigo, Corrado a Mure, dice nel suo *Fabularium*, finito di scrivere nel 1273, che dal Rodano il corpo di Pilato fu trasportato sul monte Septimer, poco lungi da Chiavenna [10]. Forse quand'egli scriveva, la leggenda lucernese non era nata ancora: il primo a fare espresso ricordo di quello che ora si chiama il Pilato, e che prima fu detto il Fracmont, Frakmünd ecc. (*mons fractus*) sembra sia stato Felice Haemmerlin (Malleolus), morto in Lucerna nel 1457. S'intende facilmente come la Svizzera, in grazia della sua stessa configurazione fisica, dovesse essere paese assai favorevole alla moltiplicazione di così fatte leggende [11].

Con la sommersione del corpo di Pilato nel Tevere, con la credenza che in Roma si vedesse ancora quella ch'era stata casa del giudice malvagio, sembra che l'Italia, o almeno una regione di essa, volesse richiamare più risolutamente a sè una leggenda illustre, la quale per più altri rispetti le apparteneva. Una leggenda più particolarmente italiana era sorta; ma questa doveva, come abbiam veduto, comporsi con altre leggende più antiche, e se voleva tener dietro, come lo stesso suo spirito le dettava, alle vicende cui andava soggetto il corpo dello scelerato suicida, doveva uscire d'Italia. Doveva, dico, sino a tanto che non avesse trovato modo di supplire alle leggende straniere, e di liberarsi dallo straniero concorso. Ora, un tal modo, o prima o poi, l'aveva a trovar facilmente.

Notiamo anzi tutto che il luogo della relegazione e della prigionia di Pilato non era al tutto certo. Si credeva più generalmente fosse stato in Vienna; ma un racconto famoso, la *Vindicta Salvatoris*, lo poneva in Damasco [12], e un altro racconto, famoso ancor esso, e di origine sicuramente italiana, la *Cura sanitatis Tiberii*, lo poneva in una città di Toscana, variamente detta nei manoscritti Ameria, Amerina, Cimerina, Timernia, Arimena [13]. La città di Toscana, qual ch'essa fosse, facendo dimenticare Vienna, faceva dimenticare anche l'avventura del Rodano, e poneva la leggenda italiana, sciolta da ogni legame con tradizioni straniere, in condizione di poter narrare a suo modo, e con intendimento italiano, le vicende del corpo di Pilato. In un racconto latino intitolato *De Veronilla et de imagine domini in sindone depicta*, e che volentieri crederei composto in Italia, o derivato da alcuna fonte italiana, si dice che Pilato fu imprigionato in Roma; che quivi di sua mano si uccise; che il corpo di lui fu gettato nel mare, dove tutti i pesci morirono; che trattolo dal mare, i cittadini lo portarono in un luogo deserto che non si nomina: *in heremum tam longe duxerunt, ubi nullum hominem venire ultra sciverunt* [14].

Non mancavano luoghi in Italia a cui la leggenda del corpo di Pilato poteva essere opportunamente legata. Tutte le tradizioni di cui ho fatto cenno sin qui parlano di danni recati da quel corpo, e parecchie dicono più specificatamente di formidabili procelle suscitate da esso. Una conseguenza si può subito prevedere: i luoghi di fama paurosa, le solitudini de' monti che si credevano infestate dai demonii, i laghi portentosi di cui da tempo antichissimo si diceva non potervisi gettar dentro un sassolino senza che se ne levassero tempeste devastatrici, dovevano, naturalmente, attrarre a sè la leggenda, dovevano, o almeno potevano, diventare monti e laghi di Pilato. In Italia monti e laghi così fatti erano meno frequenti che altrove, ma non mancavano: l'Etna aveva le sue leggende, le aveva il Lago d'Averno presso Pozzuoli, e Giovanni Boccacci parla del lago Scaffajolo negli Apennini, il quale suscitava procelle spaventose, come appena ci si gettasse dentro alcuna cosa [15]. I monti e il lago di Norcia avevano un'antica riputazione diabolica e magica diffusa per tutta Italia. Quivi ponevasi un antro della Sibilla, che diè luogo a leggende molto simili a quelle sorte in Germania intorno al Monte di Venere [16]; quivi ancora si raccolse la leggenda di Pilato.

Pietro Bersuire (m. 1362) racconta nel suo *Reductorium morale* [17] la seguente istoria: « Di un terribile esempio che si ha presso Norcia [18], città d'Italia, udii narrare, come di cosa vera e cento volte esperimentata, da certo prelato, fra tutti degnissimo di fede. Diceva egli pertanto essere tra' monti prossimi a detta città un lago, dagli antichi consacrato ai demonii, e dai demonii sensibilmente abitato, al quale nessuno oggi può appressarsi (salvo che i necromanti) senz' essere da quelli portato via. Perciò fu cinto il lago di muri, guardati da custodi, affinchè non possano andarvi i necromanti a consacrare i libri loro ai diavoli. E la cosa più terribile è questa, che la città deve, ciascun anno, mandar per tributo ai demonii, entro la cerchia dei muri, presso al lago, un uomo vivo, il quale subito e visibilmente è da essi lacerato e divorato: e dicono che se ciò non si facesse, sarebbe quella città distrutta dalle tempeste. Ogni anno sceglie la città alcuno scelerato, e lo manda per tributo ai demonii. Nè questo io crederei, non avendone mai trovato cenno in iscrittura alcuna, se da tanto vescovo non l'avessi udito asserir fermamente » [19].

La storia narrata da Pietro Bersuire ha molta somiglianza con quella che del monte Cannaro in Catalogna racconta Gervasio da Tilbury nei suoi *Otia Imperalia* [20]. In essa non è fatto cenno di Pilato, come non ne è fatto cenno nel *Guerino Meschino*, il quale fu composto poco dopo il tempo in cui il benedettino francese compilava il suo *Reductorium*, e dove si parla a lungo dell'antro della Sibilla e della lieta vita che si menava nei regni sotterranei di lei [21]; ciò nondimeno, una leggenda in cui figurava Pilato era indubitatamente già nata, giacchè se

ne trova il ricordo nel *Dittamondo* di Fazio degli Uberti, il
quale visse sino circa il 1367. Nel già citato luogo di
questo poema, Fazio dice, continuando a parlare della
Marca:

> La fama qui non vo' rimanga nuda
>   Del monte di Pilato, ov'è uno lago
>   Che si guarda la·state a muda a muda.
> Perchè, quale s'intende in Simon Mago
>   Per sagrar il suo libro là su monta,
>   Onde tempesta poi con grande smago,
> Secondo che per quei di là si conta.

Il Capello nota a questo passo: « El monte de Pilato se
dice ch'è supra Norcia, e lì è un luogo di diavoli, al
qual vanno quei che si vogliono intendere de arte magica », e non aggiunge altro, e forse non sapeva altro.
Può darsi che lo stesso Fazio abbia avuto notizia di questa
leggenda un po' tardi, giacchè in un precedente luogo del
poema si trova ricordo dell'altra, che poneva in Vienna
la prigionia e la morte di Pilato, e le due difficilmente
possono insieme accordarsi. Nel L. II, cap. 5, il poeta
così si esprime:

> Qui ti vo' dir, perchè ti sia diletto,
>   Pilato fue confinato a Vienna,
>   Dove s'uccise d'ira e di dispetto.

Merita considerazione un riscontro, forse non fortuito.
Pietro Bersuire e Fazio degli Uberti parlano di guardie
poste al lago per impedire ai necromanti di accedervi,
e il simile si racconta del Monte di Pilato presso Lucerna,
su cui, ancora nello scorso secolo, era vietato di salire.
Nel 1387 sei ecclesiastici di Lucerna furono messi in prigione, perchè avevano tentata l'ascensione del Fracmont [22],
e il già citato commentatore dello *Speculum regum* dice,

seguitando a parlare della palude in cui era stato gettato il corpo di Pilato: « Egli è certo che ogni qual volta si gitti nella palude alcuna cosa, per minuta che sia, incontanente si muovon bufere e grandini e folgori e tuoni. Perciò vi si pongono custodi, che in tempo d'estate non lasciano che nessuno vi salga [23] ». Anche vicino a Lione si poneva un Mont Pilate con un lago suscitatore di tempeste; ma non so se fosse vietato l'andarvi.

La leggenda raccolta da Fazio fu ripetuta da altri, con le variazioni consuete e inevitabili. Un predicator di Foligno, fra Bernardino Bonavoglia, ebbe, sembra, a recitarla dal pulpito: egli nulla sa di muri o di custodi. « Dicesi che presso Norcia sia un monte, e quivi un lago, detto di Pilato, essendo opinione quasi di molti che il corpo di lui fosse quivi portato dai diavoli sovra un carro tirato da tori. E da luoghi prossimi, e da remoti, si recano colà uomini diabolici, e formano are con tre circoli, e ponendosi, con alcuna offerta, nel terzo circolo, chiamano quel diavolo che vogliono, leggendo il libro che da esso debb'essere consacrato. E venendo il diavolo con grande strepito e clamore, dice: A che mi citi? Risponde: Voglio consacrar questo libro; voglio cioè che tu ti obblighi a fare quanto in esso è scritto, quante volte io te ne richiederò, e in premio ti darò l'anima mia. E così fermato il patto, il diavolo toglie il libro, e vi segna alcuni caratteri, dopo di che egli è pronto a fare ogni male, quando altri lo legga. Ecco in che modo son fatti schiavi quei miseri e dannati uomini. Accadde una volta che un tale, voglioso di consacrare nel modo predetto il suo libro, stando nel circolo ordinato, chiamò certo demonio, e gli fu risposto, ch'e' non v'era allora, ma era ito nella città di Ascoli, per farvi morire molti di ferro, così dei fuorusciti, come de' cittadini che hanno il dominio, e che tornerebbe ad opera compiuta, e farebbe ciò onde fosse richiesto. Meravigliato di tale risposta, colui s'avviò verso Ascoli per conoscere la verità di sì gran fatto, e giunse ad un luogo dei frati minori, ove dimorava allora il santissimo fratello Savino da Campello, e narrato per ordine quant'eragli occorso, riseppe che la notte precedente trenta de' fuorusciti erano stati impiccati in piazza, e che molti dell'una e dell'altra parte erano, nella città, morti di ferro. Venuto a cognizione di ciò, il detto uomo fermamente risolvette . . . di rinunziare all'arte magica e agl'incanti, considerando grande esser l'arte del diavolo in accalappiare e perder le anime. Ciò riferì il detto sant' uomo frate Savino, a certo frate nostro de' predicatori » [24].

Fra Bernardino accenna ad uomini che venivano da remoti paesi per attendere a lor pratiche di magia; sembra in fatti che la fama dell'antro della Sibilla e del monte e lago di Pilato che si ponevano presso Norcia, si diffondessero per la Germania e per la Francia, e ne richiamassero frequenti visitatori. Nel 1420 vi capitò un noto cavaliere e poeta francese, Antonio de la Sale, che raccontò poi le cose vedute [25], e nel 1497 ne imitò l'esempio Arnaldo di Harff, patrizio di Colonia [26]. Leandro Alberti, dopo aver parlato, nella sua *Descrittione di tutta l'Italia*, dell'antro della Sibilla, così prosegue: « Poscia alquanto più in su nell'Apennino, nel territorio Nursino, vi è il Lago, non meno biasimevole della Grotta, addimandato Lago di Norsa, nel quale dicono gli ignoranti notare i diavoli, imperò che continuamente si veggono salire et abbassare l'acque di quello in tal maniera che fanno maravigliare ciascuno che le guarda, parendogli cosa sopra naturale, non intendendo la cagione di tal movimento. La onde in tal guisa essendo volgata la fama di detto Lago, et non meno dell'antidetta Caverna appresso gli huomini, non solamente d'Italia, ma altresì fuori, cioè che quivi soggiornano i Diavoli, et danno ri-

sposta a chi gli interroga, si mossero già alquanto tempo
(come scrive il Razzano) alcuni uomini di lontano paese
(però leggiermente) et vennero a questi luoghi per con-
sagrare libri scelerati et malvagi al Diavolo, per poter
ottenere alcuni suoi biasimevoli desiderii, cioè di ricchezze,
di honori, d'amorosi piaceri, et di simili cose... Vedendo
i Norsini tanto concorso d'incantatori, che salivano sopra
questi aspri et alti monti, acciò non possano passare a
detti luoghi, hanno serrata primieramente detta Caverna,
et poi tengono buone guardie al Lago » [27]. L'Alberti, che
scriveva verso il mezzo del secolo XVI, di Pilato propriamente non fa menzione, ma cita i versi di Fazio che lo
ricordano. Il Razzano da lui nominato è quel Pietro, che
nacque in Palermo nel 1420, fu domenicano, storico, ora-
tore e poeta, e morì vescovo di Lucera nel 1492, lasciando
molte opere manoscritte. Egli aveva avuto occasione di
parlare con alcuni tedeschi dai quali era stato inutilmente
tentato l'esperimento della consacrazione [28].

Nel 1621 ricorda il lago portentoso di Norcia Paolo
Merula, nella sua *Cosmographia generalis:* « Nel Pi-
ceno, di fianco al Monte Vittore, dalla parte che guarda
a Oriente, è un lago nobilitato dalla fama, detto Nursino.
Dice il volgo ignorante che in esso nuotano i diavoli, e
ciò perchè quelle acque si vedono con perpetui moti salire e calare a vicenda, non senza grandissima ammirazione di coloro che ne ignoran la causa ». Riferisce ancor
egli, come l'Alberti, quanto aveva già detto il Razzano;
ma non fa parola di Pilato [29]. Sembra del resto che
queste leggende norcine cominciassero allora, o poco
dopo, a perdere della loro celebrità, perchè non se ne
trova cenno in una poesia che in vituperio di Norcia
scrisse monsignor Francesco Maria di Montevecchio, andatovi per sua sciagura prefetto [30], e nemmeno nei due
capitoli che a Pilato e a Norcia consacrò il Marucelli

nel suo sterminato *Mare magnum*, che manoscritto si conserva in Firenze nella biblioteca da lui nominata [31]

Quando la leggenda norcina di Pilato sia nata io non so, nè vorrei affermare che qualche concorso di elementi e qualche suggestione non le sieno venuti d'oltr'alpe. Essa ha perduto ormai ogni celebrità, e appena ne rimane qualche vestigio tra il popolo di quella provincia [32]; e mentre il Monte di Pilato presso Lucerna è cognito a tutti, e attrae ogni anno migliaja e migliaja di visitatori, son ben pochi coloro che conoscano l'esistenza di un monte e di un lago di Pilato fra gli Apennini, nel cuore d'Italia.

NOTE

NOTE

—

¹ Vedi MONE, *Die Sage von Pilatus*, nell'*Anzeiger für Kunde der teutschen Vorzeit*, annata 1835, coll. 421 sgg., e nell'annata 1838, coll. 526 sgg.; DU MÉRIL, *Poésies populaires latines du moyen-âge*, Parigi, 1847, pp. 340 sgg.; MASSMANN, *Der keiser und der kunige buoch oder die sogenannte Kaiserchronik*, Quedlimburgo e Lipsia, 1849-54, vol. III, pp. 573 sgg., 594 sgg.; CREIZENACH, *Legenden und Sagen von Pilatus*, nei *Beiträge zur Geschichte der deutschen Sprache und Literatur*, vol. I (1873), p. 89 sgg.; GRAF, *Roma nella memoria e nelle immaginazioni del medio evo*, Torino, 1882-3, vol. I, pp. 345 sgg., 370 sgg. Per la bibliografia della leggenda vedi HERZOG, *Theologische Realencyclopädie*, Gotha, 1859, XI, 663. Vedi pure una recensione che di questo mio scritto, quando lo pubblicai la prima volta, fece F. TORRACA nella *Nuova Antologia*, serie 3ª, vol. XXV (1890: *Rassegna della letteratura italiana*). Debbo ad essa alcune correzioni.

² L. III, cap. 1. GUGLIELMO CAPELLO, nell'inedito suo commento al poema (ms. della Nazionale di Torino N, I, 5, f. 94 v.) nota solo: *Scharioto è una villa de Ascoli ove nacque Juda che fu discipulo di Christo e poi il tradì*. Di questo Scariotto fa pure ricordo il cronista e novelliere Giovanni Sercambi: vedi *Novelle inedite di* GIOVANNI SERCAMBI *tratte dal codice trivulziano CXCIII per cura di* Rodolfo Renier, Torino, 1889, pp. LVII e 218.

³ *Domus Pilati, palatium Pilati*, anche casa di Crescenzio e casa di Cola di Rienzo. Era una torre presso Ponte Rotto. A Nus, in Val d'Aosta, un castello della seconda metà del secolo XII si chiama *Château de Pilate*. " On appelle ces ruines le château de Pilate, et ce n'est pas sans une répugnance manifeste que les habitants du pays prononcent le nom de ce Romain, détestable complice de la mort de Notre-Seigneur „.

Così in un suo libro intitolato *La Vallée d'Aoste*, Parigi, 1860, pp. 163-4, EDOARDO AUBERT, il quale ricorda pure una tradizione, secondo cui Pilato, recandosi a Vienna, sarebbe passato per la Val d'Aosta, sostando in casa di un senatore romano suo amico. Debbo questa notizia alla cortesia del barone Bollati di St. Pierre. L'egregia signora Caterina Pigorini Beri mi avverte gentilmente che, secondo tradizioni tuttora vive nel mezzogiorno d'Italia, Giuda e Pilato sarebbero stati calabresi; che Pilato si fa nascere anche in Ponza (d'onde Ponzio) ecc. Una tradizione friulana indica quale patria di Pilato il villaggio d'Imponzo. Vedi nelle *Pagine Friulane*, anno III (1890), num. 4, una nota intitolata *Le leggende intorno a Pilato*.

[4] Io sorpasso a tutto ciò molto rapidamente, e senza entrare in disamine e in discussioni che sarebbero, per sè, opportune e necessarie, ma che non fanno ora al proposito mio. Vedi gli scritti circa la leggenda citati più sopra.

[5] *Evangelia apocrypha*, Lipsia, 1853, pp. 432-5.

[6] Cognita Caesar morte Pilati dixit: Vere mortuus est morte turpissima, cui manus propria non pepercit. Moli igitur ingenti alligatur et in Tiberim fluvium immergitur. Spiritus vero maligni et sordidi, corpori maligno et sordido congaudentes, omnes in aquis movebantur, et fulgura et tempestates, tonitrua et grandines in aere terribiliter gerebant, ita ut cuncti timore horribili tenerentur. Quapropter Romani ipsum a Tiberis fluvio extrahentes, derisionis causa ipsum in Viennam deportaverunt et Rhodani fluvio immerserunt: Vienna enim dicitur quasi via Gehennae, quia erat tunc locus maledictionis. Sed ibi nequam spiritus affuerunt, ibidem eadem operantes. Homines ergo illi tantam infestationem daemonum non sustinentes vas illud maledictionis a se removerunt et in quodam puteo montibus circumsepto immerserunt, ubi adhuc relatione quorumdam quaedam diabolicae machinationes ebullire dicuntur.

[7] *Legenda aurea vulgo historia lombardica dicta*, rec. Th. Graesse, Dresda e Lipsia, 1856, cap. LIII, p. 235.

[8] Ap. PERTZ, *Monumenta Germaniae, Scriptores*, t. XXII, p. 71.

[9] Un racconto tedesco dice che quei di Losanna gettarono il corpo di Pilato in una palude del monte Toritonio. DU MÉRIL, *Op. cit.*, p. 356, n. 7.

[10] In un codice del secolo XII, conservato nella Biblioteca Regia di Monaco, in fine alla storia apocrifa di Pilato si legge: " puteus autem hic vicinus est monti qui vocatur septimus mons, vel quod montibus aliis circumseptus, vel septimus mons tamquam de septem montibus eminentioribus unus „. Forse di qui ebbe Corrado a Mure la suggestione a porre la tomba di Pilato sul Septimerpass. Vedi HERSCHEL, *Zur Pilatussage, Anzeiger f. Kunde d. deutschen Vorz.*, neue Folge, vol. XI (1864), col. 364.

[11] In una storia della Passione, che in versi tedeschi compose Giovanni Rothe (1370-1434), si dice che il corpo di Pilato fu prima gettato nel Rodano, poi sepolto presso Losanna, poi gettato in uno stagno sulla cima di un alto monte, a due o tre miglia da Costanza, presso il Reno, nel territorio del duca d'Austria. Vedi lo scritto testè citato del Herschel (coll. 366-9), il quale afferma, senza nessuna ragione, che il monte di cui qui si discorre è quello presso Lucerna, e che il Rothe accennò a Costanza solo perchè non conosceva bene i luoghi. Certo la leggenda si legò a più e diversi luoghi e monti. Il prof. Carlo Salvioni mi assicura che, secondo una leggenda del Canton Ticino, l'anima di Pilato sarebbe confinata in un laghetto suscitator di tempeste, nella Val Bavona, poco lungi da Locarno.

[12] Ap. TISCHENDORF, *Op. cit.*, p. 462.

[13] *Roma nella memoria*, ecc., vol. I, pp. 346, 381. Nota il Torraca, nello scritto citato, che l'antica Ameria è oggi Amelia, dove un palazzo è tuttavia detto dal popolo *palazzo di Pilato*.

[14] MASSMANN, *Op. cit.*, vol. III, pp. 605-6. In una delle redazioni della *Vengeance de Vespasien*, si dice che Pilato fu inghiottito in Roma da una voragine che gli si aprì sotto ai piedi. Ms. L, II, 14 della Nazionale di Torino, f. 102 r.

[15] *De montibus, sylvis, fontibus*, etc. Dopo il Boccaccio il lago Scaffajolo fu ricordato da molti: v. DE STEFANI, *I laghi dell'Appennino settentrionale, Bollettino del Club Alpino italiano*, anno 1883, pp. 100-2. Per altri laghi simili vedi SIMONE MAJOLO, *Dies caniculares*, Roma, 1597, p. 580; ATANASIO KIRCHER, *Mundus subterraneus*, Amsterdam, 1678, l. V, cap. 6; GIAN GIACOMO SCHEUCHZER, *Itinera per Helvetiae alpinas regiones*, Lugduni Batavorum, 1723, pp. 92-3; ANTONIO MATANI, *Delle produzioni naturali del terri-*

torio pistojese, Pistoja, 1762, p. 99; Grimm, *Deutsche Mythologie*, 4ª ediz., Berlino, 1875-78, vol. I, p. 496; Liebrecht, *Des Gervasius von Tilbury Otia imperialia*, Hannover, 1856, pp. 146-9.

[16] Vedi Reumont, *Il Monte di Venere in Italia*, nei *Saggi di storia e letteratura*, Firenze, 1882, pp. 378-94.

[17] L. XIV, c. 30.

[18] Nella stampa, che io ho tra mani, si legge con manifesto errore *Noricam*. Non è improbabile che il Bersuire abbia scritto *Norciam*, in luogo di *Nursiam*, agevolando così lo scambio.

[19] " Exemplum terribile esse circa Nursiam Italiae civitatem audivi pro vero et pro centies experto narrari a quodam praelato summe inter alios fide digno. Dicebat enim inter montes isti civitati proximos esse lacum ab antiquis daemonibus consecratum et ab ipsis sensibiliter inhabitatum, ad quem nullus hodie praeter necromanticos potest accedere, quin a daemonibus rapiatur. Igitur circa terminos lacus facti sunt muri qui a custodibus servantur, ne necromantici pro libris suis consecrandis daemonibus illuc accedere permittantur. Est ergo istud ibi summe terribile, quia civitas illa omni anno unum hominem vivum pro tributo infra ambitum murorum iuxta lacum ad daemones mittit, qui statim visibiliter illum hominem lacerant et consumunt, quod (ut ajunt) nisi civitas faceret, patria tempestatibus deperiret. Civitas ergo annuatim aliquem sceleratum eligit, et pro tributo illuc daemonibus mittit. Istud autem quia alicubi non legi, nullatenus crederem, nisi a tanto episcopo firmiter asseri audivissem. „

[20] Decis. III, LXXVI nella citata edizione del Liebrecht, dov'è pure da vedere la nota a pp. 137-40.

[21] Vedi tutto il libro V.

[22] Runge, *Pilatus und St. Dominik*, Zurigo, 1859, estratto dal vol. XII delle *Mittheilungen der antiquarischen Gesellschaft in Zürich*, p. 6.

[23] " Et certum est, quod quandocumque aliquis homo aliquid quantumcumque parvum mittit in paludem, tunc incontinenti fiunt tempestates, grandines, fulgura et tonitrua. Ideo sunt homines custodes constituti, qui tempore estatis custodiunt, ne aliquis advena ascendat. „

[24] " Dicitur autem quod iuxta Nursiam est quidam mons in quo est lacus qui dicitur Pilati, quia opinio est quasi multorum, illuc corpus eius fuisse a dyabolis per tauros in vehiculo deportatum. Ad hunc locum veniunt homines diabolici de propinquis et remotis partibus, et faciunt ibi aras cum tribus circulis, et ponentes se cum oblatione in tertio circulo, vocant demonem nomine quem volunt, legendo librum consecrandum a dyabulo. Qui veniens cum magno strepitu et clamore dicit: Cur me queris? Respondet: Volo hunc librum consecrare, idest volo ut tenearis facere omnia que in ipso scripta sunt quoties te invocavero, et pro labore tuo dabo animam meam. Et sic firmato pacto accipit librum dyabolus, et designat in eo quosdam characteres, et deinceps legendo librum dyabolus promptus est ad omnia mala faciendum. Ecce qualiter captivantur illi miseri et dampnati homines. Semel accidit quod quidam, dum vellet modo predicto consecrare librum, stans in circulo ibi ordinato, vocavit quendam demonem, cui datum responsum ibi non adesse, sed ivisse ad civitatem Asculi, ut multos perire faciat gladio de exulibus simul et civibus qui tenent statum, hoc peracto revertitur statim et faciet quod postulas. Admiratus ille de tali responso, accepit iter versus Asculum, ut cognoscat tante rei veritatem, et pervenit ad locum fratrum minorum, ubi tunc manebat sanctissimus frater Savinus de Campello, quo cum pervenisset, exposuit per ordinem omnia gesta, et invenit quod nocte precedenti de exulibus xxx fuerunt suspensi in platea, et de interfectis gladio ex utraque parte strages magna fuit in civitate. Hoc quidem comperto, statuit firmiter superdictus vir... dimittere artem magicam et incantationum, considerans magnam esse artem in dyabulo ad animas capiendas atque perdendas. Hoc retulit supradictus sanctus vir frater Savinus cuidam fratri nostro officio predicatori. „ — Debbo comunicazione di questo testo alla cortesia di Michele Faloci Pulignani, che lo trasse da un manoscritto del secolo XV, contenente prediche di fra Bernardino, e conservato sotto la segnatura AH, II, 10 nella Comunale di Foligno.

[25] KERVYN DE LETTENHOVE, *La dernière Sibylle*, nei *Bulletins de l'Académie royale de Belgique, Lettres*, anno 1862, pp. 64-74, citato dal REUMONT, che riporta in succinto il racconto, *Op. cit.*, pp. 387-9.

²⁶ *Die Pilgerfahrt des Ritters* ARNOLD VON HARFF, *herausgegeben von* Dr. E. von Groote, Colonia, 1860, pp. 37-8, e REUMONT, *Op. cit.,* pp. 390-2.

²⁷ Terzadecima Regione, Marca Anconitana. Cito dall'edizione di Venezia, 1596, f. 273 r. e v.

²⁸ Intorno al Razzano (latinamente *Ransanus*) vedi QUÉTIF et ECHARD, *Scriptores ordinis praedicatorum,* t. I, pp. 876-8. L'Alberti attinge sovente dalle opere storiche e geografiche di lui. BENVENUTO CELLINI racconta nella *Vita,* l. I, LXV, che un prete siciliano, necromante, con cui ebbe una strana e ridicola avventura nel Colosseo, gli disse che il luogo più a proposito per la consacrazione dei libri magici era nelle montagne di Norcia. Benvenuto era deliberato d'andarvi e farne esperimento, come prima avesse finite certe medaglie per il papa, intorno alle quali lavorava ; ma poi seguì caso che lo svolse da quel pensiero. Nemmen egli fa cenno di Pilato.

²⁹ " In Piceno ad latus Montis Victoris, quo in Orientem spectat, lacus invenitur fama nobilitatus ; Nursinum dicunt. In eo cacodaemones innatare vulgus imperitum dictitat : quoniam aquae perpetuis motibus salire, et vicissim subsidere cernuntur, equidem non sine ingenti illorum admiratione, qui caussam ignorant. " *Cosmographia generalis,* Amsterdam, 1621, p. 579. Il Merula non è fra gli scrittori citati dal Reumont, che parlarono dell'antro della Sibilla presso Norcia. Reco qui le sue parole, quali si leggono a pag. 387, sebbene differiscano poco da quelle che l'Alberti scrive intorno lo stesso argomento. " Est et alius Sibyllae specus in Piceno, haud procul Castello D. Mariae Gallicanae, in Apennino, immanis sane et horribilis. De eo vulgi sermo est aut verius insulsa et putida fabula : hac ad Sibyllam patere aditum ; quae regnum intus luculentum atque spaciosum possideat, magnificis aedibus et basilicis plenum, in quibus innumerae gentes versentur, oblectationibus veneriis inter choros puellarum lascivientium, et per ea iucundissima tecta et amoenissimos hortos diffluentes ; id vero interdium tantum accidere, noctu enim viros mulieresque pariter atque una Sibyllam ipsam in terribiles mutari dracones, simulque cum teterrimis illis belluis primum opere venerio congredi iis necesse esse, qui intra admitti cupiunt ; nec ante annum exactum quemquam

contra voluntatem retineri, nisi quod unum omnino quotannis, ex numero, qui tunc recepti fuerunt, manere oporteat. Ad hanc porro auram inde reversis tantas Sibyllam praerogativas elargiri, ut felicissimo deinceps toto vitae cursu utantur „. Qualche altro scrittore che fa menzione dell'antro della Sibilla ricorda il Torraca nello scritto citato.

[30] *Scelta di poesie italiane non mai per l'addietro stampate de' più nobili autori del nostro secolo*, Venezia, 1686, pp. 67-72.

[31] Vol. IV, art. 5; vol. XCVII, art. 17. Non ne è cenno neanche nel raro e curioso libro di H. KORNMANN, *De Monte Veneris, d. i. die wunderbare und eigentliche Beschreibung der alten heidnischen und neuen Scribenten Meynung von der Göttin Venus, ihrem Ursprunge, Verehrung und königlichen Wohnung mit deren Gesellschaft, wie auch von der Wasser-, Erde-, Luft- und Feuer-Menschen*, Francoforte, 1614.

[32] Il Witte nota a proposito dei famosi versi del IV del *Purgatorio*, ove Manfredi narra la sorte toccata al proprio corpo. " Oberhalb der Stelle, wo Tronto und Verde sich vereinigen, bei Arquata im Gränzegebirge gegen Norcia liegt ein übelberüchtigter See, bei dem der Volksglaube den Eingang zur Hölle zeigt „. *Dante Alighieri's Göttliche Komödie*, Berlino, 1865, p. 593. Da una lettera, con cui il prof. Vincenzo Ghinassi del R. Liceo di Spoleto gentilmente rispondeva ad alcune mie domande, rilevo che un picciolo stagno presso Norcia serba ancora il nome di Lago di Pilato, ma che tra il popolo s'è perduto il ricordo della leggenda antica, e che a spiegar quel nome un'altra immaginazione si produsse, assai poco acconcia, a dir vero. " Quando accadde in Giudea „ così il prof. Ghinassi, " il grande avvenimento della crocifissione di Cristo, i montanari che passavano per quel luogo vedevano deserta la grotta della Sibilla, l'acqua del lago rosseggiante come per sangue, ed inoltre intorno al laghetto, da allora in poi, germogliò una pianticella, le cui foglie hanno sembianza di due mani riunite per il dosso, laonde la fantasia del volgo vede raffigurate in esse le mani del Redentore, congiunte insieme e perforate dai chiodi, argomentando ciò da un segno che si scorge nel mezzo di tali foglie. La fuga della Sibilla, il fenomeno delle acque del lago e della circostante vegetazione,

avendo impressionato l'animo degli abitanti della montagna, questi battezzarono il detto lago col nome di Pilato, che fece eseguire la sentenza di morte contro il Nazareno. Ecco quanto confusamente, ed in varii modi, si narra per le montagne di Norcia, ed a questo si aggiunge ancora che i vecchi montanari affermano di vedere qualche volta dei pesci di forme stranissime notare nelle acque del famoso laghetto „. Questi pesci pajono essere una reminiscenza affievolita degli antichi demonii. Così le immaginose e paurose leggende di altri tempi si vanno scolorando, attenuando e perdendo anche tra i volghi, e nelle più recondite vallate, loro ultimo asilo.

FU SUPERSTIZIOSO IL BOCCACCIO?

FU SUPERSTIZIOSO IL BOCCACCIO?

I.

Gustavo Körting, parlando, in un suo libro assai noto agli studiosi della letteratura italiana, del sapere del Boccaccio e di quello che si potrebbe chiamare l'indirizzo della mente di lui, notate alcune false opinioni e alcune irragionevoli credenze che si trovan qua e là ne' suoi scritti, non dubita di affermare che, generalmente parlando, il Certaldese, per quanto s'appartiene alla superstizione e alla credenza nel meraviglioso, è, pressochè in tutto, un uomo de' tempi suoi, mentre il Petrarca è anche per questo, come per altri rispetti, quasi un uomo dei tempi nostri [1].

Un sì fatto giudizio parrà, non solamente eccessivo, ma a dirittura falso a molti, che, leggendo più propriamente il *Decamerone*, avran creduto di riconoscere nell'autore di esso uno spirito disinvolto e spregiudicato, amabilmente scettico e beffardo, niente devoto della tradizione, poco rispettoso dell'autorità, aperto assai più alle impressioni della vita reale, di cui fu dipintore insuperato, che non ai sogni della leggenda e alle ubbie di una fede superstiziosa. Dire che il Boccaccio è, pressochè in tutto, un uomo de' tempi suoi, quanto a credulità e gusto del meraviglioso, gli è come dire ch'egli sta quasi alla pari con Gervasio da Tilbury, con Cesario di Heisterbach, col

troppo famoso Elinando. La conseguenza a cui si giunge
è manifestamente mostruosa. Altri recarono del Boccaccio
ben altro giudizio, un giudizio, se non iscevro di esage-
razione, assai più giusto sotto ogni rispetto. Col Boccaccio
il Settembrini fa principiare un'era nuova, *il terrore ces-
sato*, *cominciato il riso e lo scetticismo* [2]; col Boccaccio
fa principiare un nuovo mondo il De Sanctis [3]; vanto che
non gli si potrebbe in nessun modo concedere se, in fatto
di credulità e d'inclinazione al meraviglioso, egli fosse in
tutto ancora, o quasi in tutto, un uomo del medio evo.
Parlando del libro *De montibus*, *fluminibus*, ecc., il
Landau riconosce che, quanto a spirito critico, il Boccaccio vince i suoi contemporanei [4]; e l'Hortis, il più profondo conoscitore e l'illustrator più felice delle opere latine
del Certaldese, giustamente osserva [5]; « Il Boccaccio fu
spesso accusato di ripetere di molte fole;... se non che
sarebbe gran torto non avvertire che la massima parte
delle favole deriva dagli antichi da lui copiati, e che il
Boccaccio ripete bensì mille favole, ma per questo e' non
le crede. Quando scrive che agli antichi non osa contrad-
dire e crede più a loro che agli occhi propri, e' non va
creduto sulla parola. Quando questi antichi narrano un
che d'inverosimile, il Boccaccio li trascrive fedelmente,
però vi aggiunge, « ma ciò non cred'io, » « ciò mi sembra
impossibile, » « questa è a mio giudizio una favola, »
oppure osserva arditamente: « cotesto io lo stimo ridicolo! »

Noi udiamo ora un tutt'altro linguaggio. Quale dei
giudici ha ragione? L'argomento non è senza curiosità e
senza importanza, e merita, parmi, che se ne discorra
un poco.

Vediamo anzi tutto quali sono le prove su cui il Körting fonda la sua accusa. Eccole, nell'ordine stesso con
cui egli le reca. Il Boccaccio credeva nei sogni [6]; il Boccaccio credeva che i moribondi potessero esser fatti par-

tecipi dello spirito profetico[7]; il Boccaccio credeva nel-
l'astrologia [8]; il Boccaccio credeva che lo strabismo fosse
indizio di anima perversa [9]; il Boccaccio credeva che nelle
evocazioni dei morti comparissero, non già questi, ma
diavoli[10]; il Boccaccio credeva che Enea fosse veramente
sceso all'Inferno, e che Virgilio avesse costruito ogni
specie d'ingegni magici[11]. Qui c'è luogo a parecchie osservazioni. Anzi tutto giustizia vorrebbe che, enumerate le
cose cui il Boccaccio erroneamente credeva, si ricordas-
sero quelle cui molto saviamente il Boccaccio non dava
fede, e quelle ancora di cui dubitava prudentemente. La
lista loro riuscirebbe assai lunga a volerla fare compiuta.
Così il Boccaccio non credeva (e il Körting stesso lo avverte)
che certe subite infermità, e certe morti improvvise, avve-
nissero per opera del demonio, come era opinione dei *meno
sani* (son sue parole); ma a tali fenomeni assegnava cause
in tutto naturali [12]. Il Boccaccio chiama a dirittura ridicola la credenza secondo cui la gramigna nascerebbe dal
sangue dell'uomo [13]. Il Boccaccio stima una favola ciò
che di quell'arche sepolcrali ricordate da Dante, le quali
presso ad Arles facevano *il loco varo*, dicevano quei del
paese, cioè che fossero opera divina [14]. Il Boccaccio non
crede che il re Artù sia sopravvissuto alle sue ferite, e
debba tornare, secondo l'opinione dei Brettoni; ma dice
che morì e fu sepolto segretamente [15]. E notisi che questa
opinione, non al tutto spenta in Iscozia, nemmen oggi,
fu tanto diffusa ed ebbe già tanta forza, che, secondo
afferma uno scrittore spagnuolo, Filippo II, nel dar la
mano a Maria d'Inghilterra, dovette far solenne giura-
mento di rinunziare al diritto acquistato sopra quel regno
nel caso che il re Artù facesse ritorno. Il Boccaccio non
diede fede alle accuse mosse ai Templari, tra le quali
non era ultima l'imputazione di magia. In nessun luogo
delle sue opere il Boccaccio mostra d'aver creduto ai mi-

racoli dell'alchimia. Parlando di Giuliano l'Apostata nel l. VII del *De casibus virorum illustrium*, fa pure ricordo delle arti magiche esercitate da quell'imperatore, *secondo piace ad alcuni;* ma non dice di credere egli ciò che quegli alcuni credevano. Parlando del lago d'Averno nel libro *De montibus, silvis,* ecc., dice *dagli ignoranti* essere stato anticamente creduto si potesse andare per esso ai regni infernali; ma non fa motto, nè degli uccelli negri che, secondo San Pier Damiano e Vincenzo Bellovacense, vi aleggiavano intorno dal vespero del sabato all'alba del lunedì, e non erano se non anime dannate; nè delle ingenti porte di bronzo, infrante da Cristo, che, a detta del veracissimo Gervasio da Tilbury, ci si vedevano in fondo. Discorrendo, nel già citato libro *De montibus,* delle fonti, ripete, gli è vero, parecchie favole spacciate già dagli antichi; ma queste parecchie son pur poche in confronto di quelle infinite che si leggono in altri e molti consimili trattati del medio evo.

Oltre a ciò se il Boccaccio crede a certe cose, non per questo si deve sempre dargliene carico, o si deve dargliene solo con certa misura, avuto riguardo alla qualità delle credenze, o al modo tenuto dallo scrittore nel farle palesi, o anche alle condizioni generali del sapere e della coltura ai tempi suoi; e quelle che hanno più particolarmente carattere di errori scientifici non debbono dare argomento a taccia di superstizione, essendo l'errore scientifico e la superstizione due cose troppo diverse fra loro.

Se il Boccaccio crede che lo strabismo sia indizio di animo malvagio, noi non lo accuseremo per questo di partecipare ad un error popolare, dopochè si son veduti criminalisti e psichiatri riconoscere in questa e in molte altre deformità un indizio (non una prova certa) d'imperfezione morale e di predisposizione a delinquere; onde viene a trovar conferma l'antico adagio latino: *cave a signatis.*

Narrata nel l. II, del *De casibus* la storia di Astiage, il Boccaccio soggiunge alcune considerazioni sui sogni e afferma, provandolo con altri esempii, che per essi l'uomo può avere cognizione dell' avvenire; ma attenua poi di molto egli stesso il valore delle sue parole, avvertendo che non sempre si vuole ai sogni dar fede. Un cristiano difficilmente poteva andar più in là, perchè la veracità di certi sogni è solennemente attestata dalla Scrittura, e di sogni profetici sono piene le vite dei santi. Il Boccaccio non fu in ciò più credulo di Dante, del Petrarca, o di chi, come il Cardano, sulla interpretazione dei sogni scriveva ancora in pieno Rinascimento.

Quanto all'astrologia la questione è un po' più complicata. Il Boccaccio non nega gl' influssi degli astri, ma dice che di questi influssi l'uomo non può aver cognizione, e così dicendo nega la scienza astrologica, e riconosce per vani e per illusorii i pronostici degli astrologi [16]. Inoltre, sebbene in ciò qualche volta si contraddica, pure afferma che gli astri nulla possono sugli animi umani, e che la libertà dell' arbitrio non ne rimane in modo alcuno menomata. Anzichè biasimo, noi dovremmo dar lode al Boccaccio d'aver tenuto una opinione così misurata e prudente in un tempo in cui la credenza comune dava agl' influssi celesti qualità d'irresistibili e di fatali, e un Cecco d'Ascoli (in ciò non primo nè ultimo) assoggettava al corso degli astri la vita dello stesso Cristo, e i principi d'Italia e le stesse città libere tenevano ai loro stipendii astrologi, con gli avvertimenti de' quali si governavano. In certo suo sonetto Cino da Pistoja pregava Cecco di scrutare ne' cieli e di dirgli quali stelle egli s'avesse favorevoli e quali contrarie, soggiungendo:

E so da tal giudizio non s'appella.

La dottrina professata da Dante quanto agl' influssi

celesti non è per nulla disforme da quella seguìta dal
Boccaccio [17], e con questo si accorda anche Giovanni Villani, il quale, del rimanente, si mostra assai più proclive
al meraviglioso e più credulo. Certo, il Petrarca mostrò
maggiore risolutezza nel bandire la fallacia dell'astrologia e nel combattere gli astrologi; ma bisogna anche
dire che le ragioni di cui egli si giova sono assai più
religiose che scientifiche [18]. Del resto, quando pure il Boccaccio avesse avuto nell'astrologia assai più fede che veramente non ebbe, non sarebbe questo un buon argomento
per aggravargli addosso l'accusa d'essere troppo impigliato
nella superstizione del medio evo, giacchè l'astrologia
fiorì assai più dopo il Rinascimento che non prima, ed
è superstizione intimamente legata con l'umanesimo, come
non poche altre rinovellate allora dall'antichità [19]. Certo,
nessuno vorrà accusare di tendenze e d'idee medievali
uomini come il Pontano e il Campanella, e pure il Pontano e il Campanella furono partigiani convinti dell'a-
strologia. Il primo che l'abbia combattuta con altri argomenti che non sieno i religiosi e i morali, fu Pico della
Mirandola.

Di alcune altre credenze superstiziose il Boccaccio non
dev'essere troppo severamente ripreso, perchè assai difficilmente si sarebbero potute allora, e assai difficilmente
si potrebbero anche oggidì, staccare in tutto dalla credenza religiosa: così di quella che concerne le apparizioni
degli spiriti maligni. Veggasi, in fatto di apparizioni,
quali fanfaluche potesse spacciare in pieno Rinascimento
un umanista come Alessandro Alessandri, in quella imitazione delle *Notti attiche* di Aulo Gellio da lui intitolata *Dies geniales*.

Ma c'è ben altro da dire.

Da che libri deriva il Körting le prove della credulità e della superstizione del Boccaccio? L'abbiam veduto:

dalla *Genealogia degli Dei*, dai *Casi degli uomini illustri*, dal *Comento* a Dante. Or che libri son questi? Son libri di conto per molti rispetti, libri su cui riposa in gran parte la riputazione del Boccaccio come umanista e come erudito, ma libri che hanno, quanto all'argomento di cui si discorre, sia lecito dirlo, un vizio comune e non piccolo, quello cioè di essere, in tutto o in parte, frutti piuttosto tardi dell'ingegno dello scrittore, di appartenere più o meno all'età decadente di lui. La *Genealogia degli Dei*, sebbene cominciata negli anni giovanili, non uscì dalle mani del suo autore prima del 1373, due soli anni innanzi alla morte. La interpretazione naturale che in questo suo trattato il Boccaccio dà di molti miti dell'antichità classica fa testimonio di una mente tutt'altro che inviluppata negli abiti intellettuali del medio evo, e può ancora porgere occasione di meraviglia a noi, tanto più addentro di lui nei misteri della mitologia; ma nessuno è in grado di dire che cosa, nel corso del lungo lavoro, egli abbia aggiunto o tolto all'opera sua. Così ancora non prima di quello stesso anno 1373 uscì in pubblico il libro dei *Casi degli uomini illustri*. Quanto al *Comento*, esso fu in quell'anno medesimo cominciato, e il Boccaccio, soprappreso da gravissima infermità, e poi dalla morte, non potè condurlo a termine. Il libro dei *Casi* dunque, il *Comento*, e, in parte almeno, anche la *Genealogia*, sono opere senili del Boccaccio, e questa loro qualità dà più che sufficiente ragione di certi caratteri e di certe tendenze che si notano in esse.

La vecchiezza, tutti lo sanno, è assai più inclinata alla superstizione che non la gioventù. Il sentimento della decadenza crescente, la preoccupazione angustiosa di una prossima fine, il sospetto d'insidie celate e di subiti danni, a cui non può fare più schermo l'affievolita natura, lo sfiacchimento della mente, che di signora ridiventa serva, lo stesso arcano della morte che come più incombe più riempie l'animo di meraviglia paurosa, dispongono e quasi forzano a una inclinazione così fatta. Nel detto: *aniles fabulae*, non è senza grande ragion quell'epiteto. Ed è noto ancora come risorgano irresistibili nel vecchio i sogni e le ubbie onde fu malamente nutrita la mente del fanciullo.

Il Boccaccio ebbe anticipata vecchiezza. I primi segni di scadimento fisico erano già apparsi, quando, a provocare ne' pensieri e nella vita di lui un totale rivolgimento, ecco capitargli addosso il certosino Gioachino Ciani con quella diavoleria delle visioni e delle minacce del santo frate Pietro de' Petroni. Io non ho bisogno di ripetere questa storia notissima, alla quale, non so perchè, si vuole da taluno scemare importanza. Quanto il Boccaccio ne rimanesse sbigottito, e come, ravveduto, si proponesse di fare ammenda de'suoi trascorsi, è noto del pari. Egli rinnegò i frutti migliori del suo ingegno; egli detestò l'opera maggiore, per cui il nome suo vive e vivrà perpetuo nella memoria degli uomini; e ci volle tutta l'autorità del Petrarca per impedirgli di vendere i libri con tanto amore e con tante fatiche raccolti, rinunziare a ogni studio, darsi all'anima interamente. L'infelice avvenimento non ringiovanì certo il Boccaccio, anzi confermò in lui la già sopravvenuta vecchiezza. E che questa vecchiezza non fosse nemmen prima solamente fisica, ma dovesse, in parte, essere anche morale, lo prova il fatto stesso; giacchè il Boccaccio, grandissimo beffatore di frati, e canzonatore di loro miracoli, si sarebbe dato assai poco pensiero dei sogni di fra Pietro e delle prediche di fra Gioachino, se fosse durata in lui la giovanile baldanza e vivezza del pensiero, l'antico vigore della ragione, e la secura indipendenza del giudizio. Dicono che irreligioso e miscredente il Boccaccio non sia mai stato, e ne recano le prove. Io non lo nego;

sebbene si vorrebbe vedere quanto le prove valgano, e quanto addentro ci mettano nella coscienza del nostro autore: ad ogni modo gli è certo che la fede non gli diede mai briga soverchia negli anni della gioventù e della virilità più rigogliosa.

La visita di fra Gioachino dovette produrre un doppio effetto nell'animo del Boccaccio; rinfocolarvi la fede non ben calda, ed eccitarvi il senso del meraviglioso rimasto insino allora sopito. Dando fede al racconto mirabile del frate, il Boccaccio veniva a mettere il piede sopra la via maestra della superstizione e della credulità, via sulla quale un passo tira l'altro, e ad ogni passo si perde un tanto di spirito critico e di libertà di giudizio. Se, per esempio, egli credeva alla veracità dei sogni, questa sua credenza doveva farsi più certa che mai. Se aveva opinione che i moribondi vedessero le cose avvenire, questa opinione doveva levarsi in lui al disopra di ogni dubbio. Pentito d'avere speso le forze dell'ingegno in opere che ora gli pajono riprovevoli, il Boccaccio rifugge dal libero esercizio del suo pensiero, e si dà a lavori di compilazione e di erudizione, nei quali la sua mente è come infrenata dal soggetto, si fa recettiva delle opinioni altrui, e perde a poco a poco l'abito e il gusto della critica. La condizione di spirito, in cui egli per tal modo si ridusse, ebbe necessariamente ad aggravarsi quando l'infermità prese a travagliare l'organismo già affaticato. Nella state del 1372, o in quel torno, il Boccaccio potè credersi in fin di vita. Nella lettera che scrisse allora all'amicissimo suo Maghinardo de' Cavalcanti, lettera tutta inspirata a sensi di profondo sconforto, egli, detto de' mali fisici che lo affliggevano, non tace i morali: avversione per lo studio, odio pei libri, indebolimento delle facoltà mentali, perdita della memoria. Il pensare gli si era fatto difficile, e tutti i suoi pensieri erano rivolti alla morte e al sepolcro [20]. In quel tempo appunto egli adoperava lo stremo delle sue forze intorno al laborioso *Comento:* non doveva lo studio del *poema sacro,* la cui azione si svolge tutta nei regni del soprannaturale, inclinar più sempre l'animo angosciato del comentatore verso il meraviglioso, ottundere in esso il senso del reale, farlo vago di quanto trascende l'esperienza, o vince la ragione? Nel *Comento,* più che in altra scrittura del Boccaccio, occorrono frequenti segni di credenza superstiziosa; ma e' non poteva essere diversamente. Noi non dobbiamo già meravigliarci e scandalizzarci di alcune non gravi superstizioni penetrate negli scritti senili del novellatore pentito e turbato; bensì dobbiamo meravigliarci che il numero loro non sia molto maggiore, e molto più trista la lor qualità.

Ma perchè giudicare superstizioso il Boccaccio sulla testimonianza de' suoi scritti senili? Perchè, ravvisato, o creduto ravvisare certo aspetto del vecchio, dire : tale fu l'uomo? Perchè non cercare piuttosto i documenti del suo pensiero e della sua credenza nelle opere da lui composte nel tempo migliore? Perchè non rintracciarle, sopra tutto, in quell'immortale *Decamerone,* in cui il poeta mise la miglior parte di sè, e che in ogni sua pagina attesta il vigore degli anni e dell'intelletto? Ponetevi a questo studio, e vedete come si giunga a tutt'altra conclusione e a tutt'altro giudizio.

II.

Io non dirò col De Sanctis che il *Decamerone sia una catastrofe, o una rivoluzione, che da un dì all'altro ti presenta il mondo mutato* [21]. Non lo dirò, perchè non credo a queste catastrofi letterarie più che dagli scienziati non si creda alle catastrofi geologiche; perchè ho ferma fede che la legge di evoluzione, la quale governa le cose tutte che vivono, e quelle ancora che non vivono, non patisce eccezione; perchè ho per sicuro che se un libro può molto nel rifare uomini e cose, il mondo è già profondamente mutato quando appare il libro che porge, come dipinta in un quadro, la mutazione. Quando si dice *fonti del Decamerone*, s'intende parlare dei luoghi d'onde provengono, per via più o meno lunga, i temi delle novelle raccontate nel libro; ma nel libro non ci sono le novelle soltanto; ci è anche un complesso d'idee, di sentimenti e di giudizii, un modo di considerar la vita, un indirizzo generale di mente, che pajono essere in tutto il fatto dell'autore, e che fatto suo non sono se non in parte. Anche di queste cose ci sono le fonti; ma non è così agevole dire quali e dove sieno, come non è agevole indicare la fonte di un fiume che nasca d'infiniti rivoli, di scaturigini sparse e recondite. Le fonti sono nel pensiero, ancora malamente determinato, di una età tutta intera; il che è tanto vero, che quando poi il libro è nato, nel quale un nuovo pensiero si affaccia in forme vigorose e scolpite, gli uomini di quella età lo riconoscono per cosa loro e si compiacciono in esso. Dico ciò perchè non voglio presentare il Boccaccio come un eroe del libero e spregiudicato pensare, nato di sovrumani connubii, e perchè, con affermare che il suo modo di sentire e di giudicare ha pur le sue ragioni nel pensiero de' tempi, non credo di fargli maggior torto di quello si faccia a un bell'albero rigoglioso con dire che esso si nutre degli elementi della terra in cui figge le radici, e degli elementi dell'aria in cui distende i rami e le foglie. Del resto, io non ho qui a parlare del *Decamerone* in quanto ha significazione storica generale, ma ho da parlarne solo in quanto porge documento dell'animo del suo autore rispetto alla credenza superstiziosa. E il documento, a mio credere, non potrebbe essere nè più esplicito, nè più favorevole.

Incominciamo dalla Introduzione.

Nella Introduzione, com'è noto, il Boccaccio descrive la spaventosa peste del 1348, uno dei più tremendi flagelli che la storia umana ricordi, perchè si calcola che nel giro che fece per l'Europa uccidesse non meno di 25,000,000 di persone. Quale occasione migliore di questa per lasciarsi trascinare dalla fantasia e dare un tonfo nel meraviglioso e nel soprannaturale più sformato? Ma mentre qua e là per l'Europa le menti eccitate dalla paura si smarrivano in mille strane immaginazioni [22], sino a credere la moria opera dei demonii, il Boccaccio, serbando la serenità del giudizio, non dice altro, se non che essa sopravvenne *per operazion de' corpi superiori*, o per l'ira di Dio, a correzione della iniquità umana. Qui, senza dubbio, la superstizione fa capolino; ma il poco che se ne mostra è proprio un nulla in confronto di ciò che hassi altrove; e toccato appena delle cause, il Boccaccio passa a fare quella magistral descrizione degli effetti fisici e morali del morbo, la quale tutti conoscono, e che rivela qualità di osservatore eminenti. In certo luogo accenna a *diverse paure ed immaginazioni* che nascevano negli animi conturbati, ma non dice quali fossero. Nel *Comento* invece ne ricorda una con le seguenti parole [23]: « E se io ho il vero inteso, perciocchè in quei tempi io non ci era, io odo, che in questa città (*Firenze*) avvenne a molti nell'anno pestifero del MCCCXLVIII, che essendo soprappresi gli uomini dalla peste, e vicini alla morte, ne furon più e più, li quali de' loro amici, chi uno e chi due, e chi più ne chiamò, dicendo: vienne tale e tale; de' quali chiamati e nominati, assai, secondo l'ordine tenuto dal chiamatore, s'eran morti, e andatine appresso al chiamatore ». Il *Comento* fu scritto vent'anni dopo l'Introduzione e il Boccaccio, pur lasciandosi andare a raccontare il miracolo, non nasconde un certo dubbio che gli si leva nell'animo. Vent'anni innanzi egli non lo aveva creduto meritevole di ricordo; e in fatto, come avrebbe potuto pensare altrimente chi, accingendosi a narrare cosa tutt'altro che soprannaturale ed incredibile, qual è quella dell'appiccarsi del contagio agli animali, non pare che sappia scusarsi abbastanza, ed esce in queste precise parole che si leggono nella Introduzione: « Maravigliosa cosa è ad udire quello che io debbo dire: il che, se dagli occhi di molti e da' miei non fosse stato veduto, appena che io ardissi di crederlo, non che di scriverlo, quantunque da fededegno udito l'avessi »? Certo, chi andava così peritoso in riferir cosa, insolita, se vuolsi, ma al tutto naturale, non doveva essere troppo disposto a raccoglier leggende e a dar loro lo spaccio.

La novella 1ª della I giornata ha per noi molta importanza. In essa il Boccaccio racconta assai piacevolmente la storia di quel Ser Ciappelletto, che avendone fatte d'ogni risma in vita, muore, in virtù di una falsa confessione, in concetto di santità, e, dopo morto, fa miracoli e dispensa grazie ai suoi molti e creduli devoti. In più altre novelle il Boccaccio si fa beffe della santità bugiarda; ma in questa egli va più oltre, e se non deride a dirittura, mette in mala vista, senza voler parere, e con l'usato suo accorgimento, il culto smodato dei santi, e le pratiche ond'esso è occasione al volgo, pratiche in cui poco o nulla è che s'innalzi sopra la superstizione più grossolana, e biasimate assai volte dagli uomini di fede più illuminata. Nelle letterature del medio evo non mancano altri esempii e documenti di satira contro sì fatto culto. La storia di San Nessuno, *contemporaneo di Dio padre, e in essenza consimile al figlio*, è un'ardita e abbastanza gustosa parodia di quelle prediche fratesche, in cui si celebravano le virtù e i miracoli dei santi patroni [24]. Nella letteratura francese abbiamo Saint Tortu e Saint Harenc, e nell'italiana San Buono. Santa Nafissa, di cui parla il Caro, e narra l'opere benedette l'Aretino in uno de' suoi *ragionamenti*, appartiene al Rinascimento. Ma la novella del Boccaccio tende a scalzare le basi stesse del culto dei santi. Se un solenne gaglioffo può, con una semplicissima gherminella, farsi credere santo, chi ci assicura che molti santi del calendario, onorati in sugli altari, non sieno stati gaglioffi? L'ultima, più solenne e più irrecusabile prova della santità, il miracolo, diventa ingannevole anch'essa, se sul sepolcro d'uno scelerato possono avvenire quegli stessi prodigi che sui sepolcri dei santi uomini. « E se così è, » nota il Boccaccio con fine ironia, « grandissima si può la benignità di Dio cognoscere verso noi, la quale, non al nostro errore, ma alla purità della fede riguardando, così facendo noi nostro mezzano un suo nemico, amico credendolo, ci esaudisce, come se ad uno veramente santo, per mezzano della sua grazia, ricorressimo ». Dunque indifferente la qualità del mezzano; dunque inutile il mezzano stesso, se a muovere la grazia di Dio il buon animo basta, in qualunque modo esso si dia a conoscere; dunque biasimevole questo ricorrere sempre a mezzani di dubbia fede e di credito incerto, quando la misericordia di Dio ha sì gran braccia che, senza bisogno di sollecitazione o di ajuto,

Accoglie ciò che si rivolve a lei;

dunque assurda, antireligiosa, ridicola quella *distribuzione e division di lavoro* fatta tra i santi, con attribuire a ciascuno una particolare cognizione degli umani bisogni, una giurisdizion propria e una personal competenza in fatto di grazie e di miracoli. Le ragioni che, nel medio evo, fecero sorgere e dilatare oltre misura il culto dei santi, in guisa da torre di grado quasi la intera Trinità, con alterazione profonda della idea cristiana, son note anche troppo. Si badi che io intendo parlare più particolarmente della forma che quel culto assunse tra le plebi mezzo barbare. La principale e la più increscevole la porse il desiderio, naturale del resto in animi grossolani, di conseguire con l'ajuto di patroni potenti, senza merito proprio, senza interna dignificazione, senza operosa volontà del bene, benefizii che invano si sarebbero chiesti alla severa ed incorruttibile giustizia di Dio. Il culto dei santi si risolve in una vera e propria clientela, nella quale il devoto è tenuto a prestare certe servitù, e il santo accorda in ricambio protezione ed ajuto. Ognuno può eleggersi il suo particolare patrono, e non v'è così grande scelerato che non possa sperare mercè sua di salvarsi. Per tal modo l'opera del patrono potrà spesso esercitarsi, non solo intempestivamente, ma ancora in aperta contraddizione con la giustizia, colmando di favori chi manco n'è degno. In più di una leggenda si vede la Vergine riscattare dalla morte o dall'Inferno chi, dimentico di ogni legge divina ed umana, non serbò in fondo all'animo efferato altro sentimento irriprovevole che una sterile devozione al nome di lei. In altre si vedono i santi strappare a viva forza dagli artigli dei diavoli le anime dei loro devoti, le quali, non senza giusto decreto del supremo giudice, erano dannate agli eterni castighi. Il culto dei santi, inteso a quel modo, è una grande superstizione cresciuta dentro e sopra al cristianesimo, e noi abbiamo buon argomento per dire che a questa superstizione non partecipò il Boccaccio [25].

A questo medesimo argomento appartiene il culto delle reliquie, e che cosa pensasse di questo culto il Boccaccio si rileva dalla novella 10ª della giornata VI, dove, con vena comica impareggiabile, è narrata la storia di frate Cipolla. A quale e quanta superstizione di credenze e di pratiche, a quale esercizio d'impostura desse occasione

nel medio evo il culto delle reliquie, è noto abbastanza.
I leggendarii, le cronache claustrali, le memorie di chiese
infinite, son piene dei documenti di questa triste istoria.
Il sentimento che si ritrova in fondo a un culto sì fatto
contraddice nel modo più risoluto ai principii essenziali
di quella religione dello spirito che è, o avrebbe dovuto
essere il cristianesimo. Riappare in esso, mal dissimulato,
un feticismo stolto, antica e grossa religione degli uomini,
riappare la credenza nella magia. La reliquia è un amu-
leto o un talismano, il quale, secondo la varietà dei casi,
preserva dai morbi, guarda dalla folgore, difende dai
ladri, partecipa alle armi vittoriosa efficacia, lega i demonii, assecura contro i perigli del mare, e in mille e
mille altri modi protegge, ajuta, salva chi ne è in possesso, e ciò per una sua propria connaturata virtù, la
quale può esercitarsi anche se il possessore sia in tutto
fuori della grazia di Dio. Così ne' vecchi poemi epici francesi si veggono i maledetti Saracini porre ogni opera a
procacciarsi le reliquie tenute più care dai cristiani, e,
avutele, giovarsene contro di questi, in onta a Cristo.
Informe e sconcia superstizione, a più potere favorita e
rinforzata dai frati, che si fecero mercanti di vere o false
reliquie, moltiplicarono le più celebrate, le più stravaganti
inventarono, e spesso con l'ajuto loro procacciarono ai
proprii conventi assai più riputazione di quello avrebbero
potuto fare dando esempio altrui di vita santa e veramente cristiana [26]. Invecchiato, il Boccaccio cedette ancor
egli alla universal frenesia, e si diede a raccoglier reliquie: da giovane egli certamente derise la superstiziosa
credenza, e la sua novella lo prova.

Frate Cipolla, ignorantissimo, ma facile parlatore, e
piacevol compare, andava ogni anno in Valdelsa, come
usano questi frati, *a ricogliere le limosine fatte loro
dagli sciocchi*. A promuovere la carità, un po' infingarda,

di que' buoni terrazzani, egli, una volta, promette di far
veder loro una stupenda reliquia, da lui riportata d'O-
riente, una penna dell'angelo Gabriele, rimasta nella camera di Maria, quando l'angelo venne a farle l'annunzio
divino. Questa è satira mordace, che va più direttamente
a colpire certe reliquie non meno solenni che strane, le
quali si veneravano qua e là nelle maggiori chiese di
Europa, come il latte della Vergine, o la lacrima versata
da Gesù sopra il corpo di San Lazzaro, o un pezzo della
carne arrostita di San Lorenzo, o proprio penne dell'arcangelo Gabriele e dell'arcangelo Michele. E non è se non
il principio; perchè, trovati, per la beffa ordinata da due
giovani sollazzevoli, carboni spenti nella cassetta ove aveva
riposta la penna dell'angelo, la quale non era se non una
penna di pappagallo, il frate, senza smarrirsi, entra in
uno spropositatissimo racconto dei viaggi da lui fatti per
mezzo mondo, e ricorda le reliquie da lui vedute in Gerusalemme, le quali erano: *il dito dello Spirito Santo,
così intero e saldo come fu mai; et il ciuffetto del Se-
rafino che apparve a San Francesco; et una dell'unghie
de' Cherubini; e de' vestimenti della Santa Fè cattolica;
et alquanti de' raggi della stella che apparve a' tre Magi
in Oriente; et una ampolla del sudore di San Michele,
quando combattè col diavolo; e la mascella della morte
di San Lazzaro et altre.* Poi ricorda come nella stessa
città di Gerusalemme avesse in dono da quel santo pa-
triarca *uno de' denti della Santa Croce, et in una am-
polletta alquanto del suono delle campane del tempio di
Salamone, e la penna dello Agnolo Gabriello,* e altro
ancora. In Firenze ebbe poi di quei carboni onde fu arrostito San Lorenzo, e son quegli appunto ch'egli ha nella
cassetta.

Che in parecchie novelle del *Decamerone,* come nella 2ª
della giornata II, nella 1ª della giornata VII, si parla

con molta irriverenza di certe orazioni e della loro efficacia, basta qui ricordar di passaggio; e tale irriverenza
è, non già in ciò che di esse dicono i personaggi introdotti nella novella; ma nella intenzione che l'autor lascia
scorgere, nel riso con cui egli manifestamente accompagna,
e vuole sieno accolte dai lettori, le parole dei superstiziosi e dei creduli. Togliere argomento di riso e di beffa
dalle sciocche credenze del volgo è solo proprio di chi
non partecipa a quelle credenze. Parlando di frate Puccio
nella novella 4ª della giornata III, il Boccaccio dice:
« E per ciò che uomo idiota era e di grossa pasta, diceva
suoi paternostri, andava alle prediche, stava alle messe,
nè mai falliva che alle laude che cantavano i secolari esso
non fosse, e digiunava e disciplinavasi, e bucinavasi che
egli era degli scopatori ». Qui non le orazioni soltanto,
ma tutte quasi le pratiche di devozione son giudicate cose
da *uomini idioti e di grossa pasta*, non altrimenti da
quanto fecero poi più tardi, nel Cinquecento, molti uma-
nisti. Una stolta penitenza, ma non più stolta di molte
inventate dal superstizioso ascetismo, dà occasione a quanto
poi nella novella si viene narrando, e s'intreccia nel modo
più comico, ma più profano ancora, coi fatti tutt' altro
che ascetici ond'essa è pel rimanente intessuta.

Che una mente, quale si è quella che il Boccaccio addimostra in queste novelle non dovesse essere troppo inclina
a credere ai miracoli s'intende facilmente; e sta il fatto
che in tutto il libro non se ne trova uno solo che sia
narrato da senno, ma sempre sono burle e ciurmerie, e
non se ne cava se non argomento di riso. Nella novella 1ª
della giornata II abbiamo un facchino tedesco, alla cui
morte in Treviso, sonarono, *secondo che i Trivigiani affer-*
mano, tutte le campane della chiesa maggiore, senza che
nessun le toccasse. « Il che in luogo di miracolo avendo,
questo Arrigo esser santo dicevano tutti; e concorso tutto

il popolo della città alla casa nella quale il suo corpo
giaceva, quello a guisa d'un corpo santo, nella chiesa
maggiore ne portarono, menando quivi zoppi, et attratti,
e ciechi, et altri di qualunque infermità o difetto impediti, quasi tutti dovessero dal toccamento di questo corpo
divenir sani. » Un Martellino, buffone, si finge attratto
e mostra di guarire sul corpo del santo. Scoperto l'inganno,
il popolo fanatico gli è addosso, e lo concia pel dì delle
feste. Dato in mano al giudice, il malcapitato corre pericolo della forca, finchè il signore della città, udita la
cosa, e fattene *grandissime risa*, ne lo manda sano e salvo,
col dono di una roba per giunta. E il buon sant'Arrigo
si riman con le beffe. Un altro bel miracolo si ha nella
novella 2ª della giornata IV, dove frate Alberto si tras-
forma nell'angelo Gabriele, con quel che segue. Come
lo sciocco Ferondo si muoja, vada in purgatorio, e risu-
sciti per le preghiere del santo abate, si può vedere nella
novella 8ª della giornata IV, dove non solamente, a parer
mio, si deridono le risurrezioni, ma ancora quei fantastici
viaggi nel mondo di là, che con tanta frequenza occorrono
nella letteratura leggendaria del medio evo. Ferondo, domandato di molte cose, « a tutti rispondeva e diceva loro
novelle dell'anime de' parenti loro, e faceva da sè medesimo le più belle favole del mondo de' fatti del purga-
toro, et in pien popolo raccontò la revelazione statagli
fatta per la bocca del Ragnolo Braghiello » [27].

Dalla considerazione delle cose che precedono mi pare
si possa ricavare il seguente giudizio. Il Boccaccio, quando
componeva il *Decamerone*, non sarà stato un miscredente,
ma certo non era un credenzone. Nulla prova che egli
negasse i dogmi fondamentali della fede cristiana; ma
tutto mostra che, di fronte a certe pratiche religiose, di
fronte al miracolo e alle credenze volgari, egli assumeva
un contegno risolutamente scettico e beffardo. Il Boccaccio

non era accessibile allora a nessuna forma di superstizione religiosa, e sotto questo aspetto, sarebbe grande ingiustizia, non solo il dire che egli si manteneva tuttavia, come il Körting dice, al *basso livello del medio evo*, ma il non riconoscere che sopra quel livello si levava di molto.

III.

Oltre le superstizioni di carattere più particolarmente religioso, molte ve ne sono, le quali con la credenza religiosa o non han che vedere, oppure hanno solamente una qualche attinenza lontana. E anche per queste si possono trovare nel *Decamerone* i documenti del pensiero del Boccaccio.

Anzi tutto si vuole avvertire novamente che certe opinioni, sebbene contrarie a verità non. vogliono reputarsi superstiziose, fondandosi esse sopra semplici errori di fatto. Nella novella 7ª della giornata IV si narra come Pasquino e la Simona morissero dopo essersi fregata ai denti una foglia di salvia, e come dell'esser divenuta velenosa la salvia fosse cagione una botta, o specie di rospo, che trovandosi nel cesto della pianta l'aveva col fiato attossicata. Che il rospo fosse velenoso fu credenza comune nel medio evo, derivata dagli antichi. Alessandro Neckam, nel suo libro *De naturis rerum*, Corrado di Megenberg, nel suo *Buch der Natur*, ed altri, dicono che il rospo mangia volentieri la salvia, e comunica spesso il suo veleno alle radici di essa. Checchessia di ciò, al rospo, oltre a parecchie qualità naturali abbastanza strane, non poche se ne attribuivano soprannaturali e diaboliche. Cesario di Heisterbach racconta la meravigliosa storia di un rospo, che ucciso più volte, bruciato e ridotto in cenere, perseguitò senza requie il suo uccisore, finchè potè morderlo e vendicarsi [28]. Nelle pratiche di magia il rospo figura continuamente. Il Boccaccio nella sua novella non accenna se non ad una proprietà naturale.

Che il Boccaccio credesse nei sogni fu già avvertito di sopra, ed è provato ancora dalle novelle 5ᵃ e 6ᵃ della giornata IV, e 7ᵃ della giornata IX. Di questa credenza, la quale non appartiene ad ogni modo alla superstizione più grossolana, non voglio scusarlo; ma è da notare per altro che egli non la séguita senza recarvi qualche restrizione. Cominciando a narrare la novella dell'Andreuola e di Gabriotto, Pamfilo, che esprime qui evidentemente la opinione dell'autore, dice: « ..... molti a ciascun sogno tanta fede prestano, quanta presterieno a quelle cose che vegghiando vedessero ; e per li lor sogni stessi s'attristano e s'allegrano, secondo che per quegli o temono o sperano. Et in contrario son di quelli che niuno ne credono, se non poi che nel premostrato pericolo caduti si veggono. De' quali nè l'uno nè l'altro commendo, per ciò che nè sempre son veri, nè ogni volta falsi ».

Tra le molte credenze superstiziose del medio evo una delle più diffuse e delle più irrazionali fu quella che attribuiva alle pietre preziose svariate virtù soprannaturali. Basta leggere il *Liber lapidum* che va sotto il nome di Marbodo, vescovo di Rennes (morto nel 1123) e gl'innumerevoli *Lapidarii* che ne derivano, per vedere a quali stranezze quella credenza, ereditata del resto in massima parte dagli antichi, potesse giungere. C'erano pietre che rendevano invulnerabili, pietre che assicuravano la vittoria, pietre che componevano le discordie, pietre che davano la sanità, pietre che fugavano i diavoli, pietre che mettevano in grazia di Dio.

Gli è certo cosa strana, e tale da poter offrire argomento a più di una considerazione, il vedere come nella opinione dei superstiziosi le pietre potessero, per virtù propria, operare moltissimi di quegli effetti mirabili a cui le reliquie dei santi erano atte solo per una specie di partecipazione di grazia divina. Che il Boccaccio non prestasse fede alcuna a quelle fole, tuttochè confermate dall'autorità di scrittori di molta riputazione, come Isodoro di Siviglia, Alessandro Neckam, Alberto Magno, Vincenzo Bellovacense, ed altri in gran numero, si può sicuramente argomentare dalla novella 3ᵃ della giornata III. Notisi che quelle fole sono riportate per intiero nel *Poema dell'Intelligenza*, e dal Sacchetti in un suo trattatello *Delle proprietà e virtù delle pietre preziose;* e nel *Novellino* si racconta molto seriamente come il Prete Gianni mandasse a donare all'imperatore Federico II tre preziosissime gemme, delle quali l'una aveva questa virtù, che rendeva invisibile chi se la recava in pugno. Alle virtù delle pietre Marsilio Ficino credeva ancora, e così pure Giambattista Porta e Simone Majolo. Nella novella del *Decamerone* testè citata si tratta appunto di una pietra che ha virtù di rendere invisibile, l'elitropia, alla quale Marbodo attribuisce, oltre a questa, parecchie altre qualità mirabili, come di dare spirito profetico e buona reputazione, assicurare l'incolumità, ecc. L'eroe della novella del Boccaccio è quel Calandrino, che anche altrove, nel *Decamerone*, fa così bella figura, e il cui nome è passato in proverbio, Che certe fanfaluche si mettano appunto in istretta relazione con la insuperabile sciocchezza di lui, è già buono argomento a giudicare del concetto in cui quelle fanfaluche si hanno dall'autore. Udendo l'astuto Maso, che vuole burlarsi di lui, parlare delle virtù delle pietre preziose, Calandrino domanda ove tali pietre si trovino, e Maso risponde « che le più si trovavano in Berlinzone, terra de' Baschi, in una contrada che si chiamava Bengodi, nella quale si legano le vigne con le salsicce, et avevasi un'oca a denajo et un papero giunta, ecc. » Ri-

chiesto da Calandrino, se di quelle pietre, non si trovino
anche là, presso a Firenze, Maso risponde che sì; esser
cene due di grandissima virtù, i macigni da Settignano
e da Montisci, di cui si fanno le macine da molino, e
l'elitropia, che rende l'uomo invisibile. Vago di trovare
tal pietra, Calandrino, con gli altri due famosi burloni
Bruno e Buffalmacco, ne va in cerca nel letto del torrente
Mugnone, e ci fa quell'acquisto che nella novella si può
vedere e che qui non accade ripetere. Non poteva il Boccaccio schernire più saporitamente la sciocca credenza;
nè si obbietti che nel *Filocopo* egli parla di certo anello
dotato di virtù miracolose, perchè ei non ne parla se non
per maniera di finzione romanzesca, e senza credervi più
di quello credesse l'Ariosto all'Ippogrifo.

Un' altra superstizione assai diffusa nel medio evo fu
quella delle malie amorose, e contro questa direi che il
Boccaccio dovesse avere un'avversione particolare. Il Boccaccio conosce troppo bene il cuore umano, e nella cognizione di quella che si potrebbe dire storia naturale del-
l'amore non v'è chi gli vada innanzi. Egli sa come l'affetto
nasca spontaneo o provocato, come cresca e si nutra,
ov'abbia le radici, a quali vicende soggiaccia, come venga
meno e si spenga. Egli ha dell'amore un concetto talmente
naturalistico, che nessuna credenza superstiziosa vi si potrebbe appiccare. Miracoli d'amore egli non conosce se
non dovuti a gioventù, a bellezza, a gentilezza d'animo,
a naturale concupiscenza: son queste le vere malie a cui
si deve ogni amoroso effetto. A che pro i filtri se la sedu-
zione può trionfare di ogni animo più restio? Non v'è
incantamento che possa aver più forza d'uno sguardo, di
una paroletta, di un riso. Di un'amorosa malia si discorre
nella novella 5ª della giornata IX; se non che, a farci
intendere sin dalla bella prima quale sia la disposizione
d'animo dell'autore, ecco anche qui farcisi incontro il

buon Calandrino, il *nuovo uccello*, a cui non è fandonia che non si possa dare ad intendere. Calandrino, pazzamente invaghito di una femmina di mal affare, ricorre per ajuto a Bruno, il quale fa di carta non nata un certo suo breve magico e dà a credere all'innamorato che, tocca con esso la donna, questa non potrà fare che non lo segua dove più a lui piacerà di condurla. Il povero Calandrino, secondo il solito, paga le pene della sua credulità, uscendo dall'avventura tutto pesto e graffiato. Altre più gravi e complicate malie s'hanno nella novella 7ª della giornata VIII, ma non per altro fine che per servire ad un fiero inganno e ad un'atroce vendetta. Cagione del tutto anche qui una sciocca credulità. La Elena è abbandonata dall'amante suo, e non può darsene pace ; la fante « non trovando modo da levar la sua donna dal dolor preso,..... entrò in uno sciocco pensiero, e ciò fu che l'amante della donna sua ad amarla come far solea si dovesse poter riducere per alcuna nigromantica operazione ».

Che cosa, del resto, il Boccaccio sentisse degl'incanti, degli affatturamenti, della tregenda e dell'arti magiche in genere, si scorge chiaro dalle novelle 3ª e 9ª della giornata VII, 6ª e 9ª della giornata VIII, 10ª della giornata IX. In quest'ultima è assai piacevolmente messa in canzone la credenza che, per arte magica, gli uomini si possano mutare in bruti, e in tutte l'altre i pretesi incantamenti non servono se non a dar materia di beffa e di riso. Nella novella 9ª della giornata VIII è nominato il famoso negromante Michele Scotto, di cui è memoria in tante scritture di quella età [29]; ma non per altro è nominato che per burlarsi di quel pover uomo di maestro Simone.

Si potrebbe obbiettare che nelle novelle 5ª e 9ª della giornata X, il Boccaccio racconta di prodigi operati per arte magica come di cose veramente accadute. Nella prima

si narra di un fiorente giardino fatto sorgere di pien gennajo da un negromante, storia narrata anche di Alberto
Magno e di molti altri presunti incantatori; nella seconda,
ch'è la notissima storia di messer Torello e del Saladino,
si racconta del buon cavaliere cristiano, come per arte
magica, in una notte, fu trasportato sur un letto da Alessandria d'Egitto a Pavia. Ma queste due novelle, tanto
provano che il Boccaccio avesse fede nella magia, quanto
che l'avesse il Goethe può provare il *Fausto*. Qui abbiamo due temi di racconto assai diffusi nel medio evo e
che il Boccaccio accoglie nel *Decamerone*, non perchè li
creda veri, ma perchè li conosce assai vaghi, e tali da
poterne con l'arte sua far ottimo uso. Accoltili, s'egli
vuole che ne segua l'effetto, bisogna non tocchi alla loro
menzogna; e in fatto egli si guarda, contro l'usanza sua
che per più esempii abbiam potuto vedere in altre novelle
qual sia, di dir pure una parola che lo mostri incredulo,
o volga in beffa la credenza altrui. Così facendo egli segue
un supremo precetto d'arte, non già la sua propria opinione, la quale è sin troppo chiarita da tutte le altre
testimonianze che siam venuti notando. Il parlare seriamente di una cosa non può essere indizio di fede, quando
c'entrino le ragioni dell'arte e della storia, mentre è prova
certa d'incredulità il parlarne con ironia o con riso.

Questa considerazione vale anche per ciò che mi rimane
a dire delle apparizioni e dei fantasmi.

Nella novella 3ª della giornata V si narra di quella
bellissima e formidabile apparizione veduta da un giovine
di Ravenna nella pineta di Chiassi, quando s'incontrò in
una donna ignuda che fuggiva, inseguita da due grandi
mastini e da un cavaliere bruno montato sopra un cavallo
nero. L'apparizione è qui data per reale, e quella donna
e quel cavaliere per vere anime dannate in atto di esercitare esse stesse il castigo loro imposto. Il Boccaccio tolse

la storia della apparizione da Elinando, o dal Passavanti, ma l'innestò in un racconto tutto naturale ed umano, e, per giunta, la fece servire ad un fine cui certo non avevan pensato coloro che la narrarono primi. Alle mani del Boccaccio l'apparizione diventa una *macchina* di racconto romanzesco. Nella novella 10ª della giornata VII un giovane popolano, stato gran tempo amante di una sua comare, muore, e dopo qualche giorno, apparisce, secondo certo accordo fatto, ad un suo amico, per dargli nuove dell'altro mondo e per dirgli, che cosa? che di là non si tiene conto alcuno dei peccati commessi con le comari, e non se ne paga nessuna pena. Parodia bella e buona di quelle apparizioni d'anime dannate o purganti onde i leggendarii del medio evo son pieni. Che razza di fantasima poi sia la fantasima scongiurata da Gianni Lotteringhi e dalla moglie sua nella novella 1ª della giornata VII, e di che maniera sia lo scongiuro, non ho bisogno di ricordare. Nella già citata novella 3ª della giornata III, raccontando Lauretta come l'abate fosse creduto esser l'anima di Ferondo che andasse in giro facendo penitenza, dice che ciò porse argomento di molte novelle *tra la gente grossa della villa.* Il mondo dei fantasmi non era un mondo in cui potesse compiacersi una mente come quella del Boccaccio, aperta solo ai colori e alle forme del mondo reale, una fantasia come la sua, pittrice e scultrice della vita. Il temperamento secondava in lui la coltura, ed entrambi congiunti non gli permettevano di smarrirsi nel regno nebuloso dei sogni.

Dal sin qui detto parmi risulti in modo assai chiaro che il Boccaccio, quanto a superstizione, non solo non s'allenta dietro al medio evo, ma anzi se ne trae fuori tanto quanto è possibile ad uomo di quel tempo. Io non voglio negare che anche il Petrarca non abbia in questa parte meriti grandissimi, perchè in troppi luoghi delle sue opere se ne ha solenne testimonianza; ma non parmi ci sia ragione di mettere il Boccaccio tanto al disotto di lui, nè credo giusto trar l'uno sulle più alte cime del sano ed illuminato pensiero per lasciar l'altro giù nella valle della superstizione. E il Petrarca e il Boccaccio non sono uomini nuovi se non in parte; entrambi sono ancora legati al passato; entrambi si rivolgono e tornano ad esso. Quale dei due n'uscì maggiormente ? Quale vi retrocesse più addentro? Non è cosa agevole dirlo. Il Boccaccio detestò gli studii prima adorati, rinnegò l'opera sua maggiore; ma di lui, ad ogni modo, noi non abbiam libri da mettere a riscontro del *Secreto*, dei *Rimedii dell'una e dell'altra fortuna*, del *Trattato della vita solitaria*, coi quali il Petrarca, non per una od altra opinione particolare, ma per il sentimento stesso della vita e per gli abiti della mente ripiomba nel medio evo a capo fitto. L'ascetismo del Petrarca il Boccaccio non lo conobbe.

NOTE

NOTE

—

[1] *Boccaccio's Leben und Werke*, Lipsia, 1880, p. 371.

[2] *Lezioni di letteratura italiana*, 9ª ed., 1883, v. I, p. 167.

[3] " Dante chiude un mondo: il Boccaccio ne apre un altro. „ *Storia della letteratura italiana*, 3ª ed., 1879, v. I, p. 302.

[4] *Giovanni Boccaccio, sein Leben und seine Werke*, Stoccarda, 1877, p. 303.

[5] *Accenni alle scienze naturali nelle opere di Giovanni Boccaccio*, Trieste, 1877, pp. 60-1; *Studi sulle opere latine del Boccaccio*, Trieste, 1879, p. 254.

[6] *De genealogia Deorum*, l. I, c. 31; *De casibus virorum illustrium*, l. II, c. 7.

[7] *Comento sopra la Commedia di Dante*, ed. Milanesi, Firenze, 1863, v. II, p. 19.

[8] *De gen.*, l. I, c. 10; l. III, c. 22; l. IX, c. 4; *Com.* v. I, p. 480 sgg.

[9] *Com.*, v. II, p. 56.

[10] *Com.*, v. II, p. 166.

[11] *Com.*, v. I, p. 216, 121.

[12] *Com.*, v. I, p. 278.

[13] *De gen.*, l. II, c. 52.

[14] *Com.*, v. II, p. 185.

[15] *De cas.*, l. VIII, c. 19.

[16] V. specialmente *Com.*, v. II, p. 69.

[17] *Purgat.*, c. XVI; *Parad.*, c. XXII.

[18] C. GEIGER, *Petrarka*, Lipsia, 1874, pp. 87-91; VOIGT, *Die Wiederbelebung des classischen Alterthums*, 2ª ed., Berlino, 1880-81, v. I, pp. 73-4.

[19] Vedi Burckhardt, *Die Cultur der Renaissance in Italien*, 3ª ed., Lipsia, 1877-78, v. II, p. 279 sgg., e uno scritto di F. Gabotto, *L'astrologia nel Quattrocento*, nella *Rivista di filosofia scientifica*, anno VIII (1889).

[20] *Le lettere edite ed inedite di Giovanni Boccacci tradotte e commentate da* F. Corazzini, Firenze, 1877, p. 281.

[21] *Op. cit.*, v. I, p. 287.

[22] Se ne può vedere un saggio nella Cronica di Matteo Villani, l. I, c. III, in fine. In molti luoghi fu data colpa del contagio agli Ebrei, che pagarono a caro prezzo, secondo il solito, l'ignoranza e il fanatismo dei loro persecutori. Cf. Hecker, *Die grossen Volkskrankheiten des Mittelalters*, Berlino, 1865, p. 57 sgg.

[23] Vol. II, p. 19.

[24] *Historia Neminis, mitgetheilt von* W. Wattenbach, *Anzeiger für Kunde der deutschen Vorzeit*, 1866, col. 381 sgg.

[25] La novella di Ser Ciappelletto è storica probabilmente; narra cioè un fatto realmente avvenuto, o che si credette avvenuto. Fonti non se ne conoscono: per qualche riscontro vedi Landau, *Die Quellen des Dekameron*, 2ª ediz., Stoccarda, 1884, p. 250. L'esistenza del buon notajo fu provata da Cesare Paoli, *Documenti di Ser Ciappelletto*, in *Giornale storico della letteratura italiana*, vol. V (1885), pp. 329 sgg. Cf. Manni, *Istoria del Decamerone*, Firenze, 1742, p. 147.

[26] Più di un santo ebbe a moltiplicarsi, in tutto o in parte, per far contenti coloro che pretendevano essere in possesso dei preziosi avanzi. San Giorgio e San Pancrazio ebbero trenta corpi ciascuno; Santa Giuliana giunse ad averne venti, con ventisei teste. San Gerolamo ebbe due soli corpi, con quattro teste, ma raccolse in compenso sessantatrè dita, ecc., ecc., ecc. Un gesuita savojardo, per nome Giovanni Ferrand, in un suo libraccione sulle reliquie, spiega la cosa dicendo che Dio può bene avere moltiplicato que' capi e quei corpi a dimostrazione della propria potenza e a maggiore edificazion dei credenti. Vedi Lalanne, *Curiosités des traditions, des mœurs et des légendes*, Parigi, 1847, pp. 117 sgg.

[27] Di falsi santi, di falsi miracoli e di false reliquie, parla a più riprese Salimbene nella sua *Chronica*, Parma, 1857,

pp. 38-9, 274-6. Egli ricorda, tra l'altro, un Alberto, che ha non poca somiglianza con l'Arrigo del Boccaccio. Stefano di Borbone parla di un ladro venerato per santo, e di un santo il quale fu, in origine, un cane *(Anedoctes historiques, légendes et apologues tirés du recueil inédit d'*ETIENNE DE BOURBON *dominicain du XIII*e *siècle, publiés par* A. Lecoy de la Marche, Parigi, 1877, pp. 328, 325). Intorno a certe particolarità della credenza religiosa e del culto vedi alcune belle considerazioni di M. GUYAU, *L'irréligion de l'avenir,* Parigi, 1887, pp. 90 sgg.

[28] *Dialogus miraculorum,* ediz. Strange, 1851, dist. X, c. 67.

[29] Vedi in questo volume lo scritto intitolato *La leggenda di un filosofo.*

SAN GIULIANO NEL "DECAMERONE"

E ALTROVE

SAN GIULIANO NEL " DECAMERONE "

E ALTROVE

—

Tutti conoscono la storia poco edificante narrata nella novella 2ª della seconda giornata del *Decamerone: Rinaldo d'Asti rubato, capita a Castel Guglielmo, et è albergato da una donna vedova, e, de' suoi danni ristorato, sano e salvo si torna a casa sua.* Di che maniera fosse l'albergare della buona vedova l'argomento non dice, ma dice, anzi fa vedere, la novella, dove, per giunta, la buona ventura toccata al mercante astigiano è messa in istretta relazione col così detto *Paternostro* di San Giuliano l'Ospitaliere, e con la devozione grandissima che si ebbe, durante tutto il medio evo, a questo santo famoso.

Quell'uomo dabbene che fu monsignor Giovanni Bottari, parlando, in una delle sue *Lezioni sopra il Decamerone*[1], di questa saporita novella, fitto sempre in quel suo caritatevole pensiero di voler purgare l'autore d'ogni sospetto di miscredenza o d'eresia, dice che in essa, il Boccaccio, da buon cattolico, e non altrimenti, volle biasimare e deridere una tra le tante pratiche superstiziose in uso a' suoi tempi, e una di quelle appunto che più contrastano col sentimento religioso sincero e legittimo. Ora, che il Boccaccio abbia voluto farsi beffe di una sciocca superstizione, come di molt'altre superstizioni si fa beffe in altre novelle sue, è cosa in tutto fuor d'ogni dubbio; ma che egli abbia fatto ciò con gl'intendimenti che monsignor Bottari gli attribuisce, è cosa che non potrebbe provarla nemmanco il Dottor Angelico, se tornasse al mondo.

In fatto, se quelli fossero stati gl'intendimenti suoi, il Boccaccio, per dar loro effetto, non aveva a far altro che troncar la novella nel punto in cui, spogliato d'ogni suo avere dai malandrini, e abbandonato da essi nel fitto della notte, in mezzo alla neve, il malcapitato di Rinaldo poteva vedere quanto fosse vana la fede da lui riposta in San Giuliano, e quanto fallace la speranza di compiere, mercè sua, felicemente il viaggio e ottener buono albergo. Il Boccaccio stesso ci mostra Rinaldo starsene in quel brutto frangente tutto tristo e cruccioso, *spesse volte dolendosi a San Giuliano, dicendo questo non essere della fede che aveva in lui. Ma*, soggiunge poi subito, *San Giuliano avendo a lui riguardo, senza troppo indugio gli apparecchiò buon albergo.*

E fu buono albergo davvero, perchè Rinaldo vi trovò, non solo tavola apparecchiata e letto sprimacciato, ma ancora certa donna del marchese Azzo di Ferrara, la quale divenne per quella notte la sua, e dalla quale ebbe soprammercato, in partirsi, buona quantità di denari. Ora, non erano certamente questi gli argomenti più acconci a far persuasi della vanità della superstizione gli uomini creduli e grossi, e il Boccaccio stesso pare che ce ne voglia avvertire, quando fa che Rinaldo, levatosi la mattina, ringrazii della venturosa nottata Dio e San Giuliano.

Vorremo noi fare un altro pensiero e credere che messer Giovanni abbia, di suo capo, allargata a quel modo, oltre ai termini consueti e men disdicevoli, l'azione benefica del santo protettore, tratto a ciò da certo suo spirito di empietà, e dal desiderio di farlo conoscere altrui? Certo, non mancano nel *Decamerone* fatti e parole d'onde agevolmente si potrebbero trarre argomenti in sostegno di

una tal congettura; ma qui non si tratta di sapere che
cosa il Boccaccio avrebbe potuto volere secondando certe
tendenze del suo spirito; si tratta di sapere che cosa egli
fece veramente. Facciamo un'altra ipotesi. Se quanto nella
nostra novella è men conforme a devozione appartenesse
insiem col resto, e al par del resto, alla credenza superstiziosa messa in azione e derisa? Se il Boccaccio non
avesse avuto bisogno d'inventar nulla, nè aggiungere nulla;
se nulla avesse narrato che una fede guasta e travolta
non potesse, direi normalmente, ripromettersi dal favore
di San Giuliano? Se così fosse, la novella, non conte-
nendo inframmesse di un carattere personale troppo spic-
cato verrebbe ad avere un valore storico anche maggiore
e sarebbe tutta satira schietta, senza commistione alcuna
di parodia. Ora gli è così veramente, e che sia, prova
già lo stesso Rinaldo, il quale non si stupisce punto di
quanto da ultimo gl'interviene, nè dà in modo alcuno a
conoscere che nel beneficio ricevuto gli paja esserci qualche
eccesso, o sconvenevolezza; ma ogni cosa egualmente riferisce alla grazia del santo, il buon albergo, i denari e
la donna. Egli nulla riceve che non potesse, in certo qual
modo, ragionevolmente e legittimamente aspettarsi.

Il Galvani, prendendo appunto argomento da questa novella del Boccaccio, compose, intorno a San Giuliano,
un'apposita dissertazioncella [2]; la quale, per altro, non
tocca menomamente la questione qui messa innanzi, ed
è anche sotto più altri rispetti assai manchevole. Perciò
spero che la notizia che segue non sia per tornare nè dis-
cara nè inutile agli studiosi del nostro massimo novellatore.

Volgiamoci dapprima alla letteratura italiana e vediamo
se in essa non ci occorra qualche testimonianza e qualche
prova del fatto che abbiamo congetturato: la protezione
di San Giuliano essersi estesa anche ai facili amori, alle
buone venture. Notiamo peraltro, prima di andare innanzi,

che di una estension così fatta non è punto a meravigliarsi. Chi ha qualche pratica dell'agiologia popolare del medio evo, sa che le plebi cristiane attribuirono spesso ai santi qualità ed offici, che con la santità si accordano veramente assai poco, e non mancarono di cercar patroni persino al' vizio e alla colpa. I ladri ebbero a protettori San Disma e San Nicola; le donne da partito si raccomandarono a Santa Maddalena, a Sant'Afra, a Santa Brigida. Se i matti furono protetti da San Maturino, non poteva mancare, e non mancò, un protettore agli innamorati, e questo fu San Valentino. Ma essendo quello dell'amore un gran regno e con molte faccende, da non potervi attendere un solo, ne fu data partitamente giurisdizione più o meno onorevole a parecchi santi, e di questi San Giuliano fu uno.

San Giuliano è spesso ricordato in libri nostri di ogni tempo [3]; ma non tutti quei ricordi fanno per noi. Quelli, per esempio, che si hanno nel *Pataffio* [4] e in una novella di Franco Sacchetti [5], provano che il *Paternostro* di San Giuliano era assai cognito, e da molti, all'occasione, recitato, ma non provano altro. Non così un luogo di certa novella del *Pecorone* [6]. Quivi si narra di una bellissima donna, vestita da frate, della quale s'innamora, non conoscendola, la figliuola di un oste. Un prete, che viaggia con lei, credendola frate davvero, avvedutosi di quell'amore, dice alla sua compagna: *Per certo voi diceste stamane il Pater nostro di San Giuliano, però che noi non potremmo avere migliore albergo, nè la più bella oste, nè la più cortese.* Qui, di sbieco se si vuole, c'è un accenno ad altro che ad albergo. Ma testimonianze più sicure e più esplicite non mancano. Di Livia, supposta innamorata di Parabolano, dice il Rosso, nella *Cortegiana* dell'Aretino, che *ha detto il Pater nostro di San Giuliano a guastarsi di lui* [7]. Nella stessa commedia, l'Alvigia

mezzana, trovandosi a un brutto sbaraglio, si raccomanda
al beato Angelo Raffaello, a San Tobia, e più particolarmente a San Giuliano, dicendo: *messer San Giuliano,
scampa l'avvocata del tuo Pater nostro* [8]. Ora, avvocata
del Pater nostro di San Giuliano, in questo caso non può
voler dir altro che mezzana. Si potrebbero moltiplicare
gli esempii, i quali proverebbero pure che il culto di
San Giuliano era non meno vivo nel Cinquecento che nel
Trecento. San Giuliano era uno dei santi più popolari e
più spesso invocati, e lo prova il Franco quando fa dire
alla sua loquace lucerna: « Veggo i carrettieri et i fal-
« conieri diventare in terra da più di San Vito e di San
« Giuliano nel paradiso » [9].

Se non che, essendo gli esempii recati di sopra posteriori al Boccaccio, si potrebbe dir che non provano, e si
potrebbe riconoscere in essi, anzi che un riflesso della
credenza popolare, un semplice riflesso della novella stessa
del *Decamerone*, cognita universalmente e passata in certo
modo in proverbio [10]. Ma altrettanto non si potrà certo
dire delle testimonianze che ci offre la letteratura francese.

Se San Giuliano fu popolare in Italia, in Francia fu
assai più, e v'ebbe più offici, giacchè, non soltanto protettor dei viandanti, e procacciatore di buono albergo, ma
vi fu anche patrono delle corporazioni dei menestrelli e
dei poveri, e invocato da coloro che languivano in ischia-
vitù o in prigionia. Vero è che l'officio suo principale
rimaneva pur sempre quello di provvedere di buono albergo i suoi devoti. In Parigi c'era una chiesa a lui con-
sacrata, e un poeta, ricordandola insieme con l'altre molte
ch'erano nella città, dice:

Saint Juliens
Qui herberge les Chrestiens [11].

Ora l'albergare di San Giuliano poteva (non dico che

dovesse) essere della maniera appunto che si vede nella novella del *Decamerone;* e *avoir l'ostel Saint Julien* voleva dire, non solo avere buona stanza, ma spesso anche avere la buona nottata, come Rinaldo d'Asti. Il Legrand d'Aussy cita da una canzone manoscritta i seguenti versi, con cui un poeta, Giacomo d'Ostun, avendo passato la notte con la sua dama, celebra la goduta felicità:

> Saint Julien qui puet bien tant,
> Ne fist à nul home mortel
> Si doux, si bon, si noble ostel [12].

Nel *fableau* di *Boivin de Provins,* alcuni che si credono di accalappiare Boivin, traendolo in casa di una sgualdrina, gli dicono:

> Par saint Pierre le bon apostre,
> L'ostel aurez saint Julien [13].

Eustachio Deschamps intende l'*ostel* nel senso che l'intende Giacomo d'Ostun, quando dice:

> On quiert l'ostel Saint Julien [14],

e quando, facendo il proprio ritratto, esce in questa confessione:

> Je ne desir fors que Saint Julien
> Et son hostel, dont bon fait trouver l'uis;
> De saint George pas grant compte ne tien,
> De sa guerre n'est mie grant deduis [15].

Questi esempii provano che non fu il Boccaccio ad attribuire a San Giuliano il poco onesto officio; ma come mai la devota superstizione fu essa condotta ad affidarglielo? Non è troppo difficile il dirlo. Si tenga ben presente che San Giuliano, il quale per far penitenza della

involontaria uccisione del padre e della madre, da lui
commessa, fondò un ospizio, dove per molti anni accolse
liberalmente i pellegrini, è come il santo titolare della
ospitalità [16]; si ricordi che la ospitalità nel medio evo fu
intesa assai più largamente di quanto a noi possa parere
dicevole, e che era in certo qual modo obbligo di cortesia,
nei baronali manieri, offrire all'ospite, oltre alla stanza e
alla tavola, anche una compagna di letto per la notte [17],
e si avrà piena ragione e spiegazione del fatto. Un albergo
non si considerò interamente buono se non c'era, diciam
così, quel complemento, e San Giuliano che procacciava
il buono albergo, procacciava il complemento insiem col
resto. S'intende poi come trovatori, troveri, menestrelli,
uomini che campavano dell'ospitalità e liberalità altrui,
si raccomandassero a San Giuliano per tutto quanto era
stato così posto sotto la sua giurisdizione. E certo a tutti
i favori che il santo poteva largire pensava Pietro Vidal
quando diceva:

> Domna, ben aic l'alberc saint Julian,
> quan fui ab vos dins vostre ric ostal [18],

e quando il proposito di rimanere in Italia esprimeva in
quei versi:

> Era m'alberc deus e sans Julias
> e la doussa terra de Canaves,
> qu'en Proensa no tornarai eu ges
> pos sai m'acoilh Lameiras e Milas,
> car s'aver posc cela qu'ai tant enquiza,
> . . . . [19].

E a tutti quei favori similmente doveva aver la mente il
Monaco di Montaudon, quando, in una sua canzone [20],
introduce lo stesso San Giuliano a lamentarsi dinanzi a
Dio che la decadenza dei costumi cavallereschi, e il picciol

animo dei signori abbiano in tutto screditato il suo nome
e quasi tolto il suo culto. Considerata ogni cosa, non si
stenta troppo a capire come Guglielmo IX di Poitiers, il
più scapestrato dei trovatori, potesse render grazie a Dio
e a San Giuliano della molta perizia ch'egli si vanta di
avere nel dolce giuoco di amore:

> Dieus en laus e sanh Jolia;
> Tant ai apres del juec doussa,
> Que sobre totz n'ai bona ma [21].

Del resto San Giuliano non deve troppo dolersi di quel-
l'officio commessogli certo contro sua voglia, giacchè officio
in tutto simile si trova pure commesso a santi che non
avevan poi sulla coscienza ciò che egli ci aveva. In un
vecchio poemetto tedesco, intitolato *Die Treue Magd* [22],
si racconta di uno studente che aveva in uso di recitare
ogni giorno due preghiere, l'una il mattino alla Santis-
sima Trinità, perchè non lo facesse capitar male, l'altra
la sera a Santa Gertrude (quale delle parecchie registrate
nei cataloghi?) per ottenere da lei buono albergo. Si
mette in viaggio alla volta di Parigi, e giunta la sera
si raccomanda alla santa. Per non fermarci troppo sui
particolari, ecco che egli capita in casa di una donna bellissima, il cui marito è assente, e vi trova quelle stesse
accoglienze che Rinaldo d'Asti trova in casa dell'amica
del marchese Azzo. Sopraggiunge in mal punto il marito;
ma allora Santa Gertrude, più sollecita de' suoi devoti
che lo stesso San Giuliano non sia, suggerisce (così almeno
il poeta dice di credere) alla fantesca della donna un buon
provvedimento che salva ogni cosa. Lo scolare riconoscente
non dimentica di ringraziare la santa, e tutti contenti.
Notisi che il giovane s'era mosso alla volta di Parigi con
l'intenzione di attendere non meno agli amori che agli
studii.

Così pure non si vede quale ragione potesse indurre il volgo credente in Francia a prendersi una confidenza in tutto simile con San Martino, se non si ammette che, essendo San Martino un santo molto popolare e bonario, il popolo potè credersi licenziato a ricorrere al suo patrocinio anche in casi nei quali l'ajuto dei santi non pare troppo a proposito. Fatto sta che *ostel saint Martin* significò quel medesimo che *ostel saint Julien*. Il *fableau* intitolato *Le meunier et les II clers*, che corrisponde alla novella 6ª della Giornata IX del *Decamerone*, ce ne porge una prova. Il poeta, narrati i casi venturosi ch'ebbero i due giovani albergando la notte in casa del mugnajo, dice:

Il orent l'ostel saint Martin [23].

E in un'*alba* di Guiraut de Borneil non invoca il vigile amico la protezione di Dio sopra l'amante troppo felice che non cura il sopravvenire del giorno?

Il Manni crede che la storia di Rinaldo d'Asti narrata dal Boccaccio, non sia cosa inventata, ma vera [24]. Ciò può ben essere; ma in tal caso, inclinerei a credere che al fatto sostanziale vero il Boccaccio avesse messo egli quel contorno di comica superstizione, traendolo, sia da altre storie a lui note, sia dalla divulgata credenza. Ad ogni modo non intendo che si voglia dire L. Cappelletti, quando afferma che le fonti della novella del Boccaccio sono *il Panciatantra, le gesta Romanorum, c. XVIII, e la Legenda aurea, hist. XXII* [25]. Certo riscontro con una novella del *Panciatantra* fu notato, e sta bene; ma nei *Gesta Romanorum* e nella *Legenda aurea* si narra la storia di San Giuliano, e non si trova indizio di quelle particolarità del culto a esso San Giuliano prestato che appunto sono di capitale importanza nella novella del Boccaccio; e per sapere che San Giuliano l'Ospitaliere era protettor dei viandanti, il Boccaccio non aveva bisogno di ricorrere a quei racconti, ma bastava che ponesse mente al nome di lui, e aprisse le orecchie a' discorsi degli innumerevoli credenti.

Per carità, un po' più adagio in questa faccenda delle fonti.

NOTE

NOTE

———

[1] Firenze, 1818, vol. II, pp. 146 sgg.

[2] È la VI delle sue *Lezioni accademiche,* Modena, 1839-40, vol. II. Agli autori rammentati in proposito dal Galvani, e a quelli che registra lo CHEVALIER, *Répertoire des sources historiques du moyen-âge,* coll. 1316-7, si possono aggiungere i seguenti: LECOINTRE-DUPONT, *Mémoires de la Société des Antiquaires de l'Ouest,* t. V (1835); DU MÉRIL, *Histoire de la poésie scandinave,* Parigi, 1839, p. 345, n. 2; FOGLIETTI, *San Giuliano l'Ospitatore, cenni storici,* Firenze, 1879. (Vedi anche il *Giornale storico della letteratura italiana,* vol. VI (1885), p. 419). Circa la persona di San Giuliano mosse ragionevolmente alcuni dubbii lo ZAMBRINI nel *Propugnatore,* t. V, P. 1ª, pp. [169-70. Fra le Istorie e Leggende registrate dallo stesso ZAMBRINI, *Opere volgari,* ecc., 4ª ed. con Appendice, Bologna, 1884, coll. 568, 581, 761, non trovo un poemetto di 32 ottave intitolato: *La devotissima e bella istoria di San Giuliano dove s'intende che per inganno del demonio uccise il padre e la madre,* Lucca, per Domenico Ciuffetti, 1702. Non lo registra nemmeno il PASSANO ne' suoi *Novellieri in verso* (Bologna, 1868), e non so se si tratti di cosa antica o moderna. ⦂

[3] PICO LURI DI VASSANO (Ludovico Passarini) nei suoi *Modi di dire proverbiali* ecc., Roma, 1875, pp. 564-5, cita solamente la novella del Boccaccio, un luogo dell'*Orlando innamorato* del Berni (c. XXVIII, st. 8), il noto *Paternostro* e la nota *Orazione.* Altre indicazioni si possono vedere nei Vocabolarii, sotto *Paternostro.*

[4] Cap. VII.

[5] Nov. 33.

[6] Giorn. III, nov. 1.

[7] Atto III, sc. 3.

[8] Atto V, sc. 16.

[9] *Le pistole volgari*, Venezia, 1542, f. 157 r.

[10] La novella 52 di Giovanni Sercambi è la novella stessa del Boccaccio, mutati i nomi e alcune particolarità. Vedi *Novelle inedite di* GIOVANNI SERCAMBI *tratte dal Codice Trivulziano CXCIII per cura di* Rodolfo Renier, Torino, 1889, pp. 186-90.

[11] *Les moustiers de Paris*, in BARBAZAN-MÉON, *Fabliaux et contes*, Parigi, 1808, vol. II, p. 288.

[12] *Fabliaux ou contes du XII\u1d49 et du XIII\u1d49 siècle*, Parigi, 1779-81, vol. III, p. 108. Questi versi, con altri due che precedono, furono riportati anche nel III volume della *Chronique des ducs de Normandie* di BENOÎT (Parigi, 1838-44), p. 819.

[13] DE MONTAIGLON et RAYNAUD, *Recueil général et complet des fabliaux des XIII\u1d49 et XIV\u1d49 siècles*, t. V, Parigi, 1883, p. 57.

[14] *Oeuvres complètes*, pubblicazione della *Société des anciens textes français*, vol. II, Parigi, 1880, p. 72.

[15] *Ibid.*, p. 313. Non so se nelle *chansons de geste* si trovino esempii che possano esser messi accosto a quelli recati di sopra. J. ALTONA, *Gebete und Anrufungen in den altfranzösischen Chansons de geste*, Marburgo, 1833, p. 9; R. SCHRÖDER, *Glaube und Aberglaube in den altfranzösischen Dichtungen*, Erlangen, 1886, pp. 51-2, recano parecchi luoghi di poemi, dove è menzione di San Giuliano, ma nessuno che contenga allusioni a cose d'amore.

[16] Vedi vol. I, pp. 286 sgg.

[17] Vedine, per la Francia, le prove in MÉRAY, *La vie au temps des trouvères*, Parigi-Lione, 1873, pp. 76-80, e per i paesi germanici in WEINHOLD, *Die deutschen Frauen in dem Mittelalter*, vol. II, Vienna, 1882, pp. 199-200.

[18] Canzone: *Tart mi veiran mei amic en Tolzan*. Vedi PEIRE VIDAL's *Lieder*, ed. Bartsch, Berlino, 1857, p. 69.

[19] Canzone: *Bon' aventura don deus als Pizas*, ed. cit., p. 76.

[20] È la canzone che comincia: *L'autre jorn m'en pogei el cel*. La ripubblicarono ultimamente E. PHILIPPSON, *Der Mönch von Montaudon*, Halle a. S., 1873, pp. 41-3, e O. KLEIN, *Die Dich-*

tungen des Mönchs von Montaudon, Marburgo, 1885, pp. 39-41. Il Galvani ne diede la traduzione nel citato suo scritto.

[21] Canzone: *Ben vuelh, que sapchon li plusor.* W. Holland e A. Keller, *Die Lieder Guillems IX,* 2ª ed., Tubinga, 1850, p. 8.

[22] Pubblicato da F. H. von der Hagen, *Gesammtabenteuer,* Stoccarda e Tubinga, 1850, t. II, pp. 315-31.

[23] Di questo *fableau* ci sono due redazioni diverse, e il verso citato si legge solamente in una. Vedi De Montaiglon et Raynaud, *Recueil* ecc., t. V, pp. 94, 325.

[24] *Istoria del Decamerone,* Firenze, 1742, pp. 197-9.

[25] *Osservazioni storiche e letterarie e notizie sulle fonti del Decamerone,* in *Propugnatore,* anno XVI, p. 50.

IL RIFIUTO DI CELESTINO V

IL RIFIUTO DI CELESTINO V

—

Tra le molte novelle che, com'è noto, Ser Giovanni Fiorentino trasse, quasi copiando a parola, dalle Cronache di Giovanni Villani [1], è pure la 26ª, nella quale si narra come Celestino V rinunziasse il papato. Anche qui il novelliere altro quasi non fa se non trascrivere lo storico, salvo che, venuto quasi al fine della narrazione, v'interpola di suo la notizia seguente [2]: « Vero è che molti dicono, che il detto Cardinale (*Benedetto Gaetani, che poi fu papa col nome di Bonifazio VIII*) gli venne una notte segretamente con una tromba a capo al letto e chiamollo tre volte, ove Papa Celestino gli rispose e disse: chi sei tu? Rispose quel dalla tromba: io sono l'Angel da Iddio mandato a te come suo divoto servo; e da parte sua ti dico, che tu abbia più cara l'anima tua che le pompe di questo mondo, e subito si partì ». Udita questa ammonizione, e credendo gli venisse veramente da Dio, Celestino, che già assai di mal animo sosteneva il gravissimo officio, depose il manto e la tiara. Ser Giovanni, che cominciò a scrivere il *Pecorone* l'anno 1378, non inventò questa storiella; essa era già nata da un pezzo, e, come le parole stesse di lui ci provano (*molti dicono*), era allora largamente diffusa. Poniamoci sulle sue tracce e vediamo fin dove ci possano condurre.

La storiella testè riferita si ha generalmente in conto di leggenda [3], e a confermarla tale fu osservato che i contemporanei e i testimoni di veduta non ne fanno cenno [4].

Che ne tacessero i fautori e gli amici di Bonifazio s'intende; ma fatto è che nemmeno i suoi nemici ne parlano. Nel famoso libello[5], che da Longhezza i due cardinali Giacomo e Pietro Colonna scagliarono (10 maggio 1297) contro quel pontefice, si dice bensì che nella rinunzia di Celestino (13 decembre 1294) entrarono *multae fraudes et doli, conditiones, et intendimenta et machinamenta;* ma si rimane così sulle generali, senza specificar nulla. Jacopone da Todi, che diceva a Bonifazio :

> Come la salamandra
> Sempre vive nel fuoco,
> Così par che lo scandalo
> Te sia sollazzo et joco [6],

non avrebbe taciuta la frode se gli fosse stata nota. I fautori di Filippo il Bello, che tante accuse terribili lanciarono contro il nemico pontefice, e fra l'altre quella d'intendersela col diavolo, non avrebbero mancato d'imputargli anche questo gravissimo sacrilegio della usurpata qualità di messo celeste, se qualche fama ne fosse loro venuta all'orecchio. E Dante n'ebbe egli un qualche sentore? Crediamo di no; o, se l'ebbe, non se ne diè per inteso. Tutti sanno quanto siasi disputato intorno all'essere di colui che nel III canto dell'Inferno Dante accusa di viltà per aver fatto *il gran rifiuto.* Non entreremo in queste disputazioni, chè la soluzione del dubbio non importa ora al nostro bisogno. Supposto che Dante intendesse parlare di Celestino, gli è chiaro che la leggenda non entrava per nulla in quel suo giudizio, perchè, se egli avesse potuto credere alla gherminella di Benedetto, questa gli avrebbe dato argomento a giudicar Celestino uomo credulo e semplice, vile non già. Ma che il poeta ignorava la leggenda, o, conoscendola, non le dava credenza, si desume da altri due luoghi di quella medesima Cantica.

Nel c. XIX, vv. 55-7, Niccolò III, credendo di parlare a Bonifazio, dice:

> Se' tu sì tosto di quell'aver sazio
> Per lo qual non temesti tôrre a inganno
> La bella donna, e poi di farne strazio?

La bella donna, non ostante qualche interpretazione diversa[7], è senza dubbio la Chiesa, e quel *tôrre a inganno* può riferirsi, tanto alle male arti usate per indurre Celestino a rinunziare, quanto a quelle usate poi per succedergli. Ma che in quelle parole non si contenga nessuna allusione alla frode della leggenda, provano i vv. 104-5 del c. XXVII, dove lo stesso Bonifazio dice:

> Però son due le chiavi
> Che il mio antecessor non ebbe care.

Dante credeva dunque che Celestino avesse rinunziato alla dignità papale per insufficienza d'animo, per non sentirsi atto all'officio, e non, oltre che per queste ragioni, anche per obbedienza a un presunto comandamento divino.

Ma il non farsi dai citati sin qui ricordo alcuno della leggenda non prova che la leggenda non fosse già nata; ed anzi noi abbiamo i documenti in mano che ce la mostrano nata quasi ad un tempo coi fatti che le diedero origine. Il Tosti cita, come il più antico autore che la riferisca, il cronista Ferreto Vicentino, che scrisse circa trentadue anni dopo la rinunzia di Celestino; ma essa si trova già narrata in una cronica fiorentina, detta di Brunetto Latini, e pubblicata anni sono dall'Hartwig[8]. L'autore di essa, ignoto del resto, era già adulto nel 1292[9], e non condusse la sua narrazione oltre il 1303. Egli racconta la leggenda nei termini seguenti[10]: « Questi (*Celestino*) essendo homo religioso e di santa vita elli fue ingannato sottilmente da papa Bonifazio per questa maniera, ch'ello [11] detto papa per suo trattato e per molta moneta, che spese al patrizio nuch (*sic*) vedevasi la notte nella camera del papa ed aveva una tromba lunga e parlava nella tromba sopra il letto dello papa e dicea: Io sono l'angelo, chetti sono mandato a parlare e comandoti dalla parte di Dio glorioso, che tu immantanente debbi rinunziare al papatico e ritorna ad essere romito. E così fece tre notti continue, tanto chelli crette alla boce dinganto (*sic*)[12], e rinunciò al papatico del mese di dicembre, e con animo deliberato colli suoi frati cardinali dispose se medesimo ed elesse papa un cardinale d'Anangna, chaveva nome Messer Benedetto Gatani, e suo nome papale Bonifazio ottavo ». Qui la leggenda è bella e formata, e non si dà come leggenda, ma come storia certa: solo è da notare che l'autore attribuisce bensì a Bonifazio l'idea della frode, ma non la materiale esecuzione di essa, mentre i più di coloro che la narreranno poi ne faranno Bonifazio inventore ed esecutore ad un tempo.

Abbiam parlato sin qui di leggenda; ma non è poi assolutamente provato che leggenda sia e non istoria. Un uomo di pochi scrupoli, come Bonifazio VIII, poteva bene, trovandosi a fronte un uomo semplice e dappoco, quale era appunto Celestino, ricorrere, per conseguire il suo intento, a una gherminella indecorosa sì, ma certo non inefficace. Se non che ciò poco importa al caso nostro. Ammesso che sia leggenda, s'intende come la nota scaltrezza di Bonifazio e la non men nota semplicità di Celestino dovessero farla nascere, e dovessero farla nascere in tempo assai prossimo agli avvenimenti che le davano appiglio, quando di questi avvenimenti appunto si cercava di dar ragione, e quando le passioni suscitate da essi erano calde ancora. Forse il Marino accenna alla vera origine della leggenda in un luogo della sua vita di Celestino V[13], notando come, dopo la rinunzia, si spargesse per Roma la fama, e Pietro Grasso, notajo regio, attestasse, avere Cristo parlato a Celestino, dicendo : *Quid prodest homini si universum mundum lucretur, animae vero suae detrimentum patiatur?* Non ci voleva un grande sforzo di fantasia per porre al luogo di Cristo il cardinale Benedetto. Che poi la leggenda, per alcun tempo, dopo esser nata, potesse rimanersi chiusa entro una cerchia piuttosto stretta, in guisa da non venire a cognizione di chi avrebbe potuto giovarsene contro il pontefice, non farà meraviglia a nessuno.

La leggenda, di cui un cronista ci offre la testimonianza più antica, riappare poi in altri cronisti del secolo XIV ; e s'intende come con l'andar del tempo, allargandosi anche fuori d'Italia, si venisse in varii modi alterando. Il già citato Ferreto non dà la cosa per sicura, come fa il cronista fiorentino, ma dice : *ferunt*, e operatore del dolo fa lo stesso Bonifazio[14]. Giovanni Vittoriense non dubita, pare, della frode, ma lascia dubbio se si dovesse o no a Bonifazio[15]. Alberto Argentinense riferisce la cosa, senza affermar nulla[16]. Ma nella seconda metà del XVI secolo Gilberto Genebrardo l'afferma risolutamente[17].

Se non che le notizie più curiose della leggenda ci sono offerte, non dai cronisti, ma dai commentatori di Dante, alcuno dei quali è forse anteriore a Ferreto. Cominciamo da uno dei più antichi, dall'anonimo autore delle Chiose alla prima Cantica pubblicate dal Selmi. In quella parte di esse che si riferisce al noto luogo del c. III noi troviamo, non senza meraviglia, la leggenda in una forma assai svolta, e con isfoggio di particolari fantastici che non si riscontrano altrove ; il che accennerebbe già di per sè ad una lunga elaborazione. Il racconto merita d'essere qui riportato per intero[18]. « Questi che per viltà fece il gran rifiuto fu papa Cilestrino, il quale essendo Romito

Murato, perciò che di poco bene era sazio, e avea le genti d'intorno crediano che fosse santo uomo, e' cardinali credendolo che fosse sufficiente persona, sì lo chiamaro papa, e fu confermato papa. Bonifazio che si fu accorto della miseria e della cattività sua, fece fare ali e volto e mani e una scritta con cose che lucono di notte e non di dì; e poi, a sua posta, celato di notte tempo i lumi, spenti in prima tutti i lumi, entrò ne la camera sua, lui dormendo, e chiamò con uno organo: Cilestrino, Cilestrino, tre volte. Questi si svegliò dicendo: Domine, chi mi chiama?... E' rispose: messo di Dio. Cilestrino il mirò, e vide solo le mani e l'ali e 'l volto lucenti. Maravigliossi molto, e disse: che comandi? E que' rispose: a Dio spiace molto la tua vita, e hai lasciata la via del paradiso e vuoli ire a l'inferno. Leggi questa carta del comandamento. E la scritta dicea: i' ti comando, che domattina, fatto il dì, tu prenda il manto e 'l pasturale, e 'l primo cardinale che tu truovi fa sedere in su la sedia di San Pietro, e vestilo d'ogni cosa come l'hai tu, e poi rifiuta, e partiti in maniera che non sii veduto esser partito. Letta la scrittura che d'oro paria, credette per certo che Agnolo di Dio fosse. Disse che si farebbe. Papa Bonifazio ravolse le cose e sparì, e la mattina si levò sì tosto che fu dì. Prima Cilestrino lo vide, aempiè il comandamento, e poselo in sulla sedia, e Cardinali furono d'intorno, e da' più fu confermato a cui parve ragione, e tali per amore, e tali per promesse, e altri per paura, sì che papa rimase ».

Nel commento di anonimo pubblicato da Lord Vernon e nelle chiose attribuite a Jacopo Alighieri la leggenda non è ricordata; ma questa poi riappare, tuttochè in forma più semplice e compendiosa, in parecchi dei commentatori posteriori. Secondo Jacopo della Lana furono i cardinali, e non il solo Benedetto, a ordir l'inganno[19]. L'Ottimo parla di *certi artificj*, ma non dice quali fossero: Pietro Alighieri non fa cenno nemmeno di artifizii. Giovanni Boccacci riferisce una versione secondo la quale a far l'inganno Bonifazio si sarebbe accordato con alcuni suoi servitori [20]. Il falso Boccaccio (*Chiose sopra Dante,* pubblicate da Lord Vernon) parla di ragioni e di argomenti usati da Bonifazio, non d'altro; e Benvenuto da Imola crede che il reo del gran rifiuto sia Esaù, non Celestino. Francesco da Buti dice che Bonifazio usò e della persuasione e della frode [21]. L'Anonimo Fiorentino, pubblicato dal Fanfani, attinge per la narrazione dal Villani; poi, al c. XIX, narra l'inganno, introducendo un fanciullo a far la parte dell'angelo; ma pare stimi il tutto una favola [22]. Guiniforto delli Bargigi tace della leggenda, e ne tacciono ancora il Landino, il Vellutello, il Daniello. E tra coloro che ne tacciono sia qui ancora ricordato il Petrarca che, come altri, solo ad umiltà attribuisce la rinunzia di Celestino [23].

La varietà delle versioni che abbiam vedute sin qui, e il richiamarsi, che i narratori spesso fanno, alla voce pubblica, provano, ci sembra, la diffusione della leggenda. Non ci recherà dunque meraviglia il ritrovar questa in un racconto islandese contenuto in un codice del sec. XV, e fatto, non ha molto, di pubblica ragione [24]. S'intende come la leggenda non abbia potuto compiere un così lungo viaggio senza molto alterarsi; ma ecco la sostanza del non breve racconto. Celestino aveva accettato assai malvolentieri la dignità papale; Bonifazio, per contro, uomo di facili costumi, e padre di dodici figliuoli, ad essa aspirava. Nella camera del papa erano due letti, uno per lui, l'altro per la sua sposa la Chiesa. Bonifazio scrisse con lettere d'oro una epistola, e dicendo di averla trovata nel letto della Chiesa, la consegnò a Celestino. Questi, apertala, vi trovò una comunicazione della Chiesa celeste alla terrena, nella qual comunicazione si diceva che, non piacendogli l'ufficio, il papa poteva liberamente rinunziarlo; e il papa rinunziò, e Bonifazio ne prese il luogo. Bisogna confessare che, migrando tanto lontano dal suo luogo di origine, la leggenda si fece molto più sciocca, e il povero Celestino tramutò a dirittura di semplice in istolido. Ciò che si dice della epistola scritta con lettere d'oro ricorda la epistola luminosa di cui parla l'autore delle Chiose anonime.

In questo campo ci sarà senza dubbio da spigolare dell'altro, e altri il faccia, se lo stima opportuno. Prima di lasciar l'argomento una sola cosa vorremmo avvertire ancora, e cioè, che la leggenda di cui abbiam parlato, specie nella forma che assume nelle Chiose pubblicate dal Selmi, entra nel copioso gruppo di quei racconti, diffusi così in Oriente come in Occidente, nei quali un mortale prende l'aspetto e gli attributi di alcun essere soprannaturale, per così ingannare altrui e ottenere i suoi fini [25].

NOTE

NOTE

---

[1] Vedile notate dal Landau, *Beiträge zur Geschichte der italienischen Novelle*, Vienna, 1875, pp. 29-30. Cfr. Gorra, *Studi di storia letteraria*, Bologna, 1892, *Il Pecorone*.

[2] Ed. dei *Classici italiani*, vol. I, p. 255.

[3] Il Doellinger non ne parla nel suo libro *Die Papst-Fabeln des Mittelalters*, Monaco, 1863; seconda edizione, accresciuta di note da J. Friedrich, Stoccarda, 1890.

[4] Tosti, *Storia di Bonifazio VIII e de' suoi tempi*, vol. I, pp. 231 sgg.: Gregorovius, *Geschichte der Stadt Rom im Mittelalter*, vol. V, p. 515. Non è esatto il Drumann quando, non conoscendo la fonte di cui si dirà più oltre, afferma la storiella essere già narrata da contemporanei, *Geschichte des Bonifacius des Achten*, Königsberg, 1852, parte I, p. 11.

[5] Lo ripubblicò il Tosti, *Op. cit.*, vol. I, Documento (P), pp. 275-8.

[6] Nella famosa invettiva che comincia:

> O papa Bonifatio,
> Molto hai jocato al mondo.

[7] Vedi Selmi, *Chiose anonime alla prima Cantica della Divina Commedia*, Torino, 1865, p. 107.

[8] *Quellen und Forschungen zur ältesten Geschichte der Stadt Florenz*, parte II, Halle, 1880, pp. 221 sgg.

[9] *Ibid.*, p. 217.

[10] *Ibid.*, p. 235.

[11] Così l'Hartwig: l. *che llo.*

[12] *D'incanto?*

[13] *Acta Sanctorum*, t. IV di maggio (1685), p. 523.

[14] *Historia*, l. II, ap. MURATORI, *Scriptores*, t. IX, col. 966: " Ferunt etiam et hunc virum dolosum *(sc. Bonifacium)* quatenus ad hoc illum *(sc. Coelestinum)* flagrantius incitaret, dum somno excitatus noctu Deum contenplaretur, per foramen, quod arte fabricaverat, voce tenui saepe dixisse etc. „. FRANCESCO PIPINO, contemporaneo di Ferreto, non parla (*Chronicon*, ap. Muratori, t. cit., col. 735) se non di persuasioni fraudolente usate da alcuni cardinali e in ispecie da Benedetto.

[15] Ap. BÖHMER, *Fontes rerum germanicarum*, t. I, p. 334: " Celestinus... resignavit per hunc modum: dum enim quiesceret, vox ad eum facta est per tubam, quasi esset angelus domini, per tres vices, ut quantocitius propter mundiales occupationes contemplationi insisteret, curam deponeret. Quo facto Bonifacius octavus succedit eodem anno in vigilia nativitatis domini electus, qui hanc fraudolentiam *dicitur* procurasse „.

[16] *Chronicon*, ap. URSTISIUS, *Germaniae historicorum p. altera*, p. 111: " Hic est Bonifacius, de quo dicitur, quod Caelestino praedecessori suo, viro utique sancto, de quo Curia doluit se in lucris non proficere, per longam cannam loquebatur ad lectum *Caelestine cede, Caelestine cede* „.

[17] *Chronographia*, Parigi, 1585, l. IV, p. 659: " Per cannam deceptus est *(sc. Coelestinus)* voce tanquam coelitus missa insonantem, ut deseret Pontificatum et Bonifacium institueret „.

[18] *Chiose anonime*, ecc., pp. 18-9. Il Selmi le stimò scritte mentre il poeta era ancora in vita; ma vedi, a questo proposito, ROCCA, *Di alcuni commenti della* Divina Commedia *composti nei primi vent'anni dopo la morte di Dante*, Firenze, 1891, pp. 108 sgg.

[19] " E ingegnonno certi cannoni, li quali rispondeano nella sua camera, e per quelli li parlavano di notte, dicendo com'elli erano angeli da Dio messi; e che nel conspetto di Dio èra ch'elli non era sufficiente a tanto offizio, e però ch'elli dovesse rifiutare „. Jacopo riferisce il dantesco *tôrre a inganno* notato di sopra, così alla simonia come alla frode usata a Celestino.

[20] " ..... alcuni voglion dire che esso usò con alcuni suoi segreti servidori, che la notte voci s'udivano nella camera del predetto papa „ ecc.

[21] " Et oltre a questo ordinò un buco, che veniva sopra lo letto del papa, avendosi fatto dare una camera a lato a quella del papa, abitando di dì e di notte con lui, perchè il papa sopradetto si fidava molto di lui, et a certe ore della notte metteva uno cannone per questo buco e diceva al papa ch'elli era l'agnolo mandato da Dio, e comandavali „ ecc.

[22] " Dice ancora alcuno che messer Benedetto Gaetani, essendo papa Cilestrino ancora nella sedia apostolica, per farlo rinunziare, veggendo ch'egli n'avea voglia, misse alcuno fanciullo di notte segretamente nella camera sua, dicendogli la notte ch'egli rinunziasse al papato, et simili inganni facendogli; ma come che le favole si dicano, la verità fu che per consiglio di Papa Bonifazio et per sua arte et inganno et sagacità papa Cilestrino rinunziò il papato „.

[23] *De vita solitaria*, II, 18.

[24] *Islendzk Aeventyri. Isländische Legenden Novellen und Märchen herausgegeben von* Hugo Gering, Halle a. S., 1882-4, vol. I, pp. 77-80; vol. II, pp. 65-6.

[25] Vedi intorno a questi racconti Benfey, *Pantschatantra,* vol. I, § 56, pp. 159-63; G. Paris, *Le récit* Roma *dans les* Sept Sages, *Romania*, vol. IV, pp. 125 sgg. A questo gruppo appartengono, un racconto di Cesario di Heisterbach *(Dialog. mirac.,* dist. II, cap. 24), la novella 2ª, giorn. IV del *Decamerone*, la 69ª del Morlini, la 2ª di Masuccio Salernitano e altre.

LA LEGGENDA DI UN FILOSOFO

(MICHELE SCOTTO)

LA LEGGENDA DI UN FILOSOFO

(Michele Scotto)

——

Nella quarta bolgia dell'ottavo cerchio infernale, Virgilio, redento ormai dalla dubbia fama di mago che per secoli ne aveva infoscato e snaturato il carattere, addita e nomina a Dante gl'indovini ed i maghi che quivi son puniti di lor tracotanza. Accennatine alcuni antichi, Anfiarao, Tiresia, Aronta, Manto, Euripilo, e detto alcun che dei loro fatti, il maestro volge l'attenzione del discepolo sopra un moderno:

> Quell'altro che ne' fianchi è così poco,
> Michele Scotto fu, che veramente
> Delle magiche frode seppe il gioco [1];

poi nomina ancora Guido Bonatti e Asdente, e, senza più far nomi, accenna al popol minuto delle fattucchiere, alle

> triste che lasciaron l'ago,
> La spola e il fuso e fecersi indovine;
> Fecer malie con erbe e con imago.

Se Dante tornasse al mondo, e riscrivesse la *Commedia*, si può tener per sicuro che Michele Scotto non sarebbe più posto da lui in quella bolgia, tra quei dannati, quando pure il poeta rinascesse così buon cattolico quale già fu, e così inclinato a certe credenze come un cattolico non può quasi non essere; ma, dato il tempo in cui il poeta

visse e fu composto il poema; data la celebrità grande
di cui Michele Scotto ebbe a godere in quel tempo, e
le ragioni e l'indole di tal celebrità, era assai difficile,
per non dire impossibile, che il poeta non ponesse il filosofo a quella pena. Dante avrebbe potuto bensì non
parlarne, come di tanti altri non parla; ma il giudizio
ch'egli avrebbe *pensato* sarebbe stato in sostanza quel
medesimo ch'espresse parlando. E se noi porgiamo orecchio alle voci insistenti della leggenda e della tradizione,
intenderemo chiaramente il perchè[2].

I.

Le notizie storiche pervenuteci intorno a Michele Scotto
sono molto scarse e molto incerte, e il nome stesso di
lui dà luogo a dispareri e a dubbiezze. Vuole taluno che
Scotto sia forma italiana del cognome Scott, frequente in
Iscozia; vogliono altri che Scotto sia nome, non di famiglia, ma di nazione, e che perciò s'abbia a dire e scrivere Michele Scoto, come si dice e scrive Duno Scoto,
Clemente Scoto, Ugo Scoto, ecc.[3]. Se non che è da notare
che nel medio evo il nome etnico si scrisse indifferente-
mente *Scotus* e *Scottus*, *Scoto* e *Scotto;* ed io, seguendo
l'uso degli antichi nostri, scriverò *Scotto*, senza impac-
ciarmi in questioni, che, nel caso nostro, non importan
gran fatto.

Del resto, i dubbii circa il nome debbono essere stati
promossi, almeno in parte, da dubbii che si ebbero circa
la patria. Secondo Jacopo della Lana, Michele sarebbe
stato spagnuolo[4]; ma gli altri commentatori di Dante lo
dissero, per la più parte, scozzese[5]; e v'è un anonimo il
quale, non solo il conosce per tale, ma sa pure avere egli
sì fattamente ammaestrati gli Scozzesi nell'arte sua, *che*

anche non fanno passo che arte magica non seguiscano, e avere per giunta insegnato *loro portare calze bianche e gonelle con maniche cuscite insieme* [6]. Dei biografi, alcuni lo vollero scozzese, altri inglese, e la opinion dei secondi ebbe seguitatori recentissimi, come gli ebbe la opinione dei primi [7]. Che Michele Scotto nascesse italiano, e più propriamente salernitano, fu, credo, opinione particolarissima di un Pier Luigi Castellomata, riferita e accettata per buona da Nicola Toppi [8]; ma non meritevole di nessun riguardo. La opinion più plausibile è insomma quella che fa Michele scozzese, confortata anche dal fatto che la leggenda di lui serbavasi viva in Iscozia in principio di questo secolo, come vedremo tra poco, e viva forse ci si serba tuttora.

Per non allungarci troppo stringiamo in poche parole i non molti fatti della vita di Michele che si possono dire accertati, o che si possono considerare come certi fino a prova contraria. Michele nacque verso il 1190, in Belwearie, nella contea di Fife; studiò prima in Oxford, poi in Parigi; soggiornò un tempo in Toledo, ov'era nel 1217; si recò, dopo il 1240, in Germania, dove fu conosciuto e bene accolto da Federico II; fece dimora, certamente non breve, in Italia, nella corte di quell'imperatore, e, si può credere, in parecchie altre città [9]; si ridusse, non si sa quando, in patria; morì verso il 1250 [10]. Stando a tradizioni scozzesi, egli fu sepolto, o in Holme Coltrame, nel Cumberland, o nell'Abbazia di Melrose.

Michele Scotto occupa un luogo onorevole nella storia della filosofia del medio evo, sebbene Ruggero Bacone abbia scritto di lui ch'e' fu ignaro così delle parole come delle cose, e Alberto Magno ch'ei non conobbe la natura e non intese a dovere i libri di Aristotele. Ch'e' non abbia inteso a dovere i libri di Aristotele gli è un fatto; ma quanti furono in quella età coloro che non li frantesero?

Un merito, ad ogni modo, non si può togliere a Michele, ed è d'avere efficacissimamente cooperato a diffondere, o, come lo stesso Ruggero Bacone si esprime, a magnificar tra i Latini la filosofia dello Stagirita, e d'essere stato uno degli ajutatori di Federico II nell'opera della restaurazione del sapere da quel principe con tanto ardore promossa[11]. Per Federico II egli tradusse il compendio che Avicenna aveva tratto della Istoria degli animali di Aristotele; per Federico II compose un *Liber physionomiae* ch'ebbe grandissima celebrità, fu messo a stampa ed ebbe molte edizioni, a cominciare dalla prima di data certa, che è del 1477; poi fu tradotto in italiano, e così impresso in Venezia nel 1537[12]. Voltò di arabico in latino parecchi libri di Aristotele, sebbene non tanti probabilmente quanti, ne' manoscritti, se ne veggono col suo nome; un trattato di Alpetrongi sopra la Sfera; un trattato e alcuni commenti di Averroe, che da lui primamente, secondo avverte il Renan, fu fatto conoscere ai Latini; compose trattati di astrologia e di chiromanzia; tradusse, o compose di suo, parecchi altri libri, de' quali alcuno, attribuitogli certo senza ragione, sta pure a far testimonianza del gran credito in che fu tenuto il suo sapere[13]. Certo è calunnia quanto asserisce il già citato Ruggero Bacone, che Michele, al pari d'altri parecchi che s'arrogarono di tradurre le scritture altrui, non avesse cognizione nè delle scienze, nè delle lingue; nemmeno della lingua latina; e usurpasse l'opera e il merito di un Ebreo per nome Andrea, pubblicando come sue le versioni di costui; sebbene sia vero che del sapere e dell'ajuto di questo Andrea egli ebbe a giovarsi. La corte di Federico II non era corte dove fosse agevole a un ignorante acquistar credito di sapiente, e perchè Federico non era uomo da lasciarsi così facilmente ingannare, e perchè i molti dotti ch'egli si raccoglieva d'attorno avrebbero presto scoperto l'inganno e smascherato l'ingannatore. Per contro noi abbiam prove della riputazion grande onde Michele ebbe a godere appresso gli uomini dotti d'allora. Leonardo Fibonacci, il celebre matematico, dedicò a Michele la seconda parte del suo Abaco. In una epistola in versi che Federico d'Avranches scriveva l'anno 1236 all'imperatore, Michele è celebrato quale astrologo, indovino e nuovo Apollo, profetante felicissime sorti all'impero [14]. Finalmente un papa, Gregorio IX, in una lettera scritta il 28 di aprile del 1227 all'arcivescovo di Cantorbery, chiama Michele il *nostro caro figliuolo*, e di lui loda lo zelo per lo studio, la cognizione del latino, dell'ebraico, dell'arabico, il vasto sapere [15].

Fra Salimbene racconta del sapere, specie astrologico, di Michele una storiella veramente sbalorditiva. Trovandosi un giorno in certo palazzo, Federico II chiese all'astrologo quanta distanza corresse da quello al cielo. Michele rispose come la scienza sua gl'insegnava ; dopo di che l'imperatore, sotto pretesto d'andarne a diporto, lo condusse in altra parte del regno, e quivi lo trattenne più mesi, nel qual tempo ordinò ai suoi architetti, o ai suoi legnajuoli, di sbassare la sala, per modo che nessuno potesse avvedersene; e così fu fatto. Dopo molti giorni, tornato nel medesimo palazzo, l'imperatore, volgendo accortamente il discorso, ripetè all'astrologo la domanda stessa dell'altra volta, e l'astrologo, fatti suoi calcoli, rispose che, o il cielo s'era alzato, o la terra s'era abbassata: ed allora conobbe l'imperatore ch'egli era astrologo davvero [16].

Avviene della buona e della rea fama degli uomini come delle valanghe: queste ingrossano della neve e dei sassi che incontrano giù per la china del monte; quelle, giù per la china del tempo, ingrossano d'infinite opinioni, d'infiniti errori e d'infinite novelle. Così, in bene e in male, si formano le riputazioni eccessive, che la critica storica scompone e riduce a' suoi elementi; così, in parte, fuori dalla consueta mezzanità umana, si levano gli eroi, i santi, i mostri tipici.

Il sapere di Michele parve grande, fatta qualche eccezione, agli uomini del suo tempo: agli uomini de' tempi che seguirono, per lungo tratto, esso parve sempre più grande. Di tale fama crescente noi troviamo le testimonianze in tutti, o quasi tutti, gli scrittori che parlarono di lui; e nei più moderni dura ancora il suono delle lodi con cui era stato celebrato il suo nome, dura l'ammirazion d'un sapere fatto ormai universale: Michele, oltre la lingua sua propria e qualche altro linguaggio volgare, oltre il latino, ebbe familiari il greco, l'ebraico, il caldaico, l'arabico; Michele fu matematico insigne, teologo egregio, astrologo insuperato, medico meraviglioso, conoscitore profondo di tutti i segreti della natura. Pico della Mirandola, seguendo gli esempii di Alberto Magno e di Ruggero Bacone, lo giudicherà, gli è vero, scrittore di nessun peso, e di molta superstizione [17]; ma l'opinion di quelli e sua rimarrà opinion di pochissimi.

II.

Come mai, di filosofo ch'egli fu, Michele si tramutò in profeta ed in mago? Come nacque la leggenda che per secoli frondeggiò intorno al suo nome, e che forse conserva ancora, mentr'io ne ragiono, alcun sarmento vivo e alcuna foglia verde? Quel tramutamento seguì ne' modi consueti; la leggenda nacque come molt'altre così fatte nacquero.

Notiamo anzi tutto che tra le opere conosciute di Michele non ve n'ha nessuna che tratti di magia; ma notiam pure che non v'era punto bisogno d'un tal documento per dar l'aire alle fantasie, sebbene poi la leggenda sel produca da sè. Nel caso presente sono da distinguere una ragion generale e due ragioni particolari. La ragion generale è questa, che in secoli di comune ignoranza la fama di dotto basta di per se stessa a produr la fama di mago; onde noi vediamo dalle fantasie degli uomini del medio evo trasformati in maghi i sapienti così degli antichi come de' nuovi tempi, e ciò con un procedimento uniforme e sommario che mette tutti in un fascio filosofi e poeti e matematici e pontefici e santi e persino uomini così poco *necromantici* come fu messer Giovanni Boccacci. Libri di magia furono attribuiti anche a San Tommaso d'Aquino: Alberto Magno e Ruggero Bacone, così sprezzanti, come s'è veduto, di Michele Scotto, furono ascritti con lui alla stessa famiglia di maghi, ispirarono lo stesso rispetto pauroso, ebbero la stessa celebrità. Sarebbe in tutto superfluo moltiplicar le prove e gli esempii di cosa ormai molte volte discorsa e notissima : già ebbe a dire Apulejo, parlando de' tempi suoi, che le plebi sospettavano di magia tutti i filosofi.

Questa, dunque, la ragion generale nel caso nostro; le ragioni particolari, o, per lo meno, due delle ragioni particolari, le abbiamo presumibilmente nella dimora che Michele fece in Toledo negli anni della sua giovinezza, e, per qualche parte, nella dimestichezza ch'egli ebbe con Federico II.

Durante tutto il medio evo la città di Toledo godette, in materia di scienze occulte, grandissima riputazione : ivi fiorivano l'arti magiche; ivi fioriva una scuola di magia celebre fra quante ne fossero in terra di Saraceni o di cristiani; celebre tanto che la scienza insegnatavi fu detta per antonomasia talvolta *scientia toletana*. Virgilio v'aveva studiato; persuaso dal diavolo, vi studiò Sant'Egidio prima della sua conversione [18]; e così vi studiarono molti altri. Il monaco Elinando afferma nella sua Cronica che i chie-

rici andavano « a Parigi a studiare le arti liberali, a
Bologna i codici, a Salerno i medicamenti, e in nessun
posto i buoni costumi »[19]. Nei romanzi di cavalleria Toledo e la suà scuola sono mentovate assai spesso, e Luigi
Pulci, ricordandosi di quanto altri assai avevano detto
prima di lui, scrisse nel Morgante (XXV, 259):

> Questa città di Tolleto solea
> Tenere studio di negromanzia;
> Quivi di magic'arte si leggea
> Pubblicamente e di piromanzia;
> E molti geomanti sempre avea,
> E sperimenti assai d'idromanzia,
> E d'altre false opinion di sciocchi,
> Come è fatture o spesso batter gli occhi.

Il troppo famoso Dalrio ricordava ancora quello studio
come celebre e detestabile. Michele *doveva* essere stato
condotto a Toledo dal desiderio di apprendervi l'arte
màgica.

Federico II diede argomento a due diverse, anzi contrarie tradizioni, delle quali, l'una si diffuse più largamente e prevalse in Germania, l'altra si diffuse più largamente e prevalse in Italia ; la prima ghibellina ed a
lui favorevole ; la seconda guelfa ed a lui sfavorevole. Di
quella non abbiamo ora a curarci : di questa basterà notare che per essa Federico II fu spogliato di ogni virtù,
gravato di ogni nequizia, dipinto quale uomo diabolico,
identificato persino con l'Anticristo. Del carattere che
così la leggenda gli veniva attribuendo un'ombra s'aveva
a stendere su tutto ciò che gli stava d'intorno ; e ch'egli
e i familiari suoi avessero intelligenza con Satanasso doveva parere presunzione, più che ragionevole, necessaria.
Strani uomini si vedevano in quella corte ; strane cose vi
si facevano ; di più miracoli dell'arti occulte (così dice-

vasi) vi si dava saggio e spettacolo. Quivi Saraceni in gran numero, i quali tutti eran tenuti accoliti e serventi del diavolo; quivi messi, che da paesi remoti ed incogniti recavano meraviglie non più vedute; quivi giocolieri d'ogni nazione e maestria; quivi maghi, operatori d'inauditi prodigi [20]. Federico II traeva a sè gli uomini singolari come la calamita il ferro. Nell'anno 1231, essendo egli alla dieta di Ravenna, ebbe a trovarsi (così narra il cronista Tommaso Tusco) con certo Riccardo, venutovi in compagnia d'altri cavalieri d'Alemagna, il quale si spacciava per iscudiero di Olivieri, del paladino morto da quattro secoli, e asseriva d'essere stato altra volta in Ravenna insieme col suo signore, con Carlo Magno e con Orlando. Richiesto dall'imperatore di dar qualche prova di quanto affermava, fece discoprire certa cappella e certe arche sepolcrali da gran tempo interrate, e scovare sul davanzale di una finestra altissima certi sproni rugginosi, dimenticativi da un gigantesco cavaliere di Carlo [21]. Dei miracoli d'arte che i suoi maestri sapevano oprare diede un saggio Federico quando, volendo ricambiare il soldano di certi ricchissimi doni che n'avea ricevuti, gli mandò, oltre a cento stendardi d'oro, e cento destrieri di Spagna, e cento palafreni da sollazzo, « uno albero tutto pieno d'uccegli, e tutti erano d'argento; e quando traeva alcuno vento, tutti cantavano e dirizzavansi e chinavansi, ed erano a vedere una grande meraviglia: e questo albero si commetteva tutto insieme » [22].

Chi sa mai quant'altre così fatte novelle dovettero narrarsi di Federico II, le quali non son venute sino a noi, ma che tutte dovevano riuscire a questo effetto, di sollevare e di stendere intorno a lui e alla sua corte come una caligine di meraviglioso, attissima a mutar volto e colore alle persone che ci si movevan dentro, e che già per altre ragioni eran disposte e inchinevoli al mutamento. Fra Salimbene ebbe certo a udirne di molte, che a noi rincresce sieno state passate da lui sotto silenzio, dicendo egli in due luoghi della sua Cronica: Di Federico io so molt'altre superstizioni e curiosità e maledizioni e perversità e inganni, dei quali alcuni consegnai in altra mia cronica, e di cui taccio ora per amor di brevità, e perchè mi rincresce riferire tante sue fatuità[23]. Sebbene di Michele Scotto non sia mai ricordo nei Regesti di Federico, se non in quanto si accenni ad alcuna delle sue versioni ; e sebbene non sia da credere all'Anonimo Fiorentino che lo crea senz'altro maestro dell'imperatore[24] ; pur nondimeno non è da dubitare ch'ei non fosse uno de' familiari suoi, un frequentatore della sua corte, e forse uno dei molti astrologi che l'imperatore si teneva d'attorno. Ma, s'avesse egli, o non s'avesse cotale ufficio, da quella familiarità e da quella frequentazione doveva venire nuovo argomento e nuovo stimolo alla leggenda magica che già, per altre ragioni, era per formarsi intorno al suo nome.

III.

La leggenda di Michele Scotto, simile in questo a tutte le altre leggende, non nacque certo già bella e formata, ma si venne formando a poco a poco, in virtù di svolgimenti e di aggregazioni successive. In essa si possono distinguere due parti principali: l'una, che narra di lui come conoscitor del futuro o indovino; l'altra, che narra di lui come mago ; ma dire qual delle due preceda in ordine di tempo, o se entrambe non sorgano congiuntamente, è cosa impossibile ora. Gli è vero che Salimbene ricorda di lui soltanto le predizioni, e nulla dice dell'arte magica più propriamente detta ; ma ciò non significa punto che l'altra parte della leggenda non fosse già nata, se non cresciuta; o che Salimbene dovesse ignorarla; mentre vediamo che Pietro Alighieri, fatto di questa consapevole, se non da altro, dai versi stessi del poema paterno che commentava, dice dell'indovino, o, com'egli latinamente lo chiama, grande augure, ma non tocca punto del mago [25].

Dante condanna alla stessa pena, promiscuamente, gli indovini ed i maghi; e un altro de' commentatori suoi, quello che chiaman l'Ottimo, giunto ai versi ov'è fatta menzione di Michele Scotto, nota: « Qui descrive l'autore d'un'altra specie d'indovini, li quali usano arte magica » [26]. Ma indovini e maghi non erano propriamente la stessa cosa; anzi, tra gli uni e gli altri, più che diversità, c'era, a rigor di dottrina, opposizione e contrasto; dappoichè, se l'arte magica non si poteva esercitare senza la cooperazion dei demonii, la divinazione escludeva ogni loro concorso, essendo opinione universalmente professata che i demonii non conoscessero il futuro. Di solito, questi indovini andavano debitori di quella molta o poca cognizione dell'avvenire ch'e' si vantavan d'avere alla scienza astrologica; ma tal cognizione poteva, alle volte, avere altra origine, essere di natura divina, confondersi col dono di profezia; e tale essendo, poteva (la qual cosa parrà, ed è forse, un po' strana) accompagnarsi con l'esercizio dell'arte magica, di un'arte iniqua e dannata. In Virgilio, quale se lo venne figurando la fantasia medievale, c'è il profeta di Cristo e c'è il mago; Merlino è profeta e mago ad un tempo; e profeta e mago in uno dovette sembrare a molti Michele Scotto. Graziolo de' Bambagioli, o come altrimenti suoni il suo nome, accenna senza dubbio a scienza astrologica, là dove dice: « Jste Michael Scottus fuit valde peritus in magicis artibus et scientia auguri, qui temporibus suis potissime stetit in curia Federici Jmperatoris » [27]; ma Salimbene parla propriamente di profezie, e così pure Fazio degli Uberti, nel cui *Dittamondo* si legge :

> In questo tempo che m'odi contare,
> Michele Scotto fu, che per sua arte
> Sapeva Simon mago contraffare.
> E se tu leggerai nelle sue carte,
> Le profezie ch'ei fece troverai
> Vere venire dove sono sparte [28].

Non vorrei arrischiarmi in una congettura temeraria; ma se Dante non pose nella quarta bolgia, insieme con gli altri indovini, anche Merlino, quel Merlino che assai più di Anfiarao, di Tiresia, di Aronta, di Manto, di Euripilo, era allora noto all'universale, la ragione del non avervelo posto potrebbe essere questa, che il poeta, con altri molti, credeva di origine divina le profezie dell'antico bardo, alle quali solo una decisione del concilio di Trento tolse da ultimo il credito e la riputazione. Comunque sia, e' si vuole avvertire che noi ci troviamo qui in presenza di cose, di concetti, di credenze, i cui caratteri, la cui significazione, i cui confini, sono per le condizioni stesse del pensiero e della vita del medio evo, incerti ed instabili, con trapassi e straripamenti continui, e commutazioni infinite, e che in tanta mobilità e promiscuità non può esser luogo a definizioni troppo rigorose, a distinzioni fisse e perspicue.

E la unione del profeta col mago in persona di Michele Scotto era agevolata dalla qualità di mago buono ch'egli ebbe insieme con altri parecchi. Qui ci si para dinanzi un fatto che nell'argomento nostro è di capitale importanza e vuol essere inteso a dovere. Antichissima, e serbata durante tutto il medio evo, è la distinzione tra la magia divina e la diabolica, o, se si vuol dare alla parola magia un più ristretto significato, tra la teurgia, che moveva da Dio, e la magia, che moveva dal Diavolo [29].

Ma anche questa distinzione non è così costante e sicura
come potrebbe a primo aspetto sembrare. La teurgia apparteneva ai santi ; ma la magia non apparteneva di ne-
cessità ad uomini malvagi e diabolici ; giacchè c'erano
maghi buoni e maghi rei, e alcuna volta è assai difficile
distinguere il santo dal mago buono. E in vero, non solo
operavano entrambi, su per giù, gli stessi prodigi, ma gli
operavano ancora con lo stesso animo e con gli stessi intendimenti. Virgilio, se fosse stato cristiano [30], sarebbe
diventato un santo; e la leggenda narra che San Paolo
pianse sulla sua tomba, e che San Cadoco ebbe quasi la
prova ch'egli era salvo. Alberto Magno, di cui si disse
che esercitasse la magia in beneficio della fede e con licenza del papa, al quale aveva salva in certa occasione
la vita, fu canonizzato davvero [31]. Ruggero Bacone fu così
buon cristiano che una volta punì certo suo servitore
perchè non digiunava quand'era prescritto ; un'altra volta
riscattò un gentiluomo che per quattrini s'era obbligato
al diavolo; e da ultimo, preso da scrupoli, bruciò tutti i
suoi libri di magia, e si rinserrò in una cella, donde più
non uscì, e dove finì di vivere in capo di due anni, tutti
consacrati a pratiche di devozione. Avicenna fu un mago
buono tra i musulmani. Mago buono è il Malagigi dei
romanzi cavallereschi; ottimo il Prospero della *Tempesta*
dello Shakespeare. Di questi e di altri simili maghi, storici o immaginarii, si può dire ciò che di Cipriano dice
uno de' famuli suoi nel dramma del Calderon:

> Yo solamente resuelvo
> Que, si el es mágico, ha sido
> El mágico de los cielos [32].

Come immaginò i demonii servizievoli e amici dell'uomo,
così immaginò la fantasia popolare i maghi buoni, sti-
mandoli tali anche quando ricorressero ad arti prave ed

illecite. La massima che il fine giustifica i mezzi è massima, in secreto o in palese, professata universalmente ; non sempre così malvagia come molti la dicono; e non tale a ogni modo che se ne debbano considerare inventori ed osservatori i soli gesuiti, a cui, generalmente, suol farsene colpa. Oltre di ciò, la opinione che col cielo si possa tergiversare, venire a patti ed a transazioni, è ancor essa in fondo alla coscienza comune; e se noi la vediamo accolta come norma di temperamento, o, a dirittura, come principio regolativo della vita, in più di una religione pratica, ciò non vuol dir altro se non che le religioni, *in pratica*, prendono sempre forma dalla coscienza comune.

C'è, del resto, un criterio, per cui si può abbastanza sicuramente conoscere il mago buono dal mago reo. Il reo stringe col diavolo un patto, in forza del quale ei si impegna di dargli l'anima in pagamento dell'ajuto che da esso avrà. Il buono non si obbliga con patto alcuno, ma riman libero, ed esercita l'arte, bensì con la cooperazione del diavolo, ma in virtù di un alto potere ch'egli s'è procacciato. Il primo esercita l'arte da mercante, e, in realtà, serve al diavolo, cui par che comandi: il secondo esercita l'arte da gran signore, e comanda al diavolo, cui può chiedere tutto senza concedere nulla. Così è che Salomone poteva forzare i diavoli a ballargli davanti; e dicono i maomettani che chi avesse l'anello di Salomone potrebbe comandare ai diavoli ogni cosa che gli fosse in piacere. Orbene; chi sapeva leggere nei libri magici poteva fare altrettanto [33]. Certo, questi commerci e queste pratiche non erano senza pericolo, come non erano senza peccato ; ma il pericolo non era poi troppo terribile, e il peccato, a giudizio almeno di chi non fosse teologo di professione, non era grandissimo. Il Talmud permette d'interrogare i demonii, di chiedere loro consiglio ed ajuto:

i cristiani non potevan certo giovarsi delle permissioni del Talmud ; ma certe permissioni, quando loro faceva comodo, se le prendevan da sè.

Michele Scotto fu dunque un mago buono, il quale comandò ai diavoli per iscienza, senza (che si sappia) obbligarsi loro nè in vita nè in morte. Non fu, da quanto mostra la sua leggenda, così largo benefattore degli uomini come l'unico Virgilio, ma non abusò dell'arte sua, e dovette essere servizievole uomo e liberale, se a due suoi discepoli, che lasciò in Firenze, impose (come attesta il Boccaccio) fossero sempre presti ad ogni piacere di certi gentili uomini che l'avevano onorato, e se quelli, obbedienti al precetto, « servivano i predetti gentili uomini di certi loro innamoramenti e d'altre cosette liberamente ». Di sua bontà vedremo qualche altra prova più innanzi. Anche fu dabbene cristiano, tuttochè si lasciasse vincere in questa parte da altri, e Alberto Magno accusi in certo qual modo di empietà un suo libro intitolato *Quaestiones Nicolai Peripatetici*, e parecchi notino ch'egli non era troppo devoto. Vedremo, tuttavia, che un atto di devozione fu, in parte almeno, cagione della sua morte.

E ora, senza più oltre indugiarci, prendiamo in esame le predizioni dell'indovino, o, se meglio piace, del profeta, e i prodigi del mago: e cominciam dalle predizioni.

IV.

Varia e copiosa fiorì in Italia, nei tre secoli XII, XIII e XIV, la letteratura profetica, e due furono le ragioni principali del suo fiorire: il ravvivarsi del sentimento religioso; la passione politica. Il sentimento religioso naturalmente inclina l'uomo a ideare un avvenire conforme a certi dati della fede, o a certi postulati della coscienza, e, ideatolo, a palesarlo e bandirlo[34]. La passione politica lo inclina a cercar nella predizione un concetto che lo sorregga e diriga, un'arme di combattimento, un principio di giustificazione. Nascono per tal modo due maniere di profezie, l'una più propriamente ascetica, l'altra più propriamente politica ; sebbene tra le due non sia divario di specie a specie, ma solo di varietà a varietà ; e sebbene delle due se ne faccia assai volte una sola : e nel riguardo della politica è in più particolar modo da distinguere la profezia che dirò suggestiva, la quale s'adopera a drizzar gli eventi piuttosto per una che per altra via ; e la profezia retroattiva, la quale, descrivendo o narrando ciò che assume di predire, giustifica e sancisce, *post eventum,* un dato ordine di fatti.

Da Gioacchino di Fiora, il quale fu

Di spirito profetico dotato,

a Jacopone da Todi, i profeti moltiplicarono in Italia[35]; e quasichè i nostrani non bastassero, furono tratti a questa volta e forzati a immischiarsi nelle cose nostre anche i forastieri. Di ciò nessun altro esempio più calzante per noi, e che più faccia al caso, di quello di Merlino, profeta e mago.

Le supposte profezie di Merlino, in grazia della compilazione latina che ne fece Goffredo di Monmouth, si diffusero rapidamente e largamente per l'Europa, acquistando fra disparatissime genti meravigliosa e durevole celebrità. Esse furono accolte nelle istorie, come un lume atto a rischiarare le umane vicende e a guidare il giudizio; furono commentate e interpretate da uomini di grande dottrina ed autorità, qual fu uno Alano de Insulis, che consacrò loro un'opera divisa in sette libri. Esse ebbero ad influire più d'una volta sugli avvenimenti, e si

serbarono in credito, e si seguitarono a stampare e citare,
finchè non sopraggiunse, come s'è notato, il Concilio di
Trento, che le dichiarò false e le proibì [26]. In grazia di
quella tanta sua riputazione, Merlino non fu più soltanto il
profeta dei Brettoni, ma diventò un profeta universale, a cui
si attribuirono a mano a mano altri vaticinii, risguardanti,
quando le sorti di una particolare nazione, quando eventi
di carattere più generale. Così fu ch'ei divenne profeta
anche per l'Italia, dove, già nella prima metà del secolo XIII, un Riccardo, che abitava in Messina, compose
in francese, a richiesta di Federico II (si noti questo particolare), e spacciandola per autentica, una nuova raccolta
di profezie di Merlino, tutte molto favorevoli all'imperatore e altrettanto avverse alla curia romana [37]. Non so se
ad esse si riferiscano in qualche modo certe parole del
già citato *Fioretto di croniche degli imperadori*, in un
luogo dove, parlando appunto di Federico II, l'autore, che
gli si addimostra assai favorevole, nota: « E se Merlino
o vero la savia Sibilla dicono veritade, in questo Imperadore Federigo finì la dignitade » [38]. Col titolo di *Versus
Merlini* il Muratori pubblicò in calce al *Memoriale po-
testatum Regiensium* sessanta versi leonini, assai rozzi,
nei quali si accenna confusamente ai casi di molte città
e province d'Italia [39].

Qualche altra prova si potrebbe recare della fama onde,
come profeta, Merlino ebbe a godere in Italia; ma quelle
recate potranno bastare.

Certo, Michele Scotto non ebbe, nè poteva avere, per
questa parte, fama eguale a quella di Merlino, il cui
nome era cognito a quanti (ed erano innumerevoli) avessero qualche dimestichezza con le leggende vaghissime,
ambages pulcherrimae, come Dante le chiama, del ciclo
arturiano, e la cui vita favolosa aveva dato materia a un
romanzo famoso, il *Merlin* di Roberto di Borron, notis-

simo, come gli altri del ciclo, in Italia, e tradotto nel
volgare nostro l'anno 1375. Nè pure ebb'egli la celebrità
meravigliosa onde fruì più tardi Michele Nostradamus;
ma ebbe, ciò nondimeno, come profeta, non picciolo nome.
Salimbene, che nella sua cronica riferisce parecchie profezie di Merlino e d'altri, ne riferisce anche una dello
Scotto, in versi, contenente *Futura praesagia Lombardiae,
Tusciae, Romagnolae et aliarum partium*, e nota in proposito: Quanto sieno state vere queste predizioni, fu da
molti potuto vedere, ed io stesso il vidi e lo intesi; e la
mente mia contemplò assai cose sapientemente, e fui ammaestrato; onde so che, se alcune poche ne togli, furono
vere [40]. Il cronista bolognese Francesco Pipino, il quale
fiorì nella prima metà del secolo XIV, ricorda che lo
Scotto diede fuori certi versi (probabilmente quegli stessi
che Salimbene riporta) ov'era predetta la rovina di parecchie città d'Italia, con altri avvenimenti [41]; e Benvenuto da Imola assicura che parecchie profezie del nostro
filosofo si avverarono [42].

Le profezie qui ricordate furono esse veramente opera
di Michele Scotto? o non piuttosto furono a lui attribuite
per acquistar loro il credito e la celebrità onde quegli
godeva, così come s'era fatto già, o tuttavia si veniva facendo, con Merlino? Che Michele s'arrogasse l'officio di
profeta è provato da quanto dice in proposito Enrico
d'Avranches, ricordato di sopra; ma che le profezie a lui
attribuite sieno proprio di lui non si può provare, e che
quella riferita da Salimbene non sia si può affermare sicuramente, quando si consideri che essa è, in sostanza,
non favorevole, ma avversa a Federico II. Comunque sia,
ciò che più importa a noi si è che dalla comune credenza
e dalla leggenda ei fu tenuto profeta.

E la leggenda altro narra in proposito. Il cronista Saba
Malaspina (sec. XIII), avvertito come Federico II desse

molta fede ad astrologi e negromanti, e si governasse con loro parole, soggiunge che essendogli stato predetto da certi *aruspici* che morrebbe *sub flore*, desideroso di vivere immortale, evitò con ogni studio d'entrare così in Firenze, come in Fiorentino di Campania, senza, per questo, poter fuggire alla sorte che l'aspettava [43]. Chi quegli aruspici fossero Saba non dice. Giovanni Villani narra: « Lo Imperadore venuto in Toscana non volle entrare in Firenze, nè mai non v'era intrato, però che se ne guardava, trovando per suoi augurj, ovvero detto d'alcuno demonio, ovvero profezia, come dovea morire in Firenze, onde forte ne temea; » e alquanto più oltre, narrando come Federico morisse in Firenzuola, soggiunge: « ma male seppe interpretare le parole mendaci, che 'l demonio li avea dette » [44]. Giovanni non sa donde propriamente venisse, di che natura fosse l'avvertimento; ma inclina da ultimo a crederlo avvertimento ingannevole di demonio. Altri, e sono il maggior numero, attribuiscono l'avvertimento a Michele Scotto. Benvenuto da Imola, notato come Michele mescolasse la negromanzia con l'astrologia, e come delle predizioni ch'ei fece alcune ebbero ad avverarsi, dice che male per altro s'appose quando annunziò a Federico che morrebbe in Firenze, mentre morì in Fiorenzuola di Puglia (*sic*). L'autore del *Fioretto delle croniche degli imperadori* nomina Michele Scotto, ma non accenna a errore o equivocazion di nome: « E andando per lo cammino (*lo imperadore*) giunse in Campania a una terra che si chiama Fiorentino, e quivi morì. E tutto ciò gli disse di sua morte Maestro Michele Scotto negli anni domini MCCL: » e avverte poi che Merlino parlò di Federico II, e profetò che vivrebbe settantasette anni. Sant'Antonino ricorda l'equivocazione dei nomi, ma di Michele Scotto non parla [45]; mentre alcuni fra i commentatori meno antichi di Dante, come il Landino, il Vellutello, il Daniello, ne fanno espresso ricordo. Taluno d'essi parla, non di Fiorenzuola, ma di Firenzuola. Com'è noto, Federico morì veramente in Fiorentino di Puglia.

Non ispenderò parole intorno all'indole di questa profezia la quale arieggia certi responsi ambigui degli oracoli antichi: mi basterà notare ch'essa ha numerosi riscontri [46].

A Cecco d'Ascoli, mutato come Michele Scotto in mago, furono, come a Michele Scotto, attribuite parecchie profezie, ricordate da Giovanni Villani e da altri [47].

V.

Se celebre come profeta, assai più celebre fu Michele Scotto come mago.

Abbiam già udito il Landino affermare essere stata opinione universale che Michele « fusse ottimo astrologo et gran mago; » e l'Anonimo Fiorentino ch'ei « fu grande nigromante ». Il Boccaccio lo fa dire da Bruno « gran maestro in nigromanzia », e Guiniforto delli Bargigi lo vanta « grande incantatore nella corte di Federico II » [48]. Nel *Paradiso degli Alberti*, Maestro Luigi Marsilii, facendosi a narrare una novella che vedremo or ora, dice di voler narrare « uno caso assai famoso e noto e pubblicamente fatto da tale, che, secondo che certo si crede, non fu in Italia già moltissimi secoli più dotto e famoso mago ». Aveva dunque avuto ragione Dante di affermare che Michele seppe *veramente* quel gioco, e Fazio degli Uberti ch'ei seppe contraffare Simon Mago, maestro e principe di tutti i maghi. In sul finire del secolo XV e in sul principiar del seguente questa celebrità di Michele Scotto non era ancor dileguata: Teofilo Folengo, nella maccheronea XVIII ce ne fa testimonianza.

La leggenda magica di Michele Scotto non dovett'essere

per certo, così copiosa e compaginata come fu quella di
Virgilio; ma certo fu più compaginata e copiosa di quanto
ora appaja a noi, che non siam più in grado di conoscerla
tutta. Di ciò le prove non mancano. Benvenuto da Imola
ricorda avere udito narrar di Michele, *de quo jam toties
dictum est et dicetur*, assai cose, che pajono a lui piuttosto immaginate che vere [49]; e l'Anonimo Fiorentino:
« Dicesi di lui molte cose meravigliose in quell'arte ».
Più secoli dopo il Dempster nota che ancora a' suoi tempi
si narravan di lui innumerevoli fiabe, *innumerabiles...
aniles fabulae*. Avvertasi che la leggenda magica di Michele Scotto nasceva e prendeva vigore giusto nel tempo
in cui cominciava ad appalesarsi in modo più risentito
il triste vaneggiamento superstizioso che tante sciagure
procacciò di poi; quando contro gli stregoni e le streghe
s'instruivano i primi processi e s'accendevano i primi
roghi; quando Gregorio IX, di cui abbiamo udite le lodi
date al filosofo, si levava con impetuoso sdegno contro
l'arte dannata e contro i rei che osavan di professarla.
Nasceva la leggenda e prendeva vigore in un tempo assai
favorevole al suo nascere ed al suo crescere.

I racconti in cui la leggenda prende corpo e colore si
possono spartire in due gruppi: l'uno, di quelli nati in
Italia, o, per lo meno, riferiti da autori italiani; l'altro,
di quelli nati fuori d'Italia, e più propriamente nella
patria del filosofo, in Iscozia. Tra questi due gruppi non
è diversità quanto al concetto che li informa e sorregge;
ma non è nemmeno continuità: li tiene congiunti insieme
il nome di colui che diede argomento alla leggenda. Volgiamoci primamente al primo.

Jacopo della Lana, Francesco da Buti, l'Anonimo Fiorentino, Cristoforo Landino, Alessandro Vellutello, narrano,
quale più in breve, quale più in disteso, e con particolarità che variano dall'uno all'altro, come, essendo in Bo-

logna, Michele invitasse a banchetto molti gentili uomini della città, senza apparecchiare vivanda alcuna, e neanco accendere il fuoco in cucina, e come, essendo i convitati seduti intorno alle mense, cominciassero a venir per l'aria serviti di molte vivande, e Michele dicesse loro: questo viene dalla cucina del re di Francia; quest'altro dalla cucina del re d'Inghilterra, e così di séguito; e il tutto avveniva per diligenza di spiriti, comandati da Michele [50].

Il qual Michele, per altro, non potrebbe vantarsi d'essere stato al mondo solo operatore di tanto prodigio, chè altri l'operarono prima, e altri dopo di lui. Di Pasete, *il quale superò tutti gli uomini nell'arte magica*, ricorda Suida come facesse apparire sontuosi banchetti, e donzelli che li servivano, e il tutto novamente sparire [51]; e miracoli simili narra Origene dei maghi d'Egitto [52]. Numa Pompilio, Virgilio, Tiridate I, re d'Armenia, un re dei Bramani, Alberto Magno, Ruggero Bacone, Pietro Barliario, Fausto, un rabbino per nome Löw, conobbero tutti quest'arte, e la praticarono con ottimo successo [53]. Il diavolo Astarotte imbandì a Rinaldo e a Ricciardetto un banchetto sontuoso, e avendo i due paladini domandato

> onde l'oste abbia avute
> Queste vivande che son lor venute;

> Rispose il diavol: Questa colezione,
>   E le vivande che mangiato avete,
>   Apparecchiava il re Marsilione;
>   E giunti in Roncisvalle lo saprete,
>   Che i servi insieme ne fecion quistione;
>   E se del vostro imperador volete
>   Ch'io faccia qui venir lesso o arrosto,
>   Comanda pur, chè ci sarà tantosto [54].

Nè potrebbe il nostro Michele vantarsi d'essere stato il solo che sapesse operare il miracolo, riferito dall'Anonimo Fiorentino, di far comparire « essendo di gennaio, viti

piene di pampani et con molte uve mature », le quali
sparvero subito che i presenti si furono accinti a tagliare
i grappoli co' coltelli; perchè un miracolo in tutto simile
a questo seppe operare anche Fausto [55], e altri incantatori
seppero, di pieno verno, far comparire interi giardini, verdi
e fioriti. Così l'Ebreo Sedecia, di cui si dice, nel *Paradiso degli Alberti*, che l'anno 876 fece sorgere, in presenza dell'imperator Lodovico, uno stupendo giardino,
tutto odoroso di fiori, tutto sonante del canto d'infiniti
uccelli; così Alberto Magno, che in un giardino miracoloso imbandì un miracoloso banchetto; così Cecco d'Ascoli,
di cui si racconta che « in un convito di dame, a tempo
d'inverno, fece apparir pergolati, e fiori e frutta, come di
primavera e autunno » [56]. Ma il prodigio più pomposo e
mirabile fu quello operato dal secondo. Nel cuor del verno,
Alberto Magno pregò una volta l'imperatore Guglielmo
di volersi recare, con tutta la corte, a desinare in sua
casa. V'andò l'imperatore, e il buon mago lo menò, insieme col séguito, in un giardino, dove, tra gli alberi
sfrondati, in mezzo alla neve ed al ghiaccio che coprivano
intorno ogni cosa, si vedeva apparecchiato il convito. I
cortigiani cominciarono a mormorare, sembrando loro uno
strano scherzo quello dell'ospite che li aveva condotti a
intirizzir di freddo; ma come l'imperatore si fu seduto
a mensa, e gli altri similmente, ciascuno secondo il suo
grado, ecco splendere in cielo un sole estivo, ecco disfarsi
in un baleno la neve ed il ghiaccio, la terra e gli alberi
germinare e vestirsi di verzura e di fiori, brillar tra le
frónde i frutti maturi, e l'aria d'intorno sonare del canto
soavissimo d'infiniti uccelli. In breve la caldura crebbe
di sorta, che i convitati cominciarono a togliersi i panni
di dosso, e, mezzo ignudi, ripararono all'ombra degli alberi. Fornito il mangiare, i numerosi e leggiadri valletti
che avevan servito sparvero come nebbia, e di súbito il

cielo si rabbujò, e le piante si dispogliarono, e un orrido gelo ravvolse novamente ogni cosa, con sì acerba freddura, che gli ospiti, tremando, corsero in casa, e si accalcarono intorno al fuoco [57].

Non estraneo forse ai banchetti magici di Michele era un barletto portentoso, che mai non si votava. Si racconta nelle chiose sopra Dante alle quali si dà il titolo di Falso Boccaccio, che nel campo e nel padiglione dell'imperator Federico, il giorno in cui questi fu sconfitto da' Parmigiani assediati, un povero ciabattino, andatovi con altri infiniti a far preda, trovò un barletto pien di vino squisitissimo, e sel portò a casa. Egli e la donna sua ogni dì ne spillavano; ma per quanto ne spillassero, non potevano vederne la fine: onde il pover uomo, meravigliato, volle vedere che mai ci fosse dentro, e ruppe il barletto, e vi trovò una piccola figurina di un angelo d'argento, il quale con l'un de' piedi premeva un grappolo d'uva, similmente d'argento, e dal grappolo usciva quel perfettissimo vino. Così appagò egli la sua curiosità; ma tosto se n'ebbe a pentire, perchè dal barletto non uscì più nemmeno un gocciolo; e il barletto « era fatto per arte magicha e di negromanzia, e questo fecie Tales, overo Michele Scotto, per la sua scienzia e virtù » [58]. L'autore di queste chiose è il solo che affibbii a Michele il nome di Tales (Talete?), nè so dire perchè sel faccia. Di un altro botticino che non si votava mai, ma che avrebbe perduta la virtù il giorno in cui alcuno avesse voluto guardarvi dentro, fu autore Virgilio, secondo attesta Bonamente Aliprando [59].

Questi racconti hanno popolare l'origine, popolare il carattere. Stimolata dal bisogno e talora dalla fame, la fantasia vagheggiò nell'arte magica un mezzo sbrigativo e sicuro di sovvenire alla fame e al bisogno. Di qui sì fatte ed altre simili finzioni, le quali perpetuamente rinascono dal desiderio perpetuo. La borsa inesauribile di Fortunato passa di mano in mano: a Pietro d'Abano i denari spesi facevano ritorno da sè, fedelmente; l'antico Pasete, già ricordato, aveva un mezzo obolo che sempre gli rivolava in tasca, e che diede argomento a un proverbio.

Di tutt'altro carattere, e più romanzesco, e men comune, è un altro prodigio che del nostro mago si narra.

Federico II celebrava in Palermo, con solennissime feste, la elezione sua a re dei Romani. Il giorno della festa maggiore, essendo chiarissimo il cielo, e già seduti intorno alle mense i convitati, e cominciato a dar l'acqua alle mani, si presentò all'imperatore Michele Scotto, insieme con un suo compagno, entrambi in abito di Caldei, e ricordato come da un mese circa non fosse più stato in corte, offerse di dar saggio dell'arte sua. L'imperatore lo pregò di far rinfrescare, con un buono scataroscio di pioggia, l'aria, ch'era caldissima. Obbedì il mago, e tosto, rannuvolatosi il cielo, imperversò una furiosa procella, la quale si chetò prontamente, come appena l'imperatore n'ebbe espresso il desiderio. Ammirato e lieto di tal meraviglia, l'imperatore invitò i savii a chiedergli quale grazia più loro piacesse, ch'egli era pronto a concederla, e Michele il pregò di voler dar loro uno de' suoi baroni, perchè fosse loro campione, e li ajutasse ad aver ragione di certi nemici, co' quali erano in guerra. Acconsentì Federico, e li invitò a scegliere tra' cavalieri presenti quello che loro fosse più in grado, ed essi scelsero un cavaliere tedesco, per nome Ulfo, e subito, con esso lui (così parve al cavaliere) si posero in viaggio, sopra due grandi e magnifiche galere, avendo seco numerosa e bella compagnia. Navigando a seconda, risalirono lungo la costa occidentale d'Italia, ridiscesero lungo la costa orientale di Spagna, valicarono lo stretto di Gibilterra, e giunsero « a liti

assai domestichi e piacevoli », dove si fe' loro incontro
molto popolo festante, ed ebbero, come signori di quel paese,
meravigliose accoglienze; e di lì passarono a un luogo,
ov'era accampato un grandissimo esercito, pronto a muovere contro il nemico, e dell'esercito, Ulfo fu gridato ca-
pitano. Comincia allora una micidialissima guerra. Si
combattono due grandi battaglie campali, a cui tien dietro
la espugnazione d'una città. Ulfo uccide di sua mano il
re nemico, ne occupa il trono, ne sposa la figliuola, e
riman d'ogni cosa, per volontà di Michele, solo ed assoluto
signore. Michele e il compagno chiedono allora licenza e
si partono, e Ulfo vive lietissimo in compagnia della
moglie, che adora, e ha da lei più figliuoli, così maschi
come femmine. Trascorsi quasi vent'anni, Michele e il
compagno tornano a lui, e lo sollecitano ad andarsene con
loro in Sicilia, alla corte dell'imperatore. Ulfo, benchè di
mala voglia si parta dalla famiglia e dal regno, cede
alla loro preghiera, si pone con essi in viaggio, giunge
con essi a Palermo, ed ecco ritrova, con sua stupefazione
grandissima, nella corte di Federico, le cose tutte in quella
condizione medesima in cui le aveva lasciate, chè dai donzelli non s'era ancor finito di dar l'acqua alle mani. Quelli
che ad Ulfo erano, per illusion di magia, sembrati mol-
t'anni, non erano stati se non pochi istanti; e la novella
soggiunge che il povero cavaliere non potè racconsolarsi
mai più della felicità che credeva di aver goduta e perduta. In quel punto medesimo Michele e il compagno
sparirono, e per quanto Federico, doglioso della tristezza
del suo cavaliere, li facesse cercare, non fu più possibile
di trovarli.

La novella di cui io ho qui dato un sunto, è narrata
molto per disteso nel *Paradiso degli Alberti* [60]; ma, assai
prima che in questo romanzo, fu introdotta nel *Novellino*,
salvo che qui è narrata, come le altre del libro, in forma

assai compendiosa, e che il luogo di Michele Scotto e del suo compagno vi è tenuto da « tre maestri di nigromanzia », di nessun de' quali si dice il nome, e un conte di San Bonifazio fa le veci del cavaliere Ulfo [61]. L'avventura, o, a meglio dire, l'incantesimo che le porge argomento, riappare, variato più o meno, in numerosi racconti [62].

Della valentia di Michele Scotto nell'arti magiche, e dei prodigi operati da lui, rimase lungo ricordo in Italia. Nella maccheronea XVIII del *Baldo,* Teofilo Folengo, enumerando le varie figure di maghi ond'era adorno il libro di Muselina, non dimentica Michele, e fa cenno de' suoi incantamenti: immagini diaboliche; filtri amatorii; un cavallo invisibile, che rapido come saetta, il portava dovunque gli piacesse d'andare; certa nave disegnata sulla riva, che si mutò in vera e propria nave trasvolante pei mari; una cappa che faceva invisibile chi la indossava, ma lasciava scorgere l'ombra del corpo, se quegli, incauto, si fosse esposto al sole [63]. Non so se altri, prima del Folengo, avesse attribuiti a Michele sì fatti prodigi, che dagli autori più antichi non si vedono ricordati; ma quanto ai prodigi stessi, l'invenzione non è del Folengo. Un cavallo molto simile a quello da lui descritto ci si parerà dinanzi a momenti: il miracolo della nave si racconta di Eliodoro, di Virgilio, di Pietro Barliario, di altri [64]: delle immagini, dei filtri, della cappa che rende l'uomo invisibile, nulla è da dire, tanto sono comuni. In principio del secolo XVII, Antonio Maria Spelta ricordava ancora, ma per burlarsene, i banchetti magici di Michele Scotto [65].

Ora sarebbe a dire della morte di Michele secondo la tradizione italiana; ma avendosi, circa quella morte, anche una tradizione scozzese, dirò di entrambe congiuntamente più oltre.

VI.

I racconti intorno al nostro buon mago dovettero essere in Iscozia, e anche in Inghilterra, assai numerosi. Abbiam veduto il Dempster accennare a *favole innumerevoli:* Gualtiero Scott, alla cui diligenza dobbiamo le poche di cui s'abbia notizia, dice di riferire alcune delle molte che a' suoi tempi narravansi ancora. E sono queste che seguono [66].

Certi sudditi del re di Francia avevano, in danno di certi sudditi del re di Scozia, commesso non so che atti di pirateria. Il re di Scozia pregò Michele d'andarne a chiedere soddisfazione e risarcimento, e Michele accettò l'ufficio; ma, anzichè provvedersi di sontuoso equipaggio, come richiedeva la condizione d'ambasciatore, egli si ritrasse nel suo studio, aperse un suo libro magico, evocò un demonio in figura di un gran cavallo nero, gli montò addosso, e lo forzò a volare per l'aria alla volta di Francia. Mentre così volavano sopra il mare, il demonio chiese insidiosamente al suo cavaliere che cosa mai borbottassero le vecchie donnicciuole di Scozia in sul punto di mettersi a letto. Un incantator meno esperto avrebbe risposto: Il *Pater noster;* e subito il nemico se lo sarebbe scosso dal dorso e l'avrebbe precipitato nell'onde. Ma Michele severamente rispose: Di ciò che t'importa? Sali, diavolo, e vola! Giunto in Parigi, legò il cavallo alla porta del palazzo, si presentò al re, espose arditamente il suo messaggio. Il re accolse poco rispettosamente un ambasciatore che si mostrava in così povero arnese, e stava per rispondergli con un superbo rifiuto, quando Michele il pregò di voler soprassedere ad ogni risoluzione fino a che il suo cavallo avesse dato tre zampate in terra. Alla prima zampata traballarono tutti i campanili di Parigi, sonarono tutte le campane; alla seconda tre torri del palazzo rovinarono; e l'infernal palafreno stava per picchiare la terza, quando il re, prima di vederne gli effetti, concesse a Michele tutto quanto gli aveva domandato.

Questo di un viaggio per l'aria, compiuto con l'ajuto di un diavolo, in brevissimo tempo, è tema di racconto assai comune [67]; e comune la finzione del cavallo diabolico [68], e l'accorgimento o il precetto di non far atto, o profferir parola, che abbia carattere religioso. Le streghe, che a cavalcioni d'una granata, o sul dorso di un caprone, si recavan di notte, per l'aria, alla tregenda, erano precipitate a terra se facevano il segno della croce, se invocavano Dio o i santi.

Un'altra volta Michele, mentre dimorava nella torre di Oakwood, sul fiume Ettrick, a circa tre miglia da Selkirk, udì parlare di una strega, detta la strega di Falsehope, la quale aveva sua stanza sull'altra sponda del fiume. Una mattina egli si recò da lei, per metterla alla prova; ma fu deluso, poichè quella negò d'avere qualsiasi cognizione dell'arte magica. Discorrendo, Michele posò sbadatamente la verga sopra una tavola, e la strega, datole subitamente di piglio, lo percosse con quella e lo trasformò in lepre. Egli, così mutato, sguizzò fuori; ma si imbattè nel suo pròprio servitore, e ne' proprii suoi cani, i quali presero a corrergli dietro, e in breve l'ebbero serrato così da vicino, che egli, per avere un momento di respiro e poter disfar l'incanto, si dovette cacciare, dopo faticosissima fuga, in una cloaca. Desideroso di vendicarsi, Michele, una bella mattina, nel tempo del raccolto, andò, co' suoi cani, sopra di un colle, e mandò il servo dalla strega, a chiederle un po' di pane per le bestie, istruendolo di quanto dovesse fare in caso che ne avesse un rifiuto. La strega ricusò con parole ingiuriose, e il servo attaccò all'uscio un breve, datogli dal padrone, ove, insieme con più parole cabalistiche, si potevan leggere questi due versi:

> Il servitore di Michele Scotto
> Chiese del pane e invece ebbe un rimbrotto [69].

Senza por tempo in mezzo, la vecchia, tralasciata la occupazion sua, ch'era di cuocere il pane pei mietitori, prese a ballare intorno al fuoco, ripetendo que' versi. Giunta l'ora del desinare, il marito di lei, non vedendo venire le provvigioni, mandò l'uno dopo l'altro i suoi uomini a vedere quale fosse la cagion del ritardo; ma tutti furono colti dalla stessa malia, e tutti, senza più pensare a tornarsene indietro, entrarono nella danza. Da ultimo si mosse anche il marito, ma veduto Michele sul colle, sapendo del brutto scherzo fattogli dalla donna, fu più cauto degli altri, e non entrò in casa, ma guardò dalla finestra, e vide i suoi mietitori, i quali, trescando senza volere, trascinavano la moglie sua, oramai più morta che viva, quando intorno, e quando attraverso il fuoco, che, secondo l'uso, ardeva nel bel mezzo della stanza. Non cercò altro, ma sellato un cavallo, corse sul colle, si umiliò dinanzi a Michele, e lo pregò di far cessare l'incanto, grazia che il buon mago subito gli concesse, avvertendolo di entrare in casa a ritroso, e di staccare con la, mano sinistra il breve dall'uscio. Così fece il buon uomo e l'incanto cessò.

Ci sono due cose in questo racconto che richiamano più particolarmente la nostra attenzione: la metamorfosi del mago in lepre; la danza magica forzata.

È credenza antichissima, e comune a tutte le razze umane, che, per virtù di magia, l'uomo possa mutarsi, o essere mutato in bruto, e che una simile mutazione possa anche operare il volere di un nume [70]. La mitologia classica abbonda, a questo riguardo, di notissimi esempii, a

cui fa riscontro, nella Bibbia, il caso di Nabucco, e fanno
riscontro molti miti fanciulleschi di genti selvagge. Il
medio evo conservò sì fatta credenza, se pur non l'accrebbe, e per secoli nessuno dubitò della realtà della li-
cantropia [71], nessuno negò che gli stregoni e le streghe
potessero prendere la forma di quell'animale che più fosse
loro piaciuto, o farla prendere altrui [72]. La trasformazione
era del corpo propriamente, e dicevasi che l'anima, nel
corpo mutato, serbavasi inalterata; ma anche in questa,
come in tante altre opinioni del tempo, è difetto di pre-
cisione e di certezza. Più e più cronisti narrano il caso
del re Gontrano di Francia, la cui anima, sotto forma di
un topo, fu veduta uscire dalla bocca di lui dormente,
passare un ruscello, entrare nel cavo di un monte, sco-
prirvi un tesoro, e rientrar poi d'ond'era uscita; e molte
e molte leggende ascetiche narran di anime vaganti in
forma d'uno o d'altro animale, il più sovente di uccelli.
Gli è assai difficile dire dove, secondo le idee medievali,
cessi il bruto e l'uomo incominci, tanto quello è fatto
prossimo a questo. Sono senza numero le pie leggende in
cui si vedono i leoni e le tigri rispettare i martiri; i
santi anacoreti vivere familiarmente con le fiere del deserto, avere da esse nutrimento e difesa, e talvolta operar
miracoli in loro beneficio; varii animali esser fatti messi
del cielo, ammonire i peccatori, predir l'avvenire, o, se
non altro, osservare le feste [73]. Perciò, come non è a meravigliare dell'uso che il medio evo fece degli animali in
servigio della esemplificazione e del simbolo, così non è
da stupire delle procedure giudiziali, delle sentenze, delle
maledizioni e delle scomuniche cui, più d'una volta, essi
porsero occasione e argomento. Perciò San Francesco aveva
ragione di predicare agli animali e di farli assistere alla
santa messa; aveva ragione di chiamarli fratelli; e non
ebbe torto il giorno in cui maledisse una troia che aveva

ammazzato un agnello, e che per la forza di quella maledizione morì in capo di tre giorni [74]. Dopo la morte, l'uomo ritrovava gli animali in inferno; ne ritrovava qualcuno, secondo la popolare credenza, in paradiso.

Di danze forzate sono molti esempii in leggendarii, in croniche, in novelle popolari. Sempre hanno carattere o di burla maligna o di castigo, e chi le promuove può essere così un mago come un sant'uomo. Ruggero Bacone forzò tre ladri a ballare tutta una notte. Infiniti sono i racconti ove si vedono colte successivamente alla stessa malia molte persone, delle quali quelle che giungon dopo vengono col proposito di vedere che cosa sia occòrso alle altre, giunte prima, o con quello di liberarle. Il caso di Michele e della strega porge inoltre esempio di quelle gare di maghi onde tanti altri esempii si hanno, a cominciare da quello celebre di Mosè e dei maghi d'Egitto.

Dice Gualtiero Scott che a tempo suo, nel mezzodì della Scozia, ogni fabbrica antica e di gran lavoro si credeva opera del vecchio Michele, o di Sir Guglielmo Wallace, o del diavolo. Ben s'intende che il vecchio Michele, come ogni altro mago, s'era in ciò giovato della forza e della industria dei diavoli. E la leggenda narra di uno di questi diavoli, il quale era sempre attorno a Michele, e non voleva mai starsi con le mani in mano, ma lo importunava senza fine perchè volesse dargli faccenda. Michele gli ordinò di costruire una diga attraverso il fiume Tweed, a Kelso, e in una notte la diga fu fatta. Poi Michele gl'ingiunse di spartire in tre il colle di Eildon, e in un'altra notte il colle fu spartito. Finalmente Michele gl'impose d'intrecciar corde d'arena, e a questa disperata bisogna il buon diavolo attende tuttora. Notisi che evocare i diavoli, e non occuparli subito in qualche cosa, poteva portar pericolo. Il *famulus* di Virgilio, avendone evocati molti storditamente, e vedendoli impazienti e mi-

nacciosi, ordinò che lastricassero la strada da Roma a
Napoli, e così fecero. I ponti, i muri, gli acquedotti, i
palazzi fabbricati dai diavoli sono innumerevoli : tra le
opere loro si ha pure qualche bella chiesa, e più di un
convento.

La morte di Michele Scotto è narrata in modi affatto
diversi dalla tradizione italiana e dalla tradizione scozzese.

Francesco Pipino, già ricordato, racconta : Dicesi che
Michele Scotto, avendo trovato d'avere a morire della percossa di un sassolino di peso determinato, immaginò una
nuova armatura del capo, detta cervelliera, e di quella
andava sempre coperto. Un giorno, essendo in una chiesa,
nel momento della ostensione o elevazione del corpo di
Cristo, egli, per consueta reverenza, si nudò il capo, e in
quella appunto il fatal sassolino, cadendo dall'alto, il percosse, e lievemente il piagò. Postolo in una bilancia, e
trovatolo del peso che avea preveduto, intese esser giunta
la sua fine, e dato ordine alle cose sue, di quella ferita
indi a poco morì [75].

Con leggiere varianti questa novella è narrata pure da
Benvenuto da Imola, dal Capello, commentatore del Dittamondo, dal Daniello, dal Landino, dal Vellutello, e, ri-
ferendosi, senza dubbio, ad essa, parecchi cronisti dicono,
come il Pipino, Michele inventore della cervelliera [76].
Questa morte di Michele Scotto ricorda quella di Virgilio, che avvertito, secondo la leggenda, di guardarsi il
capo, morì d'insolazione.

Stando alla tradizione scozzese, Michele Scotto morì per
la malvagità di una donna, sua moglie, o concubina. Costei
riuscì a farsi palesare da lui ciò che, insino allora, egli
aveva tenuto a tutti celato; cioè che con l'arte sua egli
poteva premunirsi da ogni pericolo, salvo che dalla velenosa virtù di un brodo fatto con la carne di una troja
furiosa. Cotal brodo per lo appunto ella gli diede a bere,

e il povero mago se ne andò all'altro mondo; non così presto tuttavia, che non gli rimanesse tempo di punir con la morte la traditrice.

Per questo racconto Michele entra a far parte della numerosa famiglia degli ingannati dalle donne, famiglia così spesso ricordata da poeti e romanzatori del medio evo, e nella quale figurano Adamo, Salomone, Sansone, Aristotele, Virgilio, Merlino, Artù e parecchi altri.

Dei libri magici di Michele Scotto durò lungo il ricordo in Iscozia. A' tempi del Dempster si credeva che essi esistessero ancora, ma non si potessero aprire senza spavento, a cagione de' prestigi diabolici che tosto si offerivano a chi li aprisse [77]. Del pericolo che gl'inesperti potevan correre in aprire i libri magici son molti esempii: due nipoti di Pietro Barliario vi lasciarono la vita. I libri di Michele, dicevasi, erano stati sepolti con lui, o si conservavano nel convento ov'egli era morto, o in un castello, appesi ad arpioni di ferro. Del libro magico di Cecco d'Ascoli si disse in Italia che fosse conservato nella Laurenziana, o sopra le volte di San Lorenzo, assicurato con catene. Nel canto II del suo *Lay of the last Minstrel*, Gualtiero Scott narra la storia di un cavaliere, per nome Guglielmo Deloraine, il quale con l'ajuto di un vecchio monaco, che già aveva conosciuto Michele Scotto, apre la tomba del mago e ne toglie il libro magico. In mezzo a una luce meravigliosa, che riempie la tomba, il mago appar loro come fosse ancor vivo, maestoso nell'aspetto, col libro del comando nella mano sinistra, una croce d'argento nella destra, e quasi co' segni della eterna salute nel volto [78]. Tutto ciò è invenzion del poeta.

VII.

De' prodigi che la leggenda attribuisce a Michele Scotto, non pochi, come abbiam veduto, si narrano di altri maghi; e in generale può dirsi che le numerose leggende di maghi pervenute, in tutto o in parte, sino a noi, presentano, insieme con alcune picciole parti divariate e proprie, una parte, di molto maggiore, uniforme e comune. Di questa uniformità e comunanza son due ragioni: la prima, che i temi principali della finzione sono naturalmente di numero assai ristretto, e, in condizioni simili di coltura e di vita, rinascono e si ripetono simili; la seconda, che i temi passano d'una in altra leggenda, di modo che i maghi nuovi ereditano dagli antichi; i maghi celebri arricchiscono a spese degli oscuri. Abbiamo qui un caso speciale di quel generale procedimento di attrazione e di accumulazione per cui tutte le leggende crescono, e di cui tanti esempii ci porgono le storie favolose e mirabili degli eroi epici, dei santi, ecc. Così fu che la leggenda di Virgilio crebbe di numerose sottrazioni fatte alle leggende di altri maghi; così fu che crebbe la leggenda di Fausto.

Virgilio, Ruggero Bacone, Pietro Barliario, Cecco d'Ascoli, Fausto, diedero materia a storie popolari, nelle quali si pensò d'avere raccolti ordinatamente tutti i miracoli che loro si attribuivano, narrata per intero la vita, dal nascimento alla morte. In essi appare, non più la leggenda disgregata, ma la leggenda integrata, venuta a termine di crescenza. Non si sa che di Michele Scotto siasi scritta una cotale storia in Italia; ma potrebbe darsi che fosse stata scritta in Iscozia. Un poeta, per nome Satchells, ignoto alle storie letterarie e ai repertorii bi-

bliografici, ma citato, non so con quanta veridicità, da
Gualtiero Scott, parla di una storia di Michele Scotto da
lui veduta [79].

Come le altre leggende di presunti maghi, la leggenda
di Michele Scotto cominciò a trovar molti increduli, e fu
risolutamente negata, dopo che la nuova coltura ebbe sgom-
brate le menti dalle caligini medievali. Il Pits, il Dempster,
il Leland, il Naudé, altri, schifano la leggenda, esaltano,
come s'è veduto, il sapere di Michele, dicono ch'egli fu
mago solo nell'opinione del volgo. Nel 1739, un Giovanni
Gotofredo Schmutzer scrisse un'apposita dissertazione per
difendere Michele Scotto dalla imputazione di veneficio [80].
Per veneficio l'autore intese probabilmente, come dai Latini molte volte s'intese, maleficio, sortilegio: a me non
fu dato di veder quest'opuscolo.

In Italia le leggende di Pietro Barliario e di Cecco
d'Ascoli son vive tuttora, offron tuttora alcun pascolo alla
curiosità popolare; ma quella di Michele Scotto è spenta
già da gran tempo [81]. In Iscozia, la leggenda di Michele
Scotto, viva ai tempi dell'autore d'*Ivanhoe*, è forse viva
anche ora; ma non andrà molto che e questa, e quelle,
ed altre parecchie, andranno a raggiungere le innumerevoli che i nuovi tempi, i nuovi costumi e le nuove idee
hanno cancellate per sempre dal libro della vita. Allora,
solo nei libri degli eruditi esse troveranno ricetto e riposo.

NOTE

NOTE

—

[1] *Inf.*, XX, 115-7.

[2] Scrive ADOLFO BARTOLI nel VI volume della sua *Storia della letteratura italiana*, parte 2ª, p. 78: " Non molto ci interessano gli indovini della quarta bolgia, se non forse per dimostrarci che Dante non prestava fede all'arte magica „. In tale giudizio non posso accordarmi con l'illustre amico mio, profondo conoscitore dell'opere tutte dell'Alighieri. Da più luoghi del poema, e in particolar modo dal racconto posto in bocca a Virgilio nel IX canto dell'*Inferno*, vv. 22-7, si ricava, parmi, con sicurezza, che Dante non dissentiva, per questo capo, dalla comune credenza de' tempi suoi, credenza che Tommaso d'Aquino aveva, con logico procedimento, ridotto in forme dottrinali. Dante vide nella magia un'arte diabolica, nascente dalla mostruosa alleanza dell'uomo con le potenze infernali; e se potè credere, con altri assai, che i prodigi per essa operati non fossero se non finzioni e frodi del diabolico ingegno, non però credette quell'arte un'arte vana, come oggi s'intende. Già LATTANZIO aveva detto, parlando dei demonii: " Eorum inventa sunt astrologia, et aruspicina, et auguratio, et ipsa quae dicuntur oracula, et necromantia, et ars magica „. (*De origine erroris*, l. II, cap. 16). Non altrimenti la pensò Dante; e s'egli disviluppò Virgilio dalla leggenda magica che gli s'era stretta d'attorno, penso il facesse, non tanto perchè tal leggenda gli paresse assurda in sè stessa, quanto perchè gli premeva purgare da un'accusa gravissima il nome venerato del suo maestro ed autore. Cfr. uno scritto recente di F. D'OVIDIO, *Dante e la magia*, nella *Nuova Antologia* del 16 settembre 1892.

[3] I biografi che scrissero in latino s'attengono alla forma *Scotus*, e il DEMPSTER espressamente avverte (*Historia ecclesiastica gentis Scotorum*, Bologna, 1627, p. 494): " cognomentum etiam Scoti non est familiae sed nationis „. Vedi in contrario

Wuestenfeld, *Die Uebersetzungen arabischer Werke in das La-teinische seit dem XI. Jahrhundert*, estr. dalle *Abhandlungen der königlichen Gesellschaft der Wissenschaften zu Göttingen*, vol. XXII, 1877, p. 99. Gualtiero Scott (v. citazione più sotto) scrisse *Michael Scott*.

⁴ " E dice l'autore poetando che *ne' fianchi è poco*, quasi a dire: elli fu spagnuolo, in per quello che li spagnuoli nel suo abito fanno strette vestimenta „. *Commedia di* Dante degli Al-lagherii *col commento di Jacopo di Giovanni dalla Lana Bolognese*, Milano (1865), p. 93.

⁵ Così pure il Boccaccio (*Decam.*, giorn. VIII, nov. 9ª): " ...ebbe nome Michele Scotto, perciò che di Scozia era „. Il Landino, avvertito come alcuni volessero lo Scotto spagnuolo, altri scoz-zese, soggiunge, senza brigarsi di sapere chi abbia ragione e chi torto: " Ma tutti conchiudono, che fosse ottimo astrologo, et gran mago „.

⁶ *Chiose anonime alla prima cantica della* Divina Commedia *di un contemporaneo del poeta, pubblicate da* Francesco Selmi, To-rino, 1865, p. 114. La seconda notizia data dall'anonimo è da collegare, senza dubbio, con una delle interpretazioni di quelle parole del poeta: *che ne' fianchi è così poco*, allusive, secondo alcuni, a certa foggia di vestire: " abiti corti e strettissimi usati da Scozzesi, Inglesi e Fiamminghi „, dice il Daniello. Altri vuole che quelle parole alludano a forma naturale della persona, o a magrezza prodotta da soverchio studio: dubbio grande, che lasceremo volentieri insoluto.

⁷ Vedi: Balaeus, *Illustrium Majoris Britanniae scriptorum, hoc est Angliae, Cambriae et Scotiae summarium*, s. l., 1548, f. 120 r.; Pits, *De rebus anglicis*, Parigi, 1619, t. I, p. 374; Dempster, *Op. cit., l. cit.;* Leland, *Commentarii de scriptoribus britannicis*, Oxford, 1709, vol. I, p. 254; Tanner, *Bibliotheca Britannico-Hibernica*, Londra, 1748, p. 525; Huillard-Bréholles, *Historia diplomatica Friderici secundi*, Parigi, 1859-61 , t. I, pᵉ 1ª, Introduzione, p. dxxii; *Nouvelle biographie générale* (1861); Wuestenfeld, *Op. cit., l. cit.;* Hauréau, *Histoire de la philosophie scolastique*, Parigi, 1872-80, pᵉ 2ª, vol. I, p. 124; *Encyclopaedia britannica*, s. Scot.

⁸ *Biblioteca Napoletana*, Napoli, 1678, p. 216. Pier Luigi Ca-

STELLOMATA avrebbe espresso quella opinione in un suo libro intitolato *Amor della patria*, libro che a me non venne fatto di ritrovare nemmeno nelle biblioteche di Napoli. Il NICODEMO, nelle *Addizioni* alla *Biblioteca* del TOPPI, Napoli, 1683, p. 174, rimise le cose a posto, dicendo che lo Scotto, da alcuni era stimato scozzese, da altri inglese.

⁹ Il BOCCACCIO, *Decam.*, nov. cit., fa dire a Bruno che Michele fu un tempo in Firenze, e vi lasciò due suoi discepoli; Jacopo della Lana, Francesco da Buti, l'Anonimo Fiorentino dicono ch'egli fu in Bologna.

¹⁰ Parecchi fanno vivere Michele sino verso il 1290 e anche più tardi; ma vedi in contrario BUDINSZKY, *Die Universität Paris und die Fremden an derselben im Mittelalter*, Berlino, 1876, p. 96. Il Pits dice a dirittura: " Claruit anno post incarnatum Dei Verbum 1290, dum Anglicani Regni solio sedebat Edwardus Primus „; e altri soggiungono che Michele fu in molta grazia presso quel re, e s'ebbe da lui, nel 1286, una missione importante. Ma poichè l'anno della nascita di poco può essere spostato, recando una delle traduzioni di Michele la data del 1217, si vede quanto quelle notizie, che farebbero vivere il filosofo un secolo, o più, sieno poco probabili. L'errore nacque, senza dubbio, da eguaglianza di nomi. RUGGERO BACONE, *Opus majus*, parte 2ª, cap. 8, si scostò meno dal vero dicendo Michele apparso *annis Domini 1230 transactis*.

¹¹ Vedi intorno al sapere di Michele Scotto, e al luogo che gli spetta nella storia della filosofia, STÖCKL, *Geschichte der Philosophie des Mittelalters*, Magonza, 1864-6, t. II, parte 1ª, p. 346; REUTER, *Geschichte der religiösen Aufklärung im Mittelalter*, Berlino, 1875-7, vol. II, pp. 271-2; ma soprattutto HAURÉAU, *Op. cit.*, *l. cit.*

¹² *Physonomia. La qual compilò* MAESTRO MICHAEL SCOTTO *a preghi de Federico Romano Imperatore, huomo de gran scientia. Et è cosa molto notabile e da tener secreta*, ecc. Vinegia, Bindoni e Pasini, 1537. Di questo libro ebbe a ricordarsi l'ARETINO, quando, per burlarsi della scienza ond'esso s'intitola, fece dire a messer Biondello medico, nella scena 4ª dell'atto III dell'*Ipocrito* : " È studio molto dilettevole e pulcro quel de la fisonomia, e però ho fatto uno opuscolo *de cognitione hominum per*

aspectum secondo Aristotile, Scoto, Cocle, Indagine e la eccellenza di me filosofo moderno, perocchè *frons magna et cuperata est inditium potatoris, nasus aquilinus testis est majestatis imperatoriae, et facies rugosa testimonium senectutis „*.

[13] Fare un elenco esatto, sia delle traduzioni, sia delle opere originali di Michele Scotto non è possibile. Vedi, oltre agli autori già citati, che parlano del filosofo, Jourdain, *Recherches sur l'âge et l'origine des traductions latines d'Aristote*, nuova edizione, Parigi, 1843; Hartwig, *Uebersetzungsliteratur Unteritaliens*, 1886, p. 21. Per le stampe vedi le opere bibliografiche dell'Hain, del Brunet et del Grässe. Qui ricorderò ancora che sotto il nome di Michele va un *Libro della Sfera, in ottava rima*, s. l. nè a., che io non potei vedere, ma che probabilmente fu desunto dalla versione del trattato di Alpetrongi.

[14] Vedi l'Appendice, num. 2.

[15] Huillard-Bréholles, *Op. cit., t. cit.*, p. DXXIV.

[16] *Chronica*, Parma, 1857, pp. 169-70. V. l'Appendice, num. 3.

[17] *In astrologiam*, l. XII, c. 7.

[18] *Acta Sanctorum*, t. II di maggio, p. 405.

[19] Comparetti, *Virgilio nel medio evo*, Livorno, 1872, vol. II, pp. 96-7.

[20] *Novellino*, nov. XXI del testo gualteruzziano.

[21] D'Ancona, *Tradizioni carolingie in Italia, Rendiconti della R. Accademia dei Lincei, Cl. di sc. mor., stor. e filol.*, t. V, 1° sem., fasc. 6. Quivi, per trascorso di penna, il fatto, anzichè a Federico II, è riferito a Federico Barbarossa. Questo Riccardo miracoloso non fu il solo della sua specie. Da più cronisti è ricordato certo Giovanni, detto, non senza ragione, de Temporibus, il quale, essendo stato a' servigi di Carlo Magno, morì circa il mezzo del secolo XII, in età di più che 350 anni. Lo stesso Carlo ebbe a dare argomento a qualche leggenda consimile. Nella *Chanson de Roland* dice re Marsilio a Ganellone (vv. 537-9, testo di T. Möller):

> Mult me puis merveillier
> De Carlemagne qui est canuz et vielz,
> Mien escientre, dous cenz ans ad e mielz.

Qui può essere ricordato pure quell'Artefio, che, secondo più scrittori del medio evo, visse 1025 anni, e fu tutt'uno con Apollonio Tianeo.

[22] *Fioretto di croniche degli Imperadori*, Lucca, 1858, p. 30.

[23] *L. cit.*

[24] Anonimo Fiorentino, *Commento alla* Divina Commedia, *stampato a cura di* Pietro Fanfani, Bologna, 1866-74, vol. I, p. 452. V. l'Appendice, num. 9. Si sa che questo commento è originale soltanto per l'Inferno e parte del Purgatorio; nel rimanente è tutt'uno con quello di Jacopo della Lana.

[25] Petri Allegherii *super* Dantis *ipsius genitoris* Comoediam *commentarium*, Firenze, 1846, p. 209.

[26] *L'Ottimo Commento della* Divina Commedia, Pisa, 1827, vol. I, p. 372.

[27] Fiammazzo, *I codici friulani della* Divina Commedia, Parte 2ª, *Il commento più antico e la più antica versione latina dell'*Inferno *dal codice di Sandaniele,* Udine, 1892, p. 89.

[28] L. II, cap. 27.

[29] Tale distinzione è anche fatta dai musulmani. Vedi Maury, *La magie et l'astrologie dans l'antiquité et au moyen-âge,* 4ª ediz., Parigi, 1877, p. 196. Sanno tutti di quanta celebrità abbia goduto fra' rabbini, e goda tuttavia fra' seguaci di Maometto, Salomone, quale institutore massimo della magia divina.

[30] Veramente non mancò nel medio evo chi il facesse cristiano.

[31] Alcuno vi fu cui spiacque dirlo mago, e che i prodigi operati da lui ascrisse a solo saper naturale. Nel *Rosajo della vita* di Matteo Corsini (Firenze, 1845, pp. 15-16) si legge: " Troviamo che uno Alberto Magno, el quale fu de' Frati Predicatori, venne a tanta perfezione di senno, che per la sua grande sapienzia fe' una statua di metallo a sì fatti corsi di pianeti, e colsela sì di ragione, ch'ella favellava: e non fu per arte diabolica nè per negromanzia: però che gli grandi intelletti non si dilettano di cioe, perchè è cosa da perdere l'anima e 'l corpo; che è vietata tale arte dalla fede di Cristo. Onde uno frate chiamando frate Alberto alla sua cella, egli non essendogli, la statua rispose. Costui credendo che fosse idolo di mala

ragione, la guastò. Tornando frate Alberto, gli disse molto male, e disse che trenta anni ci avea durata fatica, e: Non imparai questa scienza nell'ordine de' Frati. El frate dicea: Male ho fatto; perdonami. Come! non ne potrai fare un'altra? Rispose frate Alberto, di qui a trenta migliaia d'anni non se ne potrebbe fare un'altra per lui; però che quello pianeto ha fatto el suo corso, e non ritornerà mai più per infino a detto tempo „. Questa novella, che ha riscontri assai numerosi, fu, da altri, narrata alquanto diversamente. Confrontisi con ciò che FILIPPO VILLANI (*Vite di uomini illustri*) narra di una statua costruita da Guido Bonatti, *non arte magica, ut infamatores sui nominis voluerunt, sed astrologiae diligentia et observatione.* (BONCOMPAGNI, *Della vita e delle opere di Guido Bonatti, astrologo ed astronomo del secolo XIII*, Roma, 1851, pp. 6-7).

[32] *El mágico prodigioso*, giorn. III, in fine.

[33] I demonografi sono pressochè concordi nel dire che il diavolo non può essere forzato, e che la sua obbedienza ai maghi è finzione ancor essa; ma la credenza popolare contraddisse in questo, come in altri punti, alla opinione dei trattatisti di professione.

[34] Intorno alla condizione del sentimento religioso in Italia, in quel tempo, vedi il bel libro del GEBHART, *L'Italie mystique. Histoire de la renaissance religieuse au moyen-âge*, Parigi, 1890. Vedi pure: *Briefe heiliger und gotterfürchtiger Italiener gesammelt und erläutert von* ALFRED VON REUMONT, Friburgo, i. B., 1877, Prefazione.

[35] Cfr. intorno all'argomento GASPARY, *Geschichte der italienischen Literatur*, vol. I, Lipsia, 1855, pp. 355 sgg.; MAZZATINTI, *Un profeta umbro del secolo XIV* (Tommasuccio da Foligno) nel *Propugnatore*, vol. XV (1882), parte 1ª.

[36] Vedi SAN-MARTE (A. SCHULZ), *Die Sagen von Merlin*, Halle, 1853, pp. 9 sgg., 262 sgg.; HERSART DE LA VILLEMARQUÉ, *Myrdhinn ou l'enchanteur Merlin*, Parigi, 1862, pp. 291 sgg. Il celebre Battista Mantovano (1448-1516), in fine del suo poema in tre libri su Niccolò da Tolentino, parla ancora di Merlino come di un uomo singolare, generato dal diavolo e dotato di spirito profetico.

[37] HERSART DE LA WILLEMARQUÉ, *Op. cit.*, pp. 343 sgg. G. Manni, in una nota apposta alla Cronaca di Buonaccorso Pitti, da lui pubblicata (Firenze, 1720, p. 93, n. 1) ricorda una *Profezia di Merlino, tradotta in toscano da un certo Paulino*, contenuta, secondo egli dice, in un manoscritto antico, posseduto allora dall'abate Pier Andrea Andreini.

[38] P. 29. Il *Fioretto* è scrittura dei primi anni del sec. XIV.

[39] *Scriptores rerum italicarum*, t. VIII, pp. 1177-8. Li riprodusse il SAN-MARTE, *Op. cit.*, pp. 264-5.

[40] Pp. 176-8.

[41] *Chronicon*, ap. MURATORI, *Scriptores*, t. IX, p. 670. V. l'Appendice, num. 1.

[42] L'HUILLARD-BRÉHOLLES pubblicò alcuni versi che sono, in parte, quelli stessi riportati da Salimbene, ma disposti in altro ordine. Essi trovansi adespoti nel codice onde li trasse; ma un codice di Bruxelles li attribuisce a Michele Scotto (*Chronicon placentinum et chronicon de rebus in Italia gestis*, Parigi, 1856, Prefazione, pp. XXI-XXII).

[43] *Rerum sicularum libri sex*, l. I, cap. 2, ap. MURATORI, *Scriptores*, t. VIII, coll. 788-9.

[44] *Cronica*, l. VI, capp. 36 e 41. Avverte ancora il Villani che nemmeno in Faenza volle mai por piede Federico.

[45] *Historiae*, Lione, 1527, parte III, tit. XIX, cap. 6, § 2, f. 42 r., col. 1.

[46] Vedi in questo volume a p. 26.

[47] Vedi CASTELLI, *La vita e le opere di Cecco d'Ascoli*, Bologna, 1892, pp. 47, 155.

[48] *Lo* Inferno *della* Commedia *di* DANTE ALIGHIERI *col comento di* GUINIFORTO DELLI BARGIGI, Marsiglia e Firenze, 1858, p. 477.

[49] *Comentum super* DANTIS ALDIGHERIJ Comoediam, Firenze, 1887 sgg., vol. II, p. 88.

[50] JACOPO DELLA LANA, *l. cit.,; Commento di* FRANCESCO DA BUTI *sopra la* Divina Commedia *di* DANTE ALLIGHIERI, Pisa, 1858, vol. I. p. 533; ANONIMO FIORENTINO, *l. cit.;* DANTE *con l'espositioni*

di CRISTOFORO LANDINO *et d'*ALESSANDRO VELLUTELLO, Venezia, 1596, f. 106 v.

[51] *Lexicon*, s. v. Πάσης. Di questo Pasete ebbe a parlare anche Apione Grammatico, in un suo libro *De mago*.

[52] *Contra Celsum*, I, 68.

[53] PLUTARCO, *Vitae, Numa*, 15; PLINIO, *Hist. nat.*, XXX, 6; FILOSTRATO, *De vita Apollonii Thyanaei*, III, 27; COMPARETTI, *Op. cit.*, vol. II, pp. 137-8, 146, 257-8, 300; *Albertus Magnus in Geschichte und Sage*, Colonia, 1880, pp. 155-9; GRAESSE, *Sagenbuch des preussischen Staats*, Glogau, 1868-71, vol. II, pp. 72-3; *The famous Historie of Fryer Bacon, Early english Prose Romances, with bibliographical and historical Introductions, edited by* WILLIAM J. THOMS, 2ª ediz., Londra, 1858, vol. I, p. 195; *Historia von Doctor Johann Fausten*, in SIMROCK, *Die deutschen Volksbücher*, volume IV, p. 45; SCHEIBLE, *Das Kloster*, vol. V, Stoccarda, 1847, pp. 169-70; vol. XI, 1849, pp. 1130 sg.; ZAMBRINI, *Meraviglie diaboliche*, *Propugnatore*, vol. I, 1868, pp. 238-9.

[54] *Morgante Maggiore*, c. XXV, st. 220-1.

[55] FILIPPO CAMERARIO, *Operae horarum subcisivarum*, centuria prima, nuova edizione accresciuta, Francoforte 1644, cap. LXX. Il Goethe ebbe a giovarsi di questa novella nella scena della cantina di Auerbach.

[56] PALERMO, *I manoscritti palatini di Firenze*, vol. II, Firenze, 1860, p. 252.

[57] *Magnum Chronicon Belgicum*, in PISTORIUS, *Rerum germanicarum scriptores*, ediz. dello STRUVIO, Ratisbona, 1726 sg., t. III, pp. 268-9; TRITHEMIUS, *Chronicon Hirsaugiense*, ad ann. 1254, ecc. Cfr. la nov. 5 della giorn. X del *Decamerone*.

[58] *Chiose sopra* DANTE, pubblicate a cura di Lord Vernon, Firenze, 1846, pp. 162-3, V. l'Appendice, num. 8.

[59] *Cronica*, cap. 8, ap. MURATORI, *Scriptores*, t. V, coll. 1076-7. Virgilio fece in Napoli anche una fontana,

> La quale sempre olio si gittava,
> E dal gittare mai non s'astenia.

[60] *Il Paradiso degli Alberti*, edito da A. WESSELOFSKY, vol. II, Bologna, 1867, p. 180-217 (*Sc. di cur. lett.*, disp. 86-7).

[61] Nov. cit. Questa novella, che è la XX del testo borghiniano, può vedersi pure, segnata col n. XXVIII, fra le *Novelle antiche dei codici Panciatichiano-Palatino 138 e Laurenziano-Gaddiano 193*, edite a cura di Guido Biagi, Firenze, 1880, pp. 36-8.

[62] Vedi, a questo riguardo, D'Ancona, *Le fonti del Novellino*, in *Studj di critica e storia letteraria*, Bologna, 1880, pp. 310-12. La novella trovasi pure fra quelle suppositizie che Gaetano Cioni mise sotto il nome di Giraldo Giraldi, e nella seconda edizione, Amsterdam (Firenze) 1819, sta a pp. 183-98. Basta darle un'occhiata per farsi certo che il Cioni conobbe il romanzo di Giovanni da Prato.

[63] V. l'Appendice, num. 10.

[64] Queste navi, le quali, alcuna volta, anzichè sull'acqua, correvan per l'aria, servivano ai maghi, sia per sottrarsi a particolari nemici, sia per sottrarsi alla giustizia. Spesso si vedono i maghi, sia buoni, sia malvagi, deludere i giudici, uscire miracolosamente di carcere, sgusciar di mano al carnefice; tema di racconti di cui è facile riconoscere il carattere affatto popolare. Non citerò esempii, essendovene in grandissimo numero. (Vedi Comparetti, *Op. cit.*, vol. II, pp. 133-5, 137, 155-6, 255-6, 277-9, 292, 296, 300-1; Camerario, *Op. e l. cit.*). Bensì possono essere ricordate a questo proposito le navi aeree di cui si servivano i malvagi incantatori per trasportare nel paese di Magonia le messi rubate. (Cf. *Des* Gervasius von Tilbury, *Otia imperialia in einer Auswahl, neu herausgegeben und mit Anmerkungen begleitet von* Felix Liebrecht, Hannover, 1856, pp. 2-3, 62, 261). Intorno a Pietro Barliario vedi D'Ancona, *Un filosofo e un mago*, in *Varietà storiche e letterarie*, Milano, 1883-5, vol. I, pp. 15-38.

[65] *La saggia pazzia, fonte d'allegrezza, madre de' piaceri, regina de' belli humori*, Pavia, 1607, l. II, pp. 53-4. Questo libro ebbe la poco meritata ventura di due traduzioni francesi. L'autore ricorda pure un altro Scotto, *più moderno*, del quale dicevasi che ajutato da spiriti facesse " giuochi d'importanza „ e facesse " stravedere alle persone „. Di quest'altro Scotto non so nulla. Di Michele si fa beffe anche il Garzoni, nella *Piazza universale di tutte le professioni del mondo*, disc. XL.

[66] *The Lay of the last Minstrel*, note 11, 13, 14 al canto II.

Non tutte le edizioni hanno queste note, e non tutte quelle che le hanno le han per intero: esse si possono vedere, tradotte, anche nel commento di Filalete (DANTE ALIGHIERI's *Göttliche Comödie metrisch übertragen und mit kritischen und historischen Eläuterungen versehen von* PHILALETES, Lipsia, 1865-6).

[67] Vedi LANDAU, *La novella di messer Torello (Decam.*, X, 9), *e le sue attinenze mitiche e leggendarie*, nel *Giornale storico della letteratura italiana*, vol. II (1883), pp. 58-78. Pietro Barliario ascoltò in uno stesso giorno tre messe, in Roma, in San Giacomo di Compostella, in Gerusalemme; ovvero nella stessa notte, in Londra, in Parigi, in Salerno (TORRACA, *A proposito di Pietro Barliario, Rassegna settimanale*, 19 decembre 1880). Il dottore Torralva, che nel primo quarto del secolo XVI ebbe grande riputazione di mago, compiè parecchi di questi viaggi miracolosi (WRIGHT, *Narratives of sorcery and magic*, Londra, 1851, vol. II, pp. 5 sgg.).

[68] Vedi il mio libro *Il Diavolo*, Milano, 1889, pp. 299 sgg.

[69] I versi inglesi propriamente dicono:

> Maister Michael Scott's man
> Sought meat and gate nane.

[70] Vedi MAURY, *Op. cit.*, p. 20, n. 2; p. 51; C. MEYER, *Der Aberglaube des Mittelalters*, Basilea, 1884, pp. 367-8.

[71] Vedi HERTZ, *Der Werwolf, Beitrag zur Sagengeschichte*, Stoccarda, 1862; LEUBUSCHER, *Ueber die Wehrwölfe und Thierwandlungen im Mittelalter*, Berlino, 1850.

[72] Dice GERVASIO DA TILBURY, parlando delle streghe (*Otia imperialia*, decis. III, c. 93): " Scimus quasdam in forma cattarum a furtivo vigilantibus de nocte visas ac vulneratas, in crastino vulnera truncationesque membrorum ostendisse „. Cf. ROSKOFF, *Geschichte des Teufels*, Lipsia, 1869, vol. I, pp. 305-6.

[73] Negli *Assempri* di Fra FILIPPO DA SIENA (Siena, 1864), è un capitolo (il 51) intitolato: *Come le bestie e gli animali bruti guardano le feste.*

[74] Su questo tema ci sarebbe da scrivere un libro non meno istruttivo che dilettevole, ed io da gran tempo l'ho in mente.

Quel tanto che se n'è scritto sinora è poco, rispetto alla vastità del tema. Cito: MAURY, *Essai sur les légendes pieuses du moyen-âge*, Parigi, 1843; CAHIER et MARTIN, *Mélanges d'archéologie, d'histoire et de littérature sur le moyen-âge*, Parigi, 1847-56; vol. II, pp. 106-228; vol. III, pp. 203-83; KOLLOF, *Die sagenhafte und symbolische Thiergeschichte des Mittelalters*, in RAUMER, *Historisches Taschenbuch*, serie IV, vol. VII, 1867; CAHIER, *Nouveaux mélanges*, etc., Parigi, 1874, pp. 106-64; MASCI, *La leggenda degli animali*, Napoli, 1888 ; MENABREA, *De l'origine, de la forme et de l'esprit des jugements rendus au moyen-âge contre les animaux*, Chambéry, 1854; AGNEL, *Curiosités judiciaires et historiques. Procès contre les animaux*, Parigi, 1858 ; PERTILE, *Gli animali in giudizio*, Atti del R. Istituto Veneto, serie VI, t. IV; HAROU, *Procès contre les animaux*, La Tradition, anni 1891-2; D'ADDOSIO, *Bestie delinquenti*, Napoli, 1892.

[75] Ap. MURATORI, *Scriptores*, t. IX, col. 670. Vedi l'Appendice, num. 4.

[76] RICCOBALDO DA FERRARA, *Historia imperatorum*, ap. MURATORI, *Scriptores*, t. IX, col. 128; *Annales caesenates*, MURAT., t. XIV, col. 1095. Per un curioso errore GIOVANNI DA SERRAVALLE *(Translatio et comentum totius libri* DANTIS ALDIGHERII. Prato, 1891) narra che Michele predisse cotal morte a Federico II. Il NAUDÉ *(Apologie pour tous les grands personnages qui ont esté soupçonnez de magie*, La Haye, 1653, p. 497), ricordato come, secondo la leggenda, Michele avesse preveduto di dover morire in una chiesa soggiunge: " comme il y estoit un jour la teste descouverte pour adorer le corps et sang de Jesus-Christ, la cordelle de la cloche que l'on sonnoit fit tomber un pierre sur sa teste qui le coursa mort au mesme lieu ou il fust enterré „. Non so d'onde il Naudé togliesse questi particolari; ma dal libro del Naudé probabilmente passò nel *Grand Dictionnaire universel du XIX*e *siècle* del LAROUSSE la notizia che Michele fu " *écrasé* dans une église par la chute d'une pierre „.

[77] *Op.* e *l. cit.*

[78]
Before their eyes the wizard lay,
As if he had not dead a day.
His hoary beard in silver roll'd,
He seem'd some seventy winters old;

A palmer's amice wrapp'd him round,
With a wrought Spanish baldric bound,
  Like a pilgrim from beyond the sea;
His left hand held his book of might;
A silver cross was in his right;
  The lamp was placed beside his knee;
High and majestic was his look,
At which the fellest fiends had shook,
And all unruffled was his face;
They trusted his soul had gotten grace.

[79] Vedi l'Appendice, num. 11.

[80] *De Michaele Scoto, veneficii injuste damnato*, Lipsia, 1739.

[81] Fu vivissima un tempo in Italia anche la leggenda di Pietro d'Abano, di cui, tra l'altro, si narrò, come di Virgilio, che avesse preparato il bisognevole per risuscitare, ma non risuscitò, per colpa di un servitore che non seppe osservare i suoi ordini. Il Mazzuchelli fa memoria di una " celebre popolare commedia „, che traeva argomento dalla vita di Pietro, e rappresentata circa il mezzo del secolo XVIII *(Notizie storiche e critiche intorno alla vita di Pietro d'Abano*, nella *Raccolta d'opuscoli scientifici e filologici* del Calogerà, vol. XXIII, Venezia, 1741, p. III). La leggenda era ancor viva negli ultimi anni di quel secolo, quando Francesco Maria Colle scriveva la *Storia scientifico-letteraria dello Studio di Padova* (Padova, 1824, vol. II, p. 128); ma non so se tale siasi serbata anche dopo. Il Vedova *(Scrittori padovani)* e il Ronzoni *(Della vita e delle opere di Pietro d'Abano*, Atti della R. Accademia dei Lincei, serie terza, *Memorie della classe di scienze morali, storiche e filologiche*, vol. II, 1878, pp. 526-50) non dicon nulla di questo.

APPENDICE

APPENDICE

—

ALCUNI TESTI DELLA LEGGENDA DI MICHELE SCOTTO

1.

Futura praesagia Lombardiae, Tusciae, Romagnolae et aliarum partium per magistrum Michaelem Scothum declarata (*Chronica* FR. SALIMBENE *Parmensis ordinis minorum ex codice Bibliothecae Vaticanae nunc primum edita*, Parma, 1857, pp. 176-7). Li riproduco tali e quali.

Regis vexilla timens, fugiet velamina Brixa
    Et suos non poterit filios propriosque tueri.
    Brixia stans fortis, secundi certamine Regis.
    Post Mediolani sternentur moenia griphi.
    Mediolanum territum cruore fervido necis,
    Resuscitabit viso cruore mortis.
    In numeris errantes erunt atque sylvestres.
    Deinde Vercellus veniunt, Novaria, Laudum.
    Affuerint dies, quod aegra Papia erit.
    Vastata curabitur, moesta dolore flendo.
    Munera quae meruit diu parata vicinis.
    Pavida mandatis parebit Placentia Regis.
    Oppressa resiliet, passa damnosa strage.
    Cum fuerit unita, in firmitate manebit.
    Placentia patebit grave pondus sanguine mixtum.
    Parma parens viret, totisque frondibus uret.
    Serpens in obliquo, tumida exitque draconi.
    Parma Regi parens, tumida percutiet illum,
    Vipera draconem. Florumque virescet amoenum.

Tu ipsa Cremona patieris flammae dolorem.
In fine praedito, conscia tanti mali,
Et Regis partes insimul mala verba tenebunt.
Paduae magnatum plorabunt filii necem.
Duram et horrendam, datam catuloque Veronae.
Marchia succumbet, gravi servitute coacta.
Ob viam Antenoris, quamque secuti erunt,
Languida resurget, catulo moriente, Verona.
Mantua, vae tibi tanto dolore plena,
Cur ne vacillas, nam tui pars ruet?
Ferraria fallax, fides falsa nil tibi prodest
Subire te cunctis, cum tua facta ruent
Peregre missura, quos tua mala parant.
Faventia iniet tecum, videns tentoria, pacem.
Corruet in pestem, ducto velamine pacis.
Bononia renuens ipsam, vastabitur agmine circa,
Sed dabit immensum, purgato agmine, censum.
Mutina fremescet, sibi certando sub lima,
Quae, dico, tepescet, tandem trahetur ad ima.
Pergami deorsum excelsa moenia cadent.
Rursus et amoris ascendet stimulus arcem.
Trivisii duae partes offerent non signa salutis.
Gaudia fugantes, vexilla praebendo ruinae.
Roma diu titubans, longis terroribus acta,
Corruet, et mundi desinet esse caput.
Fata monent, stellaeque docent, aviumque volatus,
Quod Fridericus malleus orbis erit.
Vivet draco magnus cum immenso turbine mundi.
Fata silent, stellaeque tacent, aviumque volatus,
Quod Petri navis desinet esse caput.
Reviviscet mater: malleabit caput draconis.
Non diu stolida florebit Florentia florum;
Corruet in feudum, dissimulando vivet.
Venecia aperiet venas, percutiet undique Regem.
Infra millenos, ducenos, sexque decennos
Erunt sedata immensa turbina mundi.
Morietur gripho, aufugient undique pennae.

2.

ENRICO D'AVRANCHES, *Ad imperatorem Fr[ethericum]*, *cujus commendat prudenciam (Forschungen zur deut-schen Geschichte*, vol. XVIII (1878), p. 486).

A Michaele Scoto me percepisse recordor,
Qui fuit astrorum scrutator, qui fuit augur,
Qui fuit ariolus, et qui fuit alter Apollo.
Hunc super imperio cum multi multa rogarent:
Esse sibi, dixit, certa ratione probatum,
Quod status imperii, te supportante, resurget.
Prelatis adhibere fidem nolentibus illi,
Addidit hiis verbis formalem pandere causam:
' Hac princeps, et non alia, ratione regendis
Preficitur populis, ipsius ut una voluntas
Unanimes faciat populos, sua jussa sequentes.
Sic opus est; nec enim poterit consistere regnum
In se divisum, sed desolabitur. Hoc est
Ergo: quod imperii rupisse videtur habenas
Principis ad nutum plebs dedignata moveri.
Sed sic est — celum si non mentitur, et astra
Si non delirant, et mobilitate perhenni
Corpora si sequitur supracelestia mundus — :
Excellens alias prudencia principis hujus
Cisma voluntatum dirimet, populosque rebelles
Conteret et legum dabit irresecabile frenun.
Nec tamen arma feret spontanea, sed spoliatus
In spoliatores, quos talio puniet equa:
Omnia dat qui justiciam negat arma tenenti '.
    Veridicus vates Michael, hae pauca locutus,
Plura locuturus, obmutuit, et sua mundo
Non paciens archana plebescere, jussit
Ejus ut in tenues prodiret hanelitus auras.
Sic acusator fatorum fata subivit.
Neve fide careant tanti presagia vatis:
. . . .

Séguita, dando a Federico suggerimenti conformi alle sen-tenze e alle predizioni di Michele.

3.

SALIMBENE, *Chronica*, Parma, 1857, pp. 169-70.

Septima et ultima curiositas ejus *(sc. Friderici)* et superstitio
fuit, sicut etiam in alia chronica posui, quia, cum quadam die
in quodam palatio existens interrogasset Michaelem Scothum
astrologum suum quantum distabat a coelo, et ille quod visum
sibi fuerat, respondisset, duxit eum ad alia loca regni, quasi
sub occasione spatiandi, et per plures menses detinuit, prae-
cipiens architectis, sive fabris lignariis, ut salam palatii ita
deprimerent quod nullus posset advertere: factumque est ita.
Cumque post multos dies, in eodem palatio cum praedicto
astrologo consisteret Imperator, quasi aliunde incipiens, quaesivit ab eo, utrum tantum distaret a coelo, quantum alia vice
jam dixerat; qui computata ratione sua, dixit, quod aut coelum
erat elevatum, aut certe terra depressa: et tunc cognovit Imperator quod vere esset astrologus.

4.

FRANCESCO PIPINO, *Chronicon*, cap. L, *De Michaële Scotto
Astronomo* (MURATORI, *Rerum italicarum scriptores,*
t. IX, col. 670).

Michaël Scottus Astronomiae peritus hoc tempore agnoscitur,
imperante juniore scilicet Friderico. Hic, ut fertur, quum com-
perisset se moriturum lapillo certi ponderis parvi, excogitavit
novam capitis armaturam, quae vulgo *cerebrerium* sive *cerobo-
tarium* appellatur, qua jugiter caput munitum habebat. Quadam
autem die dum in Ecclesia hora sacrificii in ostensione videlicet sive elevatione Dominici Corporis caput ea munitione pro
reverentia solita exuisset, lapillus fatalis in caput ejus decidit,
atque illud sauciauit pusillum. Quo bilance pensato, et tanti
ponderis invento, quanti timebat, certus mortis disposuit rebus
suis, eoque vulnere post modicum fati legem implevit. Ejus
igitur occasu, modo, quo dictum est, praecognito, verificatum
in eo cernitur verbum Flavii Josephi disertissimi Historiographi,

qui ait: Fatum homines evitare non possunt, etiamsi praevi-
derint. Michaël iste dictus est spiritu prophetico claruisse.
Edidit enim versus, quibus quarumdam Urbium Italiae ruinam,
variosque praedixit eventus.

5.

JACOPO DELLA LANA (*Comedia di Dante degli Allagherii
col commento di* JACOPO DI GIOVANNI DALLA LANA *Bolognese*, Milano (1865), p. 93). Lo stesso nella edizione
di Bologna, 1866, vol. I, p. 351.

Qui fa menzione di Michele Scotto il quale fu indovino del-
l'imperadore Federigo; ebbe molto per mano l'arte magica, sì
la parte delle coniurazioni come eziandio quella delle imagini;
del quale si ragiona ch'essendo in Bologna, e usando con gentili uomini e cavalieri, e mangiando come s'usa tra essi in
brigata a casa l'uno dell'altro, quando venia la volta a lui
d'apparecchiare, mai non facea fare alcuna cosa di cucina in
casa, ma avea spiriti a suo comandamento, che li facea levare
lo lesso dalla cucina dello re di Francia, lo rosto di quella del
re d'Inghilterra, le tramesse di quella del re di Cicilia, lo pane
d'un luogo, e 'l vino d'un altro, confetti e frutta la onde li
piacea; e queste vivande dava alla sua brigata, poi dopo pasto
li contava: del lesso lo re di Francia fu nostro oste, del rosto
quel d'Inghilterra *etc.*

6.

BENVENUTI DE RAMBALDIS DE IMOLA *Comentum super
DANTIS ALDIGHERIJ Comoediam*, Firenze, 1887 segg.,
vol. II, pp. 88-9.

Hic fuit Michael Scottus, famosus astrologus Federici II, de
quo jam toties dictum est et dicetur: cui imperatori ipse
Michael fecit librum pulcrum valde, quem vidi, in quo aperte
curavit dare sibi notitiam multorum naturalium, et inter alia
multa dicit de istis auguriis. Et nota quod Michael Scottus ad-

miscuit nigromantiam astrologiae; ideo creditus est dicere multa vera. Praedixit enim quaedam de civitatibus quibusdam Italiae, quarum aliqua verificata videmus, sicut de Mantua praedicta, de qua dixit: *Mantua, vae tibi, tanto dolore plaena!* Male tamen praevidit mortem domini sui Federici, cui prae-dixerat, quod erat moriturus in Florentia; sed mortuus est in Florentiola in Apulia, et sic diabolus quasi semper fallit sub aequivoco. Michael tamen dicitur praevidisse mortem suam, quam vitare non potuit; praeviderat enim se moriturum ex ictu parvi lapilli certi ponderis casuri in caput suum: ideo providerat sibi, quod semper portabat celatam ferream sub caputeo ad evi-tandum talem casum. Sed semel cum intrasset in unam ec-clesiam, in qua pulsabatur ad Corpus Domini, removit caputeum cum celata, ut honoraret Dominum; magis tamen, ut credo, ne notaretur a vulgo, quam amore Christi, in quo parum credebat. Et ecce statim cecidit lapillus super caput nudum, et parum laesit cutim; quo accepto et ponderato, Michael reperit, quod tanti erat ponderis, quanti praeviderat; quare de morte sua certus, disposuit rebus suis, et eo vulnere mortuus est.

7.

Commento di Francesco da Buti *sopra la* Divina Com-media *di* Dante Allighieri, vol. I, Pisa, 1858, p. 533.

Questo Michele fu con lo imperadore Federigo secondo, e fu ancora in Bologna per alcun tempo, e facea spesse volte con-viti con li gentili uomini e non apparecchiava niente: se non che comandava a certi spiriti che avea costretti, ch'andassino per la roba, e così recavano di diverse parti le imbandigioni, e quando era a mensa con li valenti uomini, dicea: Questo lesso fu del re di Francia, l'arrosto del re d'Inghilterra, e così dell'altre cose; e però dice che seppe il gioco delle magiche frode; che questo non era se non inganno: imperò che parea forse loro mangiare e non mangiavano, o pareano quelle vi-vande quel che non erano.

8.

Chiose sopra Dante (Falso Boccaccio) pubblicate a cura di Lord Vernon, Firenze, 1846, pp. 162-3.

Effu il primo filoxafo eastrolagho talese effuchostui altempo dello imperador federigho secondo effu nemico disanta chiesa evenne addosso apparma eassediolla efecie difuori unacittadella allaquale puose nome vittoria. Laonde veggiendosi iparmigiani istretti forti uscirono fuori tutti a romore dipopolo si eintalmodo cheglisconfissono loste delre federigho. Onde rubando iparmigiani ilcanpo unpovero huomo ciabattiere discharpette andava perghuadagnare entro nel padiglione delre enonvi trovo altro chun botticiello dunasoma pieno eportosenelo achasa eimaginando dentro vi fosse vino epostolo inchasa undi ne trasse unbicchiere etrovo chera unperfetto vino eunaltro bicchiere ne diede alladonna sua eognidi ne veniva aumodo etanto natignieva quanto bisogniava. diche acierto tempo ilpovero huomo simaraviglio chelbotticino nomanchava volle sapere quelche questo volesse dire eruppe ilbotticiello nelquale dentro vaveva unagnolo dariento piccholo il quale teneva unodesuopiedi insunungrappolo duva dargiento ediquesto grappolo usciva questo perfetto vino. E questo erafatto perarte magicha edinegromanzia equesto fecie tales overo michele scotto perlasua scienzia e virtu eilpovero huomo perde ilsuo bere ellasua vignia ellasua ventura incio.

9.

ANONIMO FIORENTINO, *Commento alla* Divina Commedia, stampato a cura di Pietro Fanfani (*Collezione di opere inedite o rare dei primi tre secoli della lingua*), Bologna, 1866-74, vol. I, pp. 452-3.

Questo Michele Scoto fu grande nigromante, et fu maestro dello imperadore Federigo secondo. Dicesi di lui molte cose maravigliose in quell'arte; et fra l'altre che, essendo giunto in Bologna, invitò una mattina a mangiare seco quasi tutti i maggiori della terra, et la mattina fuoco non era acceso in sua casa. Il fante suo si maravigliava, et gli' altri che 'l sapeano

diceano: *Come farà costui? uccella egli tanta buona gente?* Ultimamente, venuta la brigata in sua casa, essendo a tavola, disse
Michele: *Venga della vivanda del re di Francia;* incontanente
apparirono sergenti co' taglieri in mano, et pongono innanzi a
costoro, et costoro mangiono. *Venga della vivanda del re d'Inghilterra;* et così d'uno signore et d'altro, egli tenne costoro
la mattina meglio che niuno signore — *Delle magiche frode
seppe.* Però che questa arte magica si può in due modi usare:
o egli fanno con inganno apparire certi corpi d'aria che pajono
veri; o elli fanno apparire cose che hanno apparenza di vere
et non sono vere, et nell'uno modo et nell'altro fue Michele gran
maestro. Fue questo Michele della Provincia di Scozia; et dicesi
per novella che, essendo adunata molta gente a desinare, che
essendo richiesto Michele che mostrasse alcuna cosa mirabile,
fece apparire sopra le tavole, essendo di gennajo, viti piene di
pampani et con molte uve mature; et dicendo loro che ciascheduno ne prendesse un grappolo, ma ch'eglino non taglias-
sono, s'egli nol dicesse; et dicendo *tagliate*, sparvono l'uve, e
ciascheduno si trova col coltellino et col suo manico in mano.
Predisse Michele molte cose delle città d'Italia, cominciando
da Roma; et molte cose avvennono di quelle ch'egli predisse:
et fra l'altre dice della città di Firenze: *Non diu solida stabit
Florentia, florem Decidet in foetidum, dissimulando ruet etc.*

10.

Teofilo Folengo, *Baldus*, maccheronea XVIII (*Le opere
maccheroniche di* Merlin Cocai, ediz. di A. Portioli,
Mantova, 1883 sgg.).

> Ecce Michaelis de incantu gegula Scoti.
> Qua post sex formas cereae fabricatur imago
> Daemonii Sathan, Saturni facta piombo.
> Cui suffimigio per sirica rubra cremato,
> Hac, licet obsistant, coguntur amare puellae.
> Ecce idem Scotus, qui stando sub arboris umbra,
> Ante characteribus designat millibus orbem,
> Quatuor inde vocat magna cum voce diablos.
> Unus ab occasu properat, venit alter ab ortu,
> Meridies terzum mandat, septemtrio quartum,

Consecrare facit froenum conforme per ipsos,
Cum quo vincit equum nigrum, nulloque vedutum,
Quem, quo vult, tanquam turchesca sagitta cavalcat,
Sacrificatque comas ejusdem saepe cavalli.
En quoque depingit magus idem in littore navem,
Quae vogat totum octo remis ducta per orbem,
Humanae spinae suffimigat inde medullam.
En docet ut magicis cappam sacrare susurris,
Quam sacrando fremunt plorantque per aera turbae
Spiritum, quoniam verbis nolendo tiramur.
Hanc quicunque gerit gradiens ubicunque locorum
Aspicitur nusquam, caveat tamen ire per album
Solis splendorem, quia tunc sua cernitur umbra.

11.

SATCHELLS, *History of the Right Honourable Name of Scott* (citato da GUALTIERO SCOTT, nella nota 11 al canto II del *Lay of the last Minstrel*).

He said the book which he gave me
Was of Sir Michael Scot's historie;
Which historie was never yet read through,
Nor never will, for no man dare it do.
Young scholars have pick'd out something
From the contents, that dare not read within.
He carried me along the castle then,
And shew'd his written book hanging on an iron pin.
His writing pen did seem to me to be
Of hardened metal, like steel, or accumie;
The volume of it did seem so large to me,
As the book of Martyrs and Turks historie.
Then in the church he let me see
A stone where Mr. Michael Scott did lie;
I asked at him how that could appear,
Mr. Michael had been dead above five hundred year?
He shew'd me none durst bury under that stone,
More than he had been dead a few years agone;
For Mr. Michael's name doth terrify each one.

ARTÙ NELL'ETNA

ARTÙ NELL'ETNA

—

I.

Per secoli fu creduto che Artù, mortalmente ferito in battaglia, non fosse mai morto, ma vivesse in luogo incantato e recondito, d'onde sarebbe, una volta o l'altra, per far ritorno e prender vendetta de' nemici del suo popolo e suoi. Si sa quale luogo tenesse nella coscienza dei Brettoni vinti, ma non caduti di animo, sì fatta credenza; come intimamente si legassero ad essa i ricordi loro più dolorosi e le più accarezzate speranze; come tutto il sentimento loro di nazione trovasse in essa una consacrazione ed un simbolo. Alano de Insulis (m. 1202) ricorda come ai tempi suoi quella credenza fosse ancora così viva e comune in Armorica che il contraddirla avrebbe portato pericolo di lapidazione [1]. Fra le genti d'altra stirpe la lunga e paziente ·aspettativa diede il tema a locuzioni proverbiali notissime; e *Arturum expectare* tanto venne a dire quanto aspettar ciò che non può nè deve avvenire [2]; e *speranza brettone* fu sinonimo di speranza vana ed assurda. A sì fatta speranza sono frequenti accenni nei trovatori di Provenza [3], e dai trovatori di Provenza, se non da altri, avrebbero gl'Italiani potuto averne agevolmente contezza. Arrigo da Settimello, nel suo poema latino *De diversitate fortunae et philosophiae consolatione*, composto circa il 1192, la rammenta due volte:

Et prius Arturus veniet vetus ille Britannus,
Quam ferat adversis falsus amicus opem.

Qui cupit auferre naturam seminat herbam
Cujus in Arturi tempore fructus erit [4].

Nel 1248 quei di Parma, assediati da Federico II, colta un giorno l'occasione che l'imperatore era andato a cacciare, uscirono fuori con grande impeto, e presero e distrussero la città di Vittoria, dai nemici edificata quasi sotto le loro mura. Non molto dopo, l'avvenimento fu celebrato in tre carmi, nel terzo de' quali l'anonimo poeta, accennando alle vane minacce dell'imperatore, dice:

Cominatur impius, dolens de iacturis,
Cum suo Britonibus Arturo venturis [5].

Secondo l'antica tradizione brettone raccolta da Galfredo di Monmouth, Morgana aveva trasportato Artù ferito in quella paradisiaca isola di Avalon, altrimenti detta Insula pomorum, o Fortunata, della quale è sì frequente ricordo in croniche e in poemi del medio evo [6]; ma non era possibile che, o prima o poi, la finzione non variasse su questo punto, specie migrando fuor di patria, prendendo ad allignare fra nuove genti, incontrandosi con altre finzioni, offerendosi a esplicazioni e connettimenti nuovi. Come Orlando, fatto cittadino di altre patrie, ebbe mutato il luogo della sua nascita e il teatro delle prime sue gesta, così Artù ebbe mutato il luogo della sua miracolosa segregazione.

Ed ecco farcisi innanzi una tradizione, la quale sembra abbia smarrito ogni ricordo dell'isola di Avalon, e pone la incantata dimora di Artù nell'interno dell'Etna. Gervasio da Tilbury, primo fra gli scrittori di cui abbiamo notizia, la riferisce nel modo che segue: « In Sicilia è il monte Etna, ardente d'incendii sulfurei, e prossimo alla città di Catania, ove si mostra il tesoro del gloriosissimo corpo di sant'Agata vergine e martire, preservatrice di essa. Volgarmente quel monte dicesi Mongibello; e narran gli abitatori essere apparso ai dì nostri, fra le sue balze deserte, il grande Arturo. Avvenne un giorno che un palafreno del vescovo di Catania, colto, per essere troppo bene pasciuto, da un subitano impeto di lascivia, fuggì di mano al palafreniere che lo strigliava, e, fatto libero, sparve. Il palafreniere, cercatolo invano per dirupi e burroni, stimolato da crescente preoccupazione, si mise dentro al cavo tenebroso del monte. A che moltiplicar le parole? per un sentiero angustissimo ma piano, giunse il garzone in una campagna assai spaziosa e gioconda, e piena d'ogni delizia; e quivi, in un palazzo di mirabil fattura, trovò Arturo adagiato sopra un letto regale. Saputa il re la ragione del suo venire, subito fece menare e restituire al garzone il cavallo, perchè lo tornasse al vescovo, e narrò come, ferito anticamente in una battaglia da lui combattuta contro il nipote Modred e Childerico, duce dei Sassoni, quivi stesse già da gran tempo, rincrudendosi tutti gli anni le sue ferite. E, secondochè dagli indigeni mi fu detto, mandò al vescovo suoi donativi, veduti da molti e ammirati per la novità favolosa del fatto » [7].

Esaminiamo un po' questo curioso racconto. Gervasio lo dà per genuino ed autentico, e diffuso tra i Siciliani, almeno tra quelli di Catania e della rimanente regione circostante all'Etna. Intorno a ciò si potrebbe muovere un primo dubbio, e sospettare che il tutto sia invenzione di Gervasio; e il sospetto non sarebbe certo irragionevole. Negli scrittori siciliani che trattano dell'Etna e dell'altre singolarità dell'isola, non si trova cenno di così fatta novella. Oltre di ciò Gervasio fu inglese; compose per un principe inglese il suo *Liber facetiarum*, ancora inedito,

e per un imperatore mezzo inglese, Ottone IV, i suoi *Otia;*
così che si può dire ch'egli dovesse essere trascinato a
narrare, in un libro tutto pieno di favole, anche qualche
nuova favola di Artù, e non trovandone alcuna che già
non fosse notissima, inventarla. Altri scrittori, in picciol
numero, l'avrebbero, più tardi, attinta da lui. Ma a queste
considerazioni altre se ne possono opporre, che conducono
a diverso giudizio. Gervasio passa per uno degli scrittori
più bugiardi del medio evo; ma tale opinione, se non
vuol essere ingiuriosa ed erronea, deve ridursi in più
giusti termini. Gervasio è bugiardo perchè riferisce molte
cose non vere; non già perchè se le inventi: volendo
parlar rettamente egli è favoloso e non bugiardo; e come
scrittore favoloso appunto ha, in questi ultimi tempi,
acquistato importanza notabile agli occhi di quanti attendono allo studio dei miti e delle leggende medievali.
Gervasio viaggiò pressochè tutta l'Italia [8], e negli *Otia*
molte cose racconta imparate per lo appunto in Italia:
fu in Sicilia, ai servigi di re Guglielmo, innanzi al 1190,
ed ebbe agio di conoscere direttamente, o per informazioni
immediate, molte particolarità di quella terra, delle quali
dà conto nel capitolo stesso in cui narra la leggenda tra-
scritta pur ora. E nel racconto di tale leggenda sono alcuni
accenni a cose vere e reali, che, mentre rivelano nell'autore un testimone di veduta, o un ripetitore bene informato, confermano il carattere tradizionale di esso. Dei
miracoli operati dal corpo di Sant'Agata in guardar la
città di Catania dagl'incendii dell'Etna, è frequente il
ricordo nelle croniche siciliane. Ciò che si dice del cavallo del vescovo è pure conforme al vero; giacchè sappiamo, non solo che su quelle pendici del vulcano si al-
levavano cavalli di molto pregio e vigore, non meno agili
che animosi; ma, ancora, che per la troppa ubertà dei
paschi, gli animali d'armento o di greggia ci venivano

soverchio gagliardi e baliosi, cosicchè a certi tempi dell'anno bisognava trar loro sangue dalle orecchie. Subito dopo aver narrata la leggenda siciliana, Gervasio ne narra un'altra, diffusa per le due Brettagne, e dove Artù si presenta sotto l'aspetto del cacciatore selvaggio; e questa seconda leggenda è sicurissimamente popolare[9]. Finalmente, un po' più oltre, ricorda come, *secondo la volgare tradizione* dei Brettoni, Artù fosse stato trasportato nell'isola di Davalim (*sic*), e come quivi Morgana lo custodisse e curasse [10]. Poichè entrambe queste leggende appartengono notoriamente alla tradizione, noi abbiamo una ragione di più per credere che alla tradizione apppartenga anche la prima.

E che vi appartenga davvero cel prova, oltre a quanto dovrò dire più innanzi, anche il fatto del trovarla narrata, in forma alquanto diversa, da uno scrittore di poco posteriore a Gervasio, e da lui indipendente; Cesario di Heisterbach, che la racconta in tal modo. « Nel tempo in cui l'imperatore Enrico soggiogò la Sicilia, era nella Chiesa di Palermo un decano, di nazione, secondo ch'io penso, tedesco. Avendo costui, un giorno, smarrito il suo palafreno, che ottimo era, mandò il servo per diversi luoghi a farne ricerca. Un vecchio, fattosi incontro al servo, gli chiese: Dove vai? e che cerchi? Rispostogli da quello che cercava il cavallo del suo padrone, soggiunse il vecchio: Io so dov'è. — E dove? — Nel monte Gyber (*sic*), in potere del re Arturo, mio signore. Quel monte vomita fiamme come Vulcano. Stupì il servo in udire tali parole, e l'altro soggiunse: Di' al tuo padrone che da oggi a quattordici dì venga alla corte solenne di lui; e sappii che tralasciando di dirglielo, sarai punito aspramente. Tornato addietro, il servo espose, non senza timore, quanto aveva udito. Il decano si rise di quell'invito alla corte del re Arturo; ma, ammalatosi, morì il giorno prestabilito »[11].

Il racconto è, in parte, quello stesso di Gervasio, e, in parte, è diverso. Il cavallo smarrito, il servo che ne va in traccia, la misteriosa dimora di Artù, sono comuni ad entrambi, mostrano che i due hanno, quanto alla sostanza, la medesima origine; ma, da altra banda, quello di Cesario differisce tanto da quello di Gervasio che, ragionevolmente, non si può supporre ne sia derivato. Nel *Dialogus miraculorum* non è neppure un indizio che Cesario abbia avuto conoscenza degli *Otia*. Si potrebbe, gli è vero, pensare che Cesario, togliendo il racconto a Gervasio, lo alterasse e foggiasse deliberatamente a quel modo, per meglio accomodarlo all'indole della distinzione XII del suo libro; ma contro questa congettura sta il fatto che Cesario è, nel narrare, coscienzioso e fedele sino allo scrupolo; che ripete esattamente, senza aggiungervi di suo, gli altrui racconti; e che sempre, quando può, cita i nomi di coloro da cui gli ebbe, o i libri onde li trasse [12]. Oltre di ciò, non si vede che di quell'alterazione egli potesse molto giovarsi per i suoi fini, dacchè il racconto, quale egli lo reca, è, fra quanti ne novera la distinzione XII, il più povero di significato, quello di cui meno s'intende l'insegnamento. Altre cose poi son da notare, le quali accennano a fonti diverse e di più torbida e tortuosa vena. Cesario parla di un decano di Palermo, e sembra ponga Palermo dov'è Catania, alle falde dell'Etna. La forma *Palernensi*, usata da lui, non è nè latina, nè italiana, ma francese, trovandosi spesso ne' testi francesi *Palerne* per *Palerme* (*Guillaume de Palerne* ecc.). Può ciò bastare per supporre una fonte francese? gli è poco, ma gli è pur qualche cosa. Alcuna considerazione vuol pure quel monte Gyber. Il nome di *Mongibello* fu fatto capricciosamente derivare da *Mulcibero*, da *Mons Cybeles*, da *Monte Bello*, e persino da *Monte di Beel;* ma esso è veramente nome composto di due nomi comuni e d'egual significato, italiano l'uno, *monte*, arabico l'altro, *gibel*, che non vuol altro dire che monte; e trovasi non di rado scritto disgiuntamente, come appunto in Cesario [13]. *Monte Gibero* si ha in testi italiani; *perg Gyfers* o *Givers* in testi tedeschi. Per quell'avvertimento che si dice dato dall'incognito vecchio al servo, e concernente il decano, il racconto di Cesario si raccosta a una intera e numerosa famiglia di racconti esemplari, di cui dirò fra poco, e nei quali i vulcani hanno parte cospicua. In fondo il racconto di Cesario è quello stesso di Gervasio, ma alterato alquanto, per infiltrazioni penetratevi, come pare, da un gruppo d'altri racconti, molto più antichi, e d'indole affatto diversa. I due si accordano inoltre abbastanza quanto al tempo. Gervasio dice il fatto accaduto *nostris temporibus;* Cesario *eo tempore quo Henricus imperator subjugavit sibi Syciliam.* Nulla vieta di riferire la espressione di Gervasio agli ultimi tempi del soggiorno di lui in Sicilia; e quanto alla conquista di Enrico VI, si sa che avvenne nel 1294.

Il racconto di Cesario rivela, come diceva testè, certe infiltrazioni che in quello di Gervasio non appajono. Penetra in esso un elemento pauroso e tetro, alcun che di infernale e di diabolico che certamente fu estraneo alla tradizion primitiva e più genuina. In esso la leggenda epica non è ancor trasformata, ma tende già a trasformarsi in leggenda ascetica: in un altro racconto, posteriore di poco a quello di Cesario, la trasformazione si vede compiuta. Stefano di Borbone, morto circa il 1261, narra il fatto a questo modo. « Udii narrare a un frate di Puglia, per nome Giovanni, il quale diceva esser ciò avvenuto dalle sue parti, che cert'uomo, andato in traccia del cavallo del suo signore su pel monte presso a Vulcano (*sic*), ove si crede sia il purgatorio, vicino alla città di Catania [14], trovò secondo gli parve, una città, che aveva una postierla di ferro, e a colui che la custodiva chiese notizia del cavallo che andava cercando. Il custode gli rispose che n'andasse sino alla corte del principe, il quale, o gliel farebbe restituire, o gliene darebbe notizia; e richiesto dall'altro, in nome di Dio, di alcuna norma circa quell'andata, soggiunse badasse bene di non mangiare di nessuna vivanda che potesse essergli offerta. Parve al cercatore di vedere per le vie di essa città tanti uomini quanti ne sono nel mondo, di ogni generazione e condizione. Passando per molte sale, giunse ad una, ove scorse il principe circondato da' suoi. Ecco gli offrono molti cibi, ed ei non vuole gustar di nessuno: gli mostrano quattro letti, e gli dicono che l'uno d'essi è apparecchiato pel suo signore, gli altri tre per tre usurai. E gli dice il principe che al signor suo e ai tre usurai assegnava certo giorno come termine perentorio a comparire, e che mancando, sarebbero menati a forza; e gli dà un nappo d'oro, con coperchio d'oro, e lo ammonisce che non l'apra, ma lo rechi in segno della cosa, al padrone, perchè questi beva della sua bevanda; e, di giunta, gli fa restituire il cavallo. Se ne torna il famiglio; adempie il precetto: s'apre il nappo e ne schizza fiamma; si getta il nappo nel mare e il mare si accende. Quei quattro, sebbene confessi (per timore solo, e non per penitenza [15]) il dì assegnato sono rapiti sopra quattro cavalli neri » [16].

Qui abbiamo, in sostanza, il fatto stesso narrato da Gervasio e da Cesario, ma con particolarità nuove, che mostrano un crescente infoscamento della leggenda, e la preponderanza presa dagli elementi infernali e diabolici. Secondo Gervasio, Artù mandò regali al padrone del cavallo, nè in modo alcuno gli nocque: secondo Cesario, un ministro di Artù impose, per mezzo del servo, al padrone del cavallo di presentarsi a giorno fisso alla corte del principe: secondo Stefano, il principe assegnò il giorno del comparire al padrone del cavallo e a tre usurai ad un tempo. Nel racconto di Cesario non s'intende il perchè di quell'assegnazione; ma ben s'intende nel racconto di Stefano, dove la coppa ignivoma, che parrebbe un simbolo del vulcano, e la compagnia de' tre usurai, e quei quattro letti, che non dovevano essere letti di rose, e, più che tutto, i quattro cavalli negri rapitori, lasciano subito in-tendere di che cosa si tratti. Quella città è una città infernale: quel principe, se non è Satanasso in persona, è uno de' suoi maggiori ministri; e perciò non si chiama più Artù, sebbene sia stato Artù in origine. Anche quella particolarità di non dovere accettare cosa che sia offerta, si trova in numerose leggende diaboliche. Stefano di Bor-bone compose il libro ove questo racconto si legge negli ultimi anni di sua vita, e conobbe gli *Otia* di Gervasio e li cita; ma alla narrazion di costui preferì, egli che andava in traccia di *esempii predicabili*, la narrazion più opportuna dell'ignoto frate di Puglia.

Vedremo or ora che questa graduale alterazione della leggenda, lungi dall'essere capricciosa e arbitraria, era in certo qual modo ragionevole e necessaria; ma devesi, in-nanzi a tutto, insistere sul fatto che la version primitiva non è quella di Stefano, e nemmeno quella di Cesario; ma bensì quella di Gervasio; anzi una in cui l'elemento romanzesco e cavalleresco doveva essere assai più copioso che nel racconto di Gervasio non sia. Tale prima versione dovette essere affatto serena, affatto consentanea alle forme e allo spirito dell'altre finzioni brettoni; e noi possiamo credere di rintracciarla, o di rintracciarne una che poco se ne discosti, in un vecchio poema francese intitolato *Florian et Florète*, e pochissimo noto [17].

Questo poema, composto già forse nel secolo XIII, ma più probabilmente nel successivo, è di pochissimo pregio, rileva assai poco nella storia delle finzioni brettoni, e non avrebbe anzi, rispetto ad esse, importanza alcuna, se non fosse per quella leggenda arturiana che ci si vede intessuta. Qui la leggenda non è, come nei racconti di Gervasio, di Cesario e di Stefano, una immaginazione slegata e smarrita, ma si allaccia a un'azione epica, qual ch'essa sia, e fa corpo con altre leggende e immaginazioni del ciclo. È questa una prima ragione che il rende meritevole d'attenzione e di studio; ma ce ne sono dell'altre. Nei racconti di Gervasio e di Cesario (lasciamo in disparte ora quello di Stefano) si narra un fatto particolare, occorso ai tempi di quegli scrittori; ma fanno difetto le ragioni e i presupposti del fatto stesso. La leggenda in essi narrata rimanda necessariamente ad un'altra più antica, nella quale doveva dirsi come e perchè Artù fosse capitato nell'Etna. Ora, quelle ragioni e quei presupposti, e quella più antica leggenda, noi troviamo per l'appunto, almeno in parte, nel romanzo francese, la cui azione si svolge mentre il re Artù è ancora nel suo regno, a capo de' suoi cavalieri. Qui l'Etna è una specie di regno fatato, dimora consueta della sorella di Artù, Morgana, e del numeroso suo séguito: è quello che nei romanzi francesi del medio evo si chiama comunemente *Faerie*, ossia paese o città delle fate: *c'estoit leur maistre chastel*, dice il poeta, parlando di Morgana e delle sue compagne. In esso Morgana conduce Floriant, figliuolo di un re Elyadus di Sicilia, il quale era stato ucciso dal traditore Maragot, e ve lo fa educare. Il luogo è assai piacente, e ci si mena vita giojosa, e non ci si può morire. Floriant torna poi nel mondo, e incontra molte avventure; ma la buona Morgana, quando conosce ch'egli è prossimo alla sua fine, lo attira di nuovo nell'incantato soggiorno, e ci fa venire anche la moglie di lui, Florète. Artù, che si suppone ancora sano e fiorente, ci andrà poi ancor egli a suo tempo, come annunzia la stessa Morgana (vv. 8238-40):

> Li rois Artus, au defenir,
> Mes freres i ert amenez
> Quant il sera a mort menez.

Quando poi Artù ci fu andato, s'intende che ogni occasione poteva esser buona a fare ch'egli palesasse in qualche modo la sua presenza; e s'intende pure ch'egli dovesse diventare il personaggio principale di quella corte fatata, e respinger nell'ombra, se non far dimenticare, tutti gli altri. Così la leggenda si circoscriveva e si addensava, diventando più particolarmente la leggenda di *Artù nell'Etna*. E in vero, nei due racconti di Gervasio e di Cesario, Morgana non è neppur nominata: in quello del primo, il monte è la curia, o corte, di Artù; in quello del secondo, Artù è signore del monte. Ora io credo che la cagione prima del trasponimento della *Faerie* di Morgana nell'Etna, sia appunto Artù, e ciò per ragioni che vedremo alquanto più oltre.

Ecco dunque uno scrittore inglese, uno scrittore tedesco, due scrittori francesi, porgere documento di una leggenda medesima, variata, dirò così, nella buccia, ma rimasta pur sempre quella nel nocciolo e nel midollo. E le testimonianze non finiscono qui, potendosi alle forastiere aggiungerne una nostrana, assai scarsa ed asciutta a dir vero, ma non però meno significativa. In una rozza e bizzarra poesia, appartenente, come pare, al secolo XIII, e pubblicata son pochi anni [18], due cavalieri, interrogati dell'esser loro da un misterioso personaggio che si fa chiamare Gatto Lupesco, rispondono:

> Cavalieri siamo di Bretangna,
> ke vengnamo de la montagna,
> ke ll'omo apella Mongibello.
> Assai vi semo stati ad ostello
> per apparare ed invenire

la veritade di nostro sire,
lo re Artù k' avemo perduto
e non sapemo ke sia venuto.
Or ne torniamo in nostra terra
ne lo reame d'Inghilterra.

Qui si allude, senz'alcun dubbio, a una credenza secondo la quale Artù sarebbe nell'Etna; ma non si afferma
già ch'ei ci sia veramente. La cosa rimane in dubbio.
I cavalieri se ne tornano indietro senz'essersi potuti ac-
certare del vero *(e non sapemo ke sia venuto)*, e da tutto
il passo sembra traspaja qualcosa della solita incredulità
italiana in fatto di meraviglioso [19]. Oltre che a quella
credenza, vi è accennato, ma in modo indiretto, all'antica
opinione che Artù dovesse tornare.

Da ciò che precede rimane, parmi, provata l'esistenza,
nei secoli XIII e XIV, di una vera e propria leggenda
(non di una semplice e scioperata immaginazione indivi-
duale), la quale poneva nell'Etna la dimora di Artù, e
riman provato che tale leggenda fu cognita a molti allora
in Sicilia, se pur non fu popolare. Ma il tema nostro non
è per anche esaurito, e alcuni dubbii che nascon da esso,
e alcune particolarità che in esso si notano, richiedon ora
la nostra attenzione.

II.

Come mai, e per quale ragione, ed a chi potè venire
primamente in pensiero di strappare Artù all'isola di
Avalon per porlo nell'interno di un vulcano, in Sicilia?
Dobbiam noi credere che inventori della strana finzione
sieno stati que' Siciliani medesimi tra cui Gervasio, secondo attesta, la trovò divulgata? Dobbiam per contrario
credere che altri uomini ne sieno stati inventori? Il dubbio,

credo, sarà chiarito se si riesce a dimostrare: 1° che i
Siciliani non avevano ragione di sorta, nè quasi possibilità d'immaginarla; 2° che la finzione stessa, specie nella
forma che veste in Gervasio, ha in sè tutti i caratteri di
una finzione, non italica, ma germanica, rimanda a un
vero e proprio mito germanico.

Cominciamo dal primo punto.

Che i Siciliani non dovessero avere nessuna ragione, e
quasi nemmeno la possibilità d'immaginar la finzione,
s'intende assai agevolmente. La finzione stessa presuppone
sentimenti, credenze, fantasie, che i Siciliani non avevano
e non potevano avere: un ricordevole affetto per Artù;
un desiderio immaginoso di raccostarsi in qualche modo
all'eroe; una vaga speranza di vederlo tornare, quando
che fosse, nel mondo. Chi poneva Artù nell'Etna doveva
sentirsi legato a lui da vincoli particolari, da vincoli di
cui nessuna ragione potrebbe trovarsi nella storia, nelle
costumanze, nelle aspirazioni del popolo di Sicilia; e se
la finzione fosse stata frutto naturale e spontaneo della
fantasia di quel popolo, noi dovremmo, sembra, trovarne
vestigio in alcuna delle sue croniche, laddove non ce ne
troviamo nessuno.

Fatto sta che ai Siciliani l'Etna ricordava altre meraviglie e suggeriva altre immaginazioni: fatto sta che
anche in Sicilia, come per tanti esempii si vede essere
avvenuto nella rimanente Italia, la memoria e la fantasia
tornavano ostinatamente alle storie e ai miti dell'antichità
classica, ne' quali, come in cosa lor propria, si compia-
cevano. Nelle croniche dell'isola si trovano ricordati i Ciclopi, i giganti fulminati da Giove, il ratto di Proserpina,
la fine di Empedocle, ecc.; e si può credere che nella
coscienza popolare questi fossero più che semplici ricordi
di tradizioni e di favole antiche, fossero anzi, alcuni di
essi, miti tuttora viventi. Di un'apparizione dei Ciclopi

e di Vulcano si fa ricordo ancora nel 1536, poco prima
di una grande eruzione dell'Etna [20]. Come in antico, si
credeva che il monte ignivomo (e altrettanto dicasi degli
altri vulcani, non escluso quello d'Islanda) fosse uno spi-
racolo dell'inferno; e le leggende che più facilmente dovevano accreditarsi in Sicilia e diffondersi, erano le leggende monacali ed ascetiche, le quali appunto si confor-
mavano a quella credenza, e narravano di anime dannate,
portate a volo entro il monte dai diavoli, e d'altre meraviglie paurose. Di queste leggende è grande il numero,
e qui basterà ricordare quelle di Eumorfio e di Teodorico,
narrate da Gregorio Magno [21], e quella del re Dagoberto,
narrata dallo storico Aimoino [22]. Subito dopo aver narrata
la storia del decano di Palermo, Cesario racconta [23] quella
di Bertoldo V, duca di Zähringen, a cui i diavoli prepa-
rano nell'Etna il meritato castigo. Secondo certo racconto
riferito da Pier Damiano nella Vita di Odilone, dentro
l'Etna si udivano le querele delle anime purganti, tor-
mentate da infiniti demonii [24]. Nel nome stesso dell'Etna
si trovava indicata la condizione sua. Isidoro da Siviglia
dice: « Mons Aetnae ex igne et sulphure dictus, unde et
Gehenna [25] ». Gotofredo da Viterbo raccoglie la comune
opinione:

> Mons ibi flammarum, quas evomit, Aetna vocatur:
> Hoc ibi tartareum dicitur esse caput.

In Sicilia queste credenze dovevano essere assai divulgate. Parlando della grande eruzione del 1329 Nicola
Speciale dice: « Parecchi, nelle vicinanze del monte, furono portati via dai diavoli, che assumendo varii corpi,
predicavano nell'aria terribili menzogne » [26]. Quand'anche
non si voglia far conto della trista esperienza che i Siciliani avevano della natura del loro vulcano; quand'anche
s'immagini ch'essi avessero perduto il ricordo dei danni

sofferti per esso, e poco o niun pensiero si dessero delle sue perpetue minacce, la opinione ch'essi ne avevano, come di una bocca spalancata dell'Inferno, doveva bastare a vietar loro di fingervi dentro il regno incantato di Morgana e il soggiorno di Artù; mentre a finger tai cose potevano essere tratti assai più facilmente uomini venuti d'altronde, i quali non ben conoscessero la natura del monte, e ai quali men tetre fantasie potessero essere suggerite a primo aspetto da quella tanta feracità di campi e giocondità di aspetti, cui già gli antichi non s'erano stancati di ammirare e di celebrare [27].

Veniamo ora al secondo punto.

La leggenda di Artù nell'Etna non è, come s'è già notato, una leggenda nuova; è una leggenda variata; ma nella variazione sua sono alcune particolarità che meritano d'essere considerate attentamente. Secondo la leggenda brettone originale, Artù vivo, ma ferito, dimora in Avalon, la quale è veramente un'isola del fiume Bret, nella contea di Somerset, e antica sede dei druidi. La poetica fantasia abbellì quest'umile isola, e ne fece un luogo di delizie da porre a riscontro delle famose Isole Fortunate. Goffredo di Monmouth dice di essa, nella *Vita Merlini*:

> Insula pomorum quae fortunata vocatur.

Secondo la leggenda derivata, che, per comodità di espressione, seguiteremo a dir siciliana, Artù dimora nell'interno dell'Etna.

Questa innovazione non incontrò molto favore; e noi vediamo altri eroi, come, per esempio, Uggeri il Danese e Rainouart, andare a raggiungere il buon re Artù nell'isola e non nel monte; ma non però si può dire ch'essa fosse al tutto arbitraria e illegittima. Circa il 1139 avvenne un fatto che avrebbe potuto a dirittura tagliar le

radici alla leggenda della miracolosa sopravvivenza di
Artù: si credette d'aver trovato, o si disse d'aver trovato,
appunto nell'isola di Avalon, presso l'abbazia di San
Dnustano, il corpo di Artù, morto e sepolto da secoli [28].
Ma tale ritrovamento, cui non fu, sembra, estranea la
politica, non valse a togliere certe dubbiezze, che forse
già da gran tempo si avevano circa il vero luogo del ri-
fugio di Artù, e circa alcune altre particolarità della sua
leggenda. Di tali dubbiezze abbiamo parecchi indizii, oltre
a quello contenuto nei versi italiani riportati di sopra.
Il trovatore Aimeric de Peguilain (1205-70) dice in un
suo serventese *(Totas honors):*

> Part totz los monz voill qu'an mon sirventes
> E part totas las mars, si ja pogues
> Home trobar que il saubes novas dir
> Del rei Artus, e quan deu revenir.

In un codice di Helmstadt, contenente il già citato poema
De diversitate Fortunae di Arrigo da Settimello, si trova
una nota ov'è detto che Artù, combattendo contro certa
belva, perdette i suoi cavalieri, e avendo ucciso la belva,
non fece più ritorno a casa; onde i Brettoni lo aspettano
ancora. Del luogo ov'egli possa essere andato non v'è pur
cenno [29]. Ma, secondo l'autore del *Lohengrin*, Artù è in
un monte dell'India, insieme coi cavalieri del Santo Gral [30];
e nel *Wartburgkrieg* si dice che Artù dimora entro un
monte, insieme con Giunone e con Felicia, figliuola di
Sibilla [31]. Da tutto ciò si rileva che, fuori di Brettagna,
la tradizione era alquanto vaga e malsicura, se non circa
la rimozione e la vita soprannaturale di Artù, almeno
circa il luogo di sua dimora; e che per tempo una opinione era sorta, la quale poneva quella misteriosa dimora
nell'interno di un monte.

Ora, qui, noi ci troviamo in presenza di una finzione

essenzialmente germanica. L'immaginazione dell'eroe rimosso dal mondo, serbato miracolosamente in vita, e destinato a futuro ritorno, è comune a molte e svariate genti; ma la immaginazione di un sì fatto eroe (o dio) chiuso nel cavo di un monte è, più specificatamente, germanica [32]. Nella mitologia settentrionale ne sono parecchi esempii. Il dio Wodan abita nell'interno di un monte; in monti hanno stanza, insieme con le loro famiglie, Frau Holda e Frau Venus; in monti stanno rinchiusi, aspettando il giorno del loro riapparire nel mondo, Carlo Magno, Federico II [33], Carlo V. Questi misteriosi rifugi non sono inaccessibili agli uomini. Abbiam veduto, nel racconto di Gervasio, il servo del vescovo di Catania penetrare nel meraviglioso soggiorno di Artù; ma, similmente, Tanhäuser penetra nel monte ove alberga Frau Venus; un pastore penetra in quello ove Federico aspetta l'ora segnata, ecc. Nel racconto di Gervasio il servo riceve da Artù doni pel suo signore, ed è questa un'altra particolarità che ha numerosi riscontri in miti affini germanici. Non sarà fuor di luogo notare a tale proposito che Artù si trova, in modo abbastanza strano, involto in un altro concetto mitico germanico, il quale ha stretta relazione con quello del trasferimento in un monte, il concetto, cioè, della imprecazione (*Verwünschung*) [34]. Leggesi nella *Vita Paterni* [35] che questo santo, il quale fu vescovo di Vannes, e morì circa il 448, minacciato da Artù, imprecò contro di lui, dicendo: « Possa la terra inghiottirlo! » le quali parole profferite, tosto la terra si aperse, e inghiottì Artù sino al mento, e nol lasciò fino a che non si fu pentito ed ebbe chiesto perdono.

Esaminata e discussa attentamente ogni cosa, parmi sia questa la conclusione più ragionevole: essere sommamente improbabile che i Siciliani abbiano immaginata una leggenda, la quale, per una parte, contraddice a quanto essi

sapevano, o congetturavano, della natura del loro vulcano, e involge, per l'altra, un mito germanico; essere
sommamente probabile che essa leggenda sia stata immaginata da uomini venuti di fuori, i quali, mentre col vulcano avevan poca pratica, potevano recar seco il ricordo
di quel mito germanico, o aver conoscenza di alcuna variazione già introdotta nella leggenda di Artù.

Che uomini poteron essere quelli? non gli Arabi, certo;
dunque i Normanni. Vediamo quali fatti e quali ragioni
si possano addurre a sostegno di tale congettura.

III.

Come e in che tempo penetrarono e si diffusero primamente in Italia le immaginose leggende onde s'intreccia
il ciclo brettone? Quali sono tra noi le loro più antiche
vestigia? Quando si tratta delle finzioni del ciclo carolingio, rispondere a così fatte domande riesce molto più
agevole. Noi vediamo anzitutto le ragioni storiche, e diciam
pure morali, che dovevano, in certo modo, tirar di qua
dall'Alpi la leggenda carolingia: Carlo Magno, campione
della fede e della Chiesa, vincitore dei Saraceni infedeli,
non era solamente un eroe franco, era un eroe universale
cristiano; e questo eroe cristiano aveva, in Italia, fiaccata
per sempre la potenza dei Longobardi; aveva, in Roma,
cinta la corona del rinnovato impero. Oltre di ciò, noi
possiamo seguitar le tracce di quei giullari vaganti, di
quei *cantores francigenarum*, e di quei pellegrini o romei,
che ce la recavano in casa, la rinarravano nelle castella
e nelle corti nostre, la propagavano tra i nostri volghi [36].
Poi vediamo com'essa metta radici e propaggini nelle croniche nostre; poi vediamo come divenga quasi cosa nostra,
ripetuta da prima in quella lingua stessa con che era

giunta fra noi, o in tale che vorrebbe a quella rassomigliarsi; ripetuta poi in volgare nostro, accomodata all'indole e al sentimento di nuovi poeti e di nuovi uditori, cresciuta, variata, rimaneggiata in più modi. Per le finzioni del ciclo brettone la cosa procede altrimenti. Non solo la diffusione loro tra noi non fu provocata e sollecitata da quelle ragioni che tanto favorirono la diffusione delle finzioni carolinge, nè da altre equivalenti od affini; ma le vie stesse ed i gradi per cui quella diffusione si venne pure compiendo non ci si lasciano mai vedere distintamente. Esse erano cognite fra noi sin dai primordii della nostra letteratura: è questo un fatto innegabile; ma quando vogliamo intendere e spiegare il fatto, ci è forza ricorrere alle congetture, appagarci degl'indizii.

Che la poesia provenzale abbia largamente contribuito a far conoscere e diffondere tra di noi quelle finzioni, è cosa di cui non si può dubitare. Nei trovatori, i personaggi e i fatti principali che occorrono in esse sono ricordati con molta frequenza, e nei loro *ensenhamen* esse tengon luogo cospicuo fra le molte che il giullare, sollecito di sua arte, non deve ignorare. Passando in Italia, la poesia dei trovatori doveva non solo recarvi la notizia sommaria di quelle finzioni, ma, ancora, stimolare efficacemente la curiosità, suscitare il desiderio di conoscerle alquanto più a fondo. I primi trovatori vennero in Italia, per quanto se ne sa, sul cadere del secolo XII, quando l'epopea brettone (chiamiamola così) già sorta, anzi già famosa e divulgatissima in Francia, stava per ricevere l'ultima mano, ed esser levata a quel più alto grado di perfezione a cui allora potesse attingere, dal suo maggiore poeta, da Cristiano da Troyes. I più antichi, della cui venuta fra noi si abbia certo ricordo, sembrano essere stati Pietro Vidal e Rambaldo di Vaqueiras [37]; e nelle loro poesie accenni alle leggende brettoni non fanno difetto.

Le poesie di Rambaldo in cui se ne trovano furono composte in Italia fra il 1192 e il 1202. L'uso di tali accenni passò certamente dai trovatori provenzali ai trovatori italiani che rimarono in provenzale, e poscia a quelli che rimarono in italiano. In una delle sue canzoni Bartolomeo Zorzi ricorda gli amori di Tristano e d'Isotta; in una sestina ricorda un fatto della storia di Perceval [38]. Ma assai prima che ce la recassero i trovatori di Provenza, si dovette aver contezza in Italia delle finzioni onde ebbero materia, nella seconda metà del XII secolo, i romanzi francesi, chè non si potrebbe intendere, senza di ciò, come nomi di persona, tolti alla gesta brettone, compajano per entro all'onomastica italiana sino dai primi anni del secolo XII, e compajano in modo da lasciar credere che non sia quello il primo tempo del loro introdursi in essa [39]. Molt'anni innanzi che ci venissero i trovatori, dovettero recar la *materia* brettone in Italia i Normanni.

Si pensi alla parte che i Normanni ebbero nella diffusione della materia brettone. E per ragioni geografiche, e per ragioni storiche, essi diventarono i naturali promotori e propagatori di quelle immaginazioni, di quella poesia. I Brettoni del continente assai per tempo strinsero con loro legami di salda amicizia; e nel 1066, combatterono in buon numero, alla battaglia di Hastings, sotto le vittoriose bandiere di Guglielmo il Conquistatore. I Brettoni insulari poi accolsero come liberatori i Normanni, la cui vittoria diede termine all'odiato dominio anglosassone. Più tardi, Enrico II, non solo cercò, per propria soddisfazione, le vecchie leggende di Artù, ma fece ancora il poter suo perchè fossero largamente diffuse e gustate. Il trovero Gaimar, che primo mise in versi la *Historia Britonum* di Goffredo di Monmouth, fu normanno, e normanno fu quel Wace che ne imitò con più fortuna l'esempio, a tacere di altri [40]. Leggende brettoni e leggende normanne s'innestarono, si fusero insieme, come può vedersi nel *Roman de Rou* dello stesso Wace. A gente d'indole avventurosa, quale in tutta la vita loro si dànno a divedere i Normanni, la storia poetica d'Artù doveva piacere naturalmente; e le guerre combattute con gli Anglosassoni, e le vittorie riportate sopra di essi, dovevano esser cagione che quella storia poetica fosse dai Normanni considerata quasi come cosa lor propria. Innamorati di quelle colorite leggende, le quali non narravano solamente, ma vaticinavano ancora, movevano da un passato glorioso e mettevan capo in un più glorioso avvenire, essi, avidi d'avventure e di gloria, dovevano recarle con sè dovunque andassero, come un suffragio poetico ai loro ardimenti, dovevano ripeterle e propagarle dovunque fermassero stanza. Con sè certamente le recarono essi in Napoli, in Puglia, in Sicilia, e in grazia loro dovettero le leggende brettoni esser conosciute per la prima volta in Italia.

Di sì fatta introduzione noi non abbiamo, gli è vero, prove dirette. Nessuno dei cronisti (e non son pochi) i quali narrano le gesta dei Normanni in Italia, fa il più lieve accenno alle leggende brettoni, o lascia intendere in qualsiasi modo che i Normanni avessero recato dalla patria loro un ciclo di tradizioni o di favole, e si adoprassero a diffondere le une o le altre. Ma, dopo quanto s'è notato pur ora circa lo spirito delle croniche nostre, a quel silenzio non è da badar troppo come argomento in contrario; il valor positivo della verosimiglianza vince, in tal caso, quello tutto negativo del silenzio.

Torniamo al soggetto nostro particolare.

Gervasio, nel suo racconto, parla di una pianura assai spaziosa e gioconda, e di un palazzo di mirabile struttura. Non si può credere che i Siciliani immaginassero sì fatte cose nel monte; ma non parrà troppo strano che ce le immaginassero i Normanni, i quali avevano nella fantasia

la deliziosa e incantata isola di Avalon, e credevano forse
di riconoscere alcune delle proprietà di essa nella ubertosa
campagna in mezzo a cui sorge arduo e maestoso il vulcano. Si sa che i primi Normanni che approdarono alle
coste dell'Italia meridionale, tornati in patria, narrarono
meraviglie di quelle terre sorrise dal sole, e recaron con
sè il desiderio di ritornarvi, come poi fecero, cresciuti di
baldanza e di numero. Forse l'isola di Sicilia tutta intera
assunse agli occhi loro l'aspetto della paradisiaca isola di
Avalon, stanza di Morgana e di Artù.

Pongasi mente ad un altro fatto.

Mentre in Sicilia, come in altre parti d'Italia, sono frequenti i nomi di luoghi e le locuzioni proverbiali derivate
dalle leggende del ciclo carolingio, la qual cosa prova che
tali leggende erano veramente passate nella letteratura
orale e nella coscienza del popolo, nulla di consimile si
vede essere avvenuto rispetto alle leggende del ciclo brettone; e ciò prova che il popolo non ebbe gusto alle leggende brettoni, o che se l'ebbe, fu sì debole e scarso da
escludere affatto l'ipotesi ch'esso potesse lavorarvi intorno
di suo [41]. Una eccezione vuol farsi in favore della fata
Morgana. Ho già detto che costei dovette penetrare nel-
l'Etna insieme con Artù. Ora è noto che col nome di fata
Morgana si designa un fenomeno ottico (ciò che i Francesi chiamano *mirage*) solito a lasciarsi vedere con maggiore
frequenza e perspicuità appunto nello stretto di Messina.
Quel nome designa presentemente il fenomeno stesso, e
non accenna più ad alcuna individuata e soprannaturale
potenza che ne sia cagione; ma in origine non dovette
essere così. Si credette allora alla reale presenza della fata
in quei luoghi, e il fenomeno si considerò come un'opera
dell'arte sua, forse com'uno dei giuochi o degli alletta-
menti ond'ella abbelliva l'ore e il soggiorno a' suoi compagni di *faerie* [42].

Non è, nè può esser provato, ma è molto probabile che assai prima di approdare in Sicilia i Normanni avessero cognizione di una leggenda che poneva Artù nell'interno di un monte: approdati in Sicilia, essi non ebbero a fare un grande sforzo di fantasia per porre l'eroe entro il massimo monte dell'isola. Può darsi ancora che, prima d'approdarvi, essi avessero una generale notizia della possibile rimozione e dimora degli eroi nell'interno di un monte, o una particolare notizia di alcuno eroe in tal modo rimosso e dimorante, e che, trovatisi in presenza del meraviglioso vulcano, pensassero senz'altro di trasporvi il re Artù. Se parecchi poemi francesi pongono la scena della loro azione in Sicilia; se in molti altri la Sicilia è ricordata; se di parecchi si può ragionevolmente congetturare che sieno stati composti nell'isola [43], noi dobbiamo esserne grati, soprattutto, ai Normanni; e dai Normanni dobbiam riconoscere la leggenda arturiana che Gervasio da Tilbury fu primo a raccogliere e a tramandare.

NOTE

NOTE

---

[1] *Explanatio in prophetias Merlini,* l. III, c. 26.

[2] Vedi Du Cange, *Glossarium mediae et infimae latinitatis,* ediz. Henschel, s. v. *Arturum expectare.*

[3] Vedi Raynouard, *Choix des poésies originales des troubadours,* Parigi, 1816-21, t. II, p. 129, col. 2ª; p. 255, col. 2ª; Birch-Hirschfeld, *Ueber die den provenzalischen Troubadours des XII. und XIII. Jahrhunderts bekannten epischen Stoffe,* Halle a. S., 1878, pp. 53-4. Vedi inoltre, intorno alla credenza, Ag. Thierry, *Histoire de la conquête de l'Angleterre par les Normands,* 3ª ediz., Parigi, 1830, vol. I, p. 22; De la Rue, *Essais historiques sur les bardes, les jongleurs et les trouvères normands et anglo-normands,* Caen, 1834, t. I, p. 73; San-Marte, *Gottfried's von Monmouth Historia regum Britanniae,* ecc. Halle, 1854, pp. 417 sgg.

[4] *Arrighetto, ovvero trattato contro all'avversità della Fortuna,* edizione del Manni, Firenze, 1730, pp. 9, 23.

[5] Ap. Pertz, *Scriptores rerum germanicarum,* t. XVIII, p. 796.

[6] Vedi San-Marte, *Op. cit.,* pp. 423 sgg. Descrizioni dell'isola si hanno, per esempio, nella *Bataille Loquifer* e in una delle rame dell'*Ogier.*

[7] Ecco le parole stesse di Gervasio, le quali, date le fiorettature di cui si dilettava, troppo più del bisogno, l'autore, difficilmente, e con danno del senso, si potrebbero tradurre alla lettera: " In Sicilia est mons Aetna, cujus exustu sulphurea fiunt incendia, in cujus confinio est civitas Catanensis, in qua gloriosissimi corporis B. Agathae virginis ac martyris thesaurus ostenditur, suo beneficio civitatem illam servans ab incendio. Hunc autem montem vulgares Mongibel appellant. In hujus deserto narrant indigenae Arturum Magnum nostris temporibus

apparuisse. Cum enim uno aliquo die custos palefredi episcopi Catanensis commissum sibi equum depulveraret, subito impetu lascivae pinguedinis equus exiliens ac in propriam se recipiens libertatem, fugit. Ab insequente ministro per montis ardua praecipitiaque quaesitus nec inventus, timore pedissequo succrescente, circa montis opaca perquiritur. Quid plura? arctissima semita sed plana est inventa; puer in spatiosissimam planitiem jucundam omnibusque deliciis plenam venit, ibique in palatio miro opere constructo reperit Arturum in strato regii apparatus recubantem. Cumque ab advena et peregrino causam sui adventus percontaretur, agnita causa itineris, statim palefridum episcopi facit adduci, ipsumque praesuli reddendum, ministro commendat, adjiciens, se illic antiquitus in bello, cum Modredo nepote suo et Childerico duce Saxonum pridem commisso, vulneribus quotannis recrudescentibus, saucium diu mansisse, quinimo, ut ab indigenis accepi, xenia sua ad antistitem illum destinavit, quae a multis visa et a pluribus fabulosa novitate admirata sunt „. *Otia imperialia, secunda decisio,* ap. LEIBNITZ, *Scriptores rerum brunsvicensium,* t. I, p. 921; LIEBRECHT, *Des Gervasius von Tilbury Otia imperialia,* Hannover, 1856, pp. 12-13. A questo racconto accennò G. PARIS in un suo scritto intitolato *La Sicile dans la littérature française,* in *Romania,* t. V, p. 110, e lo ricordò di nuovo il PITRÈ, *Le tradizioni cavalleresche popolari in Sicilia,* in *Romania,* t. XIII, p. 391.

[8] Per la vita di Gervasio vedi la prefazione del Leibnitz nel volume citato; WRIGHT, *Biographia britannica literaria,* parte 2ª, Londra, 1846, pp. 283-90; WATTENBACH, *Deutschlands Geschichtsquellen im Mittelalter,* Berlino, 4ª ediz., 1877-8, vol. II, p. 375.

[9] Pagg. 921-2: " Sed et in sylvis Britanniae majoris aut minoris consimilia contigisse referuntur, narrantibus nemorum custodibus, quos forestarios, quasi indaginum ac vivariorum ferinorum aut regiorum nemorum, vulgus nominat, se alternis diebus circa horam meridianam et in primo noctium conticinio sub plenilunio luna lucente, saepissime videre militum copiam venantium et canuum et cornuum strepitum, qui sciscitantibus, se de societate et familia Arturi esse dicunt „. È questa la leggenda del *wilde Jäger,* della *mesnie Hellequin* ecc., sparsa pressochè per tutta Europa, e nella quale compariscono, oltre

Artù, anche Teodorico, Carlo Magno ed altri. In Iscozia essa era ancor viva nella seconda metà del secolo scorso, ed è forse tuttavia.

[10] Pag. 937.

[11] " Eo tempore quo Henricus imperator subiugavit sibi Syciliam, in Ecclesia Palernensi quidam erat Decanus, natione ut puto Theutonicus. Hic cum die quadam suum qui optimus erat perdidisset palefredum, servum suum ad diversa loca misit ad investigandum illum. Cui homo senex occurens, ait: Quo vadis, aut quid quaeris? Dicente illo, equum domini mei quaero; subiunxit homo: Ego novi ubi sit. Et ubi est? inquit. Respondit: In monte Gyber; ibi eum habet dominus meus Rex Arcturus. Idem mons flammas evomit sicut Vulcanus. Stupente servo ad verba illius, subiunxit: Dic domino tuo ut ad dies quatuordecim illuc veniat ad curiam eius sollemnem. Quod si ei dicere omiseris, graviter punieris. Reversus servus, quae audivit domino suo exposuit cum timore tamen. Decanus ad curiam Arcturi se invitatum audiens et irridens, infirmatus die praefixa mortuus est ,. Dialogus miraculorum, ediz. Strange, Colonia, Bonn e Bruxelles, 1851, dist. XII, cap. 12. Il racconto di Cesario fu noto a OTTAVIO GAETANI, siracusano (1566-1620), che lo ricorda nella sua Isagoge ad historiam siculam illustrandam, cap. XII, ap. GRAEVIUS, Thesaurus antiquitatum Siciliae, t. II, col. 52.

[12] KAUFMANN, Caesarius von Heisterbach, Ein Beitrag zur Kulturgeschichte des zwölften und dreizehnten Jahrhunderts, Colonia, 1850, p. 46.

[13] BRUNETTO LATINI scrive (Li Livre dou Tresor, ediz. Chabaille, Parigi, 1863, p. 64): mont Gibel, qui tozjors giete feu ecc.

[14] Per errore, nel testo: prope civitatem Cathenam.

[15] Parole aggiunte in margine nel manoscritto.

[16] " Item audivi a quodam fratre Apulo, Johanne dicto, qui hoc dicebat in partibus suis accidisse, quod, cum quidam monte juxta Vulcanum, ubi dicitur locus purgatorii, prope civitatem Cathenam, quereret equum domini sui, inveniret, ut sibi visum est, civitatem quamdam, cujus erat hostiolum ferreum, et quesivit a portitore de equo quem querebat: qui respondit quod iret usque ad aulam domini sui, qui vel redderet eum vel do-

ceret; et adjuratus ab eo portitor per Deum quod diceret ei quid ageret, dixit ei portitor quod caveret ne comederet de aliquo ferculo quod ei daretur. Videbatur ei quod videbat per vicos illius civitatis tot homines quot sunt in mundo, de omni gente et artificio. Transiens per multas aulas, venit in quamdam, ubi videt principem suis circumvallatum; offerunt ei multa fercula: non vult de eis gustare; ostenduntur ei quatuor lecti, et dicitur ei quod unus eorum erat domino suo paratus, et alii tres trium feneratorum. Et dicit ei princeps ille quod assignabat diem domino suo talem peremptoriam et tribus dictis feneratoribus, alioquin venirent inviti; et dedit ei ciphum aureum, coopertum cooperculo aureo. Dicit ei ne illum discooperiret, sed illum in hujus rei intersignum presentaret domino suo, ut biberet de potu suo. Equus suus ei redditur; reddit, implet jussa: cifus aperitur, flamma ebullit, in mari cum cifo proicitur, mare inflammatur. Hi quatuor, licet confessi fuissent (ex timore solo, et non vere penitentes) die sibi assignata, rapiuntur super quatuor equos nigros „. (*Anedoctes historiques, légendes et apologues tirés du recueil inédit d'Étienne de Bourbon dominicain du XIIIe siècle, publiés par* A. Lecoy de la Marche, Parigi, 1877, p. 32).

[17] Pubblicato da Francisque Michel pel Roxburghe Club, Edimburgo, 1873. Non fu posto in commercio, ma se ne ha un'analisi abbastanza minuta nell'*Histoire littéraire de la France,* t. XXVIII, pp. 139-79. Di essa mi giovo.

[18] Da T. Casini nel *Propugnatore,* vol. XV, parte 2ª, pp. 335-9. La rammentò il Pitrè, nello scritto citato, p. 392.

[19] Questo scetticismo italiano da taluni si esagera, specie in riguardo al medio evo, ma non può essere negato, e ad esso in parte si deve la scarsezza della nostra produzione leggendaria. Chi ha qualche dimestichezza con le croniche nostre e con le forastiere sa quanto il meraviglioso sia più abbondante in queste che in quelle, e come in molte di quelle, o manchi affatto, o si lasci scorgere appena. Il primo ad avvertire ciò fu il Muratori, il quale dice nella dissertazione XLIV (*Antiquitates italicae medii aevi,* t. III, col. 963): " Temperatiora vero in ejusmodi studio inani fuisse Italicorum ingenia, mihi persuadeo, quum raros hanc in rem foetus ab eorum calamo profectos Bi-

bliothecae nobis offerant. Immo Guilielmus Ventura Historicus in Chronica Astensi, dum postremas tabulas Anno MCCCX, conderet, inter alia monita liberis suis relicta, hoc etiam protulit. Tomo XI, pag. 228. Rer. Italicarum: *Fabulas scriptas in Libris, qui Romanzi vocantur, vitare debeant, quos semper odio habui „*.

[20] *Li horrendi et spaventosi prodigi et fuochi aparsi in Sicilia nel Monte de Ethna o vero Mongibello* ecc., s. l. ed a. Cfr. PRAETORIUS, *Anthropodemus plutonicus*, Magdeburgo, 1666, vol. I, p. 266.

[21] *Dialogorum* l. IV, cc. 30, 35.

[22] *Historia Francorum*, l. IV, cap. 34. Vedi inoltre il mio libro, *Roma nella memoria e nelle immaginazioni del medio evo*, Torino, 1882-3, vol. II, pp. 360-2.

[23] Dist. XII, cap. 13.

[24] Cf. GERVASIO, *Otia*, decis. III, pp. 965-6.

[25] *Etymologiarum* l. XIV, cap. 8. VINCENZO BELLOVACENSE ripete, *Speculum naturale*, l. VII, cap. 22.

[26] " Plures etiam in confinibus montis a daemonibus, qui tunc diversa corpora sumentes in aëra terribilia mendacia praedicabant, arrepti sunt „. *Historiae*, l. VIII, cap. 2, ap. MURATORI, *Scriptores*, t. X, col. 1079. Anche in monti non vulcanici, del resto, si misero ad abitare i diavoli. Veggasi, per esempio, ciò che del monte Cavagum, o Convagum, nel cui interno era un palazzo popolato di demonii, dice GERVASIO, *Otia*, decis. III, pp. 982-3.

[27] A questo proposito dice il BEMBO nel suo dialogo *De Aetna:* " Hic amoenissima loca circumquaque, hic fluvii personantes, hic obstrepentes rivi, hic gelidissimae fontium perennitates, hic prata in floribus semper et omni verna die, ut facile quilibet puellam Proserpinam hinc fuisse raptam putet, hic arborum multijugae species, et ad umbram crescentium, et ad foecunditatem; in qua etiam tantum excellunt caeteras omnes arbores, ut mihi quidem magis huic loco convenire videantur ea, quae de Alcinoi hortis finxit Homerus quam ipsi Feaciae „.

[28] Molte notizie circa il fatto reca l'USSERIUS, *Britannicarum ecclesiarum antiquitates*, seconda edizione, Londra, 1687, pp. 61 sgg.

[29] Ap. Leyser, *Historia poetarum et poematum medii aevii*, Halae Magdeb., 1721, p. 459.

[30] *Lohengrin, ein altteutsches Gedicht* ecc., Eidelberga, 1813, p. 179:

> hoch ein gebirge lit
> In indern Yndia, daz ist niht wit,
> Den gral mit all den helden ez besleuzzet,
> Die Artus praht mit im dar.

Non ho potuto riscontrare l'edizione critica e più recente del Rueckert, Quedlimburgo e Lipsia, 1858.

[31]
> Felicia, Sibillen kint,
> und Iuno, die mit Artus in dem berge sint,
> die haben vleisch, sam wir, unde ouch gebeine
> Die vraget'ich, wie der künik lebe,
> *Ecc.*

Von der Hagen, *Minnesinger*, Lipsia, 1838, parte III, p. 182.

[32] Vedi J. Grimm, *Deutsche Mythologie*, 4ª edizione, Berlino, 1875-8, cap. XXXII (vol. II, pp. 794 sgg.).

[33] E non Federico Barbarossa, come fu immaginato e scritto più tardi.

[34] Grimm, *Op. cit.*, pp. 794-5.

[35] Cap. 2, in *Acta Sanctorum*, 15 aprile.

[36] Vedi il bello e succoso scritto del Rajna, *Un'iscrizione nepesina del 1131*, nell'*Archivio storico italiano*, t. XIX (1887), scritto pieno di fatti e d'induzioni ingegnose.

[37] Che prima di Pietro Vidal facesse dimora in Italia Bernardo di Ventadorn, asserirono, anche ultimamente, parecchi; ma non pare sia vero. Vedi Carducci, *Un poeta d'amore del secolo XII*, in *Nuova Antologia*, serie 2ª, vol. XXV (1881), pp. 15-6. Che un altro trovator di Provenza, Uggero del Viennese, sia stato in Italia sino dal 1154, è semplice supposizione dell'immaginoso Fauriel, non suffragata da prova alcuna.

[38] La canzone *Atressi cum lo camel;* la sestina *En tal dezir mos cors intra*. Vedi Émil Levy, *Der Troubadour Bertolome Zorzi*, Halle, 1883, pp. 44, 68.

[39] Vedi in proposito le preziose notizie procurate dal RAJNA, *Gli eroi brettoni nell'onomastica italiana del secolo XII*, nella *Romania*, t. XVII, 1888, pp. 161-85, 355-65.

[40] Cf. G. PARIS, *La littérature française au moyen-âge*, 2ª edizione, Parigi, 1890, § 54, pp. 88-90.

[41] Vedi il citato scritto del Pitrè, pp. 380-3, 391-2. Intorno al ciclo brettone, in Italia, si lavora molto di fantasia; ma non si può dire che esso metta radici in terra nostra e dia fuori nuove propaggini, fatta eccezione per quel tanto che si è veduto di Artù, e che, volendo, si potrebbe veder di Merlino. Nell'Appendice II do notizia di alcun'altra immaginazione, ove si scorge il desiderio di legare in qualche modo leggende brettoni con tradizioni nostrane.

[42] Lo prova uno scrittore siciliano del secolo XVII, PLACIDO REYNA, con le seguenti parole: " Haec vero de sirenibus fabula aliam vulgi de saga quadam cui nomen Morgana, narrationem aeque fabulosam in memoriam mihi revocat, quoniam et haec ad delicias tractus Peloritani declarandas inventa videtur. Formosissimam hanc esse sagam narrant, quae terram nostram incolat ac saepennumero, qua potentia praedita sit, admirabili ratione demonstrat „ (*Ad notitiam historicam urbis Messanae Introductio*, col. 36, ap. GRAEVIUS, *Thesaurus*, t. IX). Non sembra del resto che il Reyna sapesse altro intorno alla fata Morgana. Questo, e il ricordo che, come ho notato innanzi, Ottavio Gaetani fa della leggenda narrata da Cesario, sono i soli accenni a leggende brettoni che io abbia potuto trovare nei molti ed eruditi illustratori della storia e della topografia della Sicilia.

[43] Vedi G. PARIS, *La Sicile dans la littérature française*, già cit., pp. 110, 112.

APPENDICI

APPENDICE I

—

ACCENNI A PERSONAGGI E LEGGENDE BRETTONI NEI POETI ITALIANI DELLE ORIGINI.

Arrigo da Settimello, di cui abbiam notato due allusioni al presunto ritorno di Artù [1], allude pure alle storie ultime venute nel ciclo, alle storie cioè di Tristano, in un luogo ove dice:

Quis ille
Tristanus, qui me tristia plura tulit? [2]

Se Arrigo dovesse la sua cognizione dei casi di Tristano al perduto poema di Cristiano da Troyes, o ad altra storia in verso o in prosa, è dubbio che certamente non tenterem di risolvere, tanto più che egli può bene aver preso quegli accenni, passati ormai in uso proverbiale, dai trovatori, senza avere cognizione diretta dei romanzi francesi. E questo stesso dubbio può esser mosso per ciascuno degli accenni particolari che noi troviamo nei lirici nostri dei primi due secoli, dove essi occorrono accompagnati con quelle solite allusioni a miti dell'antichità classica, a proprietà di animali ecc., che formavano anche in Provenza un frasario d'obbligo nella lingua d'amore. Ciò nondimeno non si può non credere che a quegli accenni, presi in generale, non corrispondesse una cognizione diretta dei romanzi francesi della Tavola Rotonda, che, com'è noto, passarono ancor essi agevolmente le Alpi e si diffusero per l'Italia. Gli accenni in parola, del resto, non sono assai numerosi, ed io non credo di far cosa inutile riportando qui quelli che m'è

---

[1] Vedi indietro, pp. 303-4.
[2] *Arrighetto*, ecc., ediz. cit., p. 6.

avvenuto di raccogliere, e a cui altri più se ne potrebbero aggiungere facilmente.

Tristano ed Isotta sono i personaggi delle storie brettoni che pajono avere destata in più particolar modo l'attenzione e la sollecitudine dei nostri poeti d'amore, e quelli a cui si riferiscono ancora gli accenni più antichi. La meravigliosa storia dei loro amori spiega una tal preferenza, della quale porge esempio, del resto, anche la poesia dei trovatori. Messer lo re Giovanni, che sarebbe, secondo la opinione universalmente ammessa, Giovanni di Brienne (n. nel 1158) suocero di Federigo II, nella canzone che comincia *Donna, audite como,* dà a dirittura nei versi seguenti l'argomento del romanzo di Tristano [3]:

> Quella c'amo più 'n cielato
> Che Tristano non facia
> Isotta, com'è cantato,
> Ancor che le fosse zia;
> Lo re Marco era 'ngannato,
> Perchè ['n] lui si confidia.
> Ello n'era smisurato,
> E Tristan se ne godia
> Delo bel viso rosato
> Ch'Isaotta blonda avia.

Quelle parole *com'è cantato* (se pur non s'ha a leggere *com'è contato:* vedi Monaci, *Crestomazia italiana dei primi secoli,* fasc. I, Città di Castello, 1889, p. 71) non possono riferirsi che a un racconto in verso. Altri accenni sono più compendiosi. Notar Giacomo (discordo: *Dal core mi vene*):

> Tristano ed Isalda
> Non amâr si forte.

Giacomino Pugliese, o Pier delle Vigne (canzone: *La dolce ciera piagiente*):

> E non credo che Tristano
> Isotta tanto amasse.

Quando non indico altrimenti s'intende che cito secondo la lezione del cod. Vaticano 3793, edito a cura del D'Ancona e del Comparetti, *Le antiche rime volgari* ecc., Bologna, 1875-88.

Inghilfredi Siciliano (?) (canzone: *Del meo voler dir l'ombra)*:

> La mia fede è più casta
>
> . . . .
>
> . . . .
>
> E più lealtà serva
> Ch'en suo dir non conserva
> Lo bon Tristano al cui presgio s'adasta.

Dante da Majano (sonetto: *Rosa e giglio e fiore aloroso)* [4]:

> Nulla bellezza in voi è mancata;
> Isotta ne passate e Blanzifiore.

Canzone anonima: *(Piacente viso adorno angelicato)* [5]:

> per te patisco doloroso affano
> più che non fe' per Isotta Tristano.

Bonaggiunta Urbiciani (canzone: *Donna vostre bellezze)* [6]:

> Innamorato son di voi assai
> Più che non fu giammai Tristan d'Isolda.

Garbino Ghiberti (canzone: *Disioso cantare)*:

> Credo lo buon Tristano
> Tanto amor non portàra.

Jacopo da Lentino (?) (sonetto: *Fino amor di fin cor ven di valenza)*:

> E di ciò porta la testamonanza
> Tristano ed Isaotta co' ragione,
> Che non partìr giamai di lor amanza.

Domenico da Prato (canzonetta a ballo):

> Cantando un giorno d'Isotta la bionda
> Mi ricordai di mia donna giocanda [7].

---

[4] NANNUCCI, *Manuale*, 3ª ed., vol. I, p. 310. Non tengo conto dei dubbii sollevati intorno a Dante da Majano dal Borgognoni, perchè credo che il Novati sia riuscito a dissiparli.

[5] CASINI, *Le rime dei poeti bolognesi del secolo XIII*, Bologna, 1881 (*Sc. di cur. lett.*, disp. CLXXXV), p. 167.

[6] NANNUCCI, *Manuale*, vol. I, p. 150.

[7] TRUCCHI, *Poesie italiane inedite di dugento autori*, Prato, 1846-7, vol. II, p. 358.

Bruzio Visconti, descrivendo le bellezze di Madonna (canzone : *Mal d'amor parla chi d'amor non sente)* [8]:

> sicchè la mano fu sanza magagnia,
> qual si legge d'Isotta di Brettagnia.

L'Orcagna, in uno di quei suoi guazzabugli di sonetti senza senso, ricorda, fra molte altre cose, l'ampolla di Napoli, fabbricata da Virgilio, secondo la leggenda, e la *reina Isotta* [9]; e Frate Tommasuccio, ricorda nella sua nota *Profezia*, non so con quale intenzione, Tristano [10].

Qualche volta Tristano ed Isotta sono ricordati insieme con altri personaggi appartenenti al ciclo. Brunetto Latini *(Tesoretto*, cap. 1):

> Lancielotto e Tristano
> Non valse me' di voe.

Bonaggiunta Urbiciani (discordo : *Oi amadori intendete l'affanno):*

> E messere Ivano
> E 'l dolze Tristano,
> Ciascuno fue sotano
> Inver me di languire.

Saviozzo da Siena (canzone: *Donne leggiadre e pellegrini amanti)* [11]:

> Io non so se giammai gli uomini erranti,
> I' dico di Tristano o Lancilotto,
> O quel che fu più dotto
> Da' colpi suoi sapesse or dichiararmi.

Frate Stoppa de' Bostichi (ballata: *Se la fortuna e 'l modo)* [12]:

> Tristano e Lancialotto,
> Ancor nel mondo la lor fama vale?
> Li altri di Cammellotto
> Per la fortuna fecer l'altrettale.
>
> . . . .
>
> Dov'è la gran bellezza
> Di Ginevra, d'Isotta e d'Ansalone ?

---

[8] *Liriche edite ed inedite di* FAZIO DEGLI UBERTI per cura di R. Renier, Firenze, 1883, p. 233.

[9] TRUCCHI, *Op. cit.*, vol. II, p. 29.

[10] *Id.*, vol. II, p. 134.

[11] SARTESCHI, *Poesie minori del secolo XIV*, Bologna, 1867 (*Sc. di cur. lett.*, disp. LXXVII), p. 46.

[12] CARDUCCI, *Cantilene e ballate, strambotti e madrigali nei secoli XIII e XIV*, ecc., Pisa, 1871, pp. 107, 103.

In una delle canzonette a ballo inserite nel *Pecorone,* Ser Giovanni Fiorentino fa memoria dei molti che *per amor fûr di vita privati;* ma non nomina se non due, Tristano ed Achille:

> Lo specchio abbiam de'famosi passati,
> Del bon Tristan, del valoroso Achille[15].

Gli altri personaggi sono ricordati assai più di rado. Guittone d'Arezzo ricorda Lancilotto (sonetto: *Ben aggia ormai la fede, e l'amor meo)* [14]:

> Siccome a Lancillotto uomo simiglia
> Un prode cavalier.....

Lo ricorda anche Folgore da San Gemignano (sonetto: *Alla brigata nobile e cortese)* [15]:

> Prodi e cortesi più che Lancilotto;
> Se bisognasse con le lance in mano
> Fariano torneamenti a Camelotto.

Di Morgana fanno menzione parecchi. Guido Giudice (canzone: *La mia gran pena e lo gravoso afanno) :*

> Chè se Morgana — fosse infra la giente,
> In ver Madonna non parìa neiente.

Canzone anonima: *(Quando la primavera) :*

> Tu c'avanzi Morgana.

Chiaro Davanzati (canzone: *Madonna, lungiamente agio portato):*

> E ave più valere — e 'nsengnamento
> Che non ebe Morgana ne Tisbia.

(E canzone: *Di lontana riviera):*

> Che non credo Tisbia,
> Alèna nè Morgana
> Avesson di bieltà tanto valore.

---

[15] È la canzonetta che séguita alla nov. 2ª della giorn. VII.

[14] *Le rime di* GUITTONE D'AREZZO, ed. Valeriani, Firenze, 1828, vol. II, p. 86.

[15] NAVONE, *Le rime di Folgore da San Gemignano e di Cene da la Chitarra,* Bologna, 1880 (*Sc. di cur. lett.,* disp. CLXXII), p. 3. Nel verso che immediatamente precede ai riportati si troverebbe ricordato il re **Dano,** padre di Lancilotto, secondo il testo di altre edizioni; secondo il testo di quella del Navone è ricordato il re Priano, cioè Priamo.

Incerto (sonetto: *Lo gran valor di voi, donna sovrana*):

> Più mi rilucie che stella diana
> A voi sotana — è tutto valimento,
> Ne Blanziflor, ne Isaotta [o] Morgana
> Non eber quanto voi di piacimento.

Chiaro Davanzati (sonetto):

> Ringrazio Amore de l'aventurosa
> Gioja et allegreza che m'à data,
> Che mi donò a servír la più amorosa
> Che nom fu Tisbia o Morgana la fata.

Merlino figura, sia in compagnia dei grandi sapienti, sia in quella degl'ingannati dalle donne. Leonardo del Guallaco (serventese: *Siccome il pesçie a nasso*):

> Se lo scritto non mente
> Da femina treciera
> Sì fue Merlin diriso.
> E Sanson malamente
> Tradilo una leciera.

Sonetto anonimo: *(Qual uom di donna fusse chanoscente)* [16]:

> Merlino e Salamone e lo s[accen]te
> e Aristotile ne fu inghannato.

Monte (canzone: *Donna di voi si rancura*):

> Chè Troja andò im perdizione
> Mirllino e Salamone.

Lapo Saltarello (sonetto: *Considerando ingegno e pregio fino*) [17]:

> Che Salomon, Sanson e 'l buon Merlino,
> David divino hai vinto per sentenza.

Paolo Zoppo da Castello (sonetto: *Maestro Pietro lo vostro sermone*) [18]:

> Davit, Merlin o ver lo buon Sansone.

---

[16] *Propugnatore*, vol. XV, parte 2ª, p. 339.
[17] VALERIANI, *Poeti del primo secolo*, Firenze, 1816, vol. II, p. 434.
[18] CASINI, *Le rime* ecc., p. 125.

In una frottola dubbia attribuita a Fazio degli Uberti *(O pellegrina Italia)* Merlino è nominato dopo Giovanni, Matteo, Daniele, Gioele, Abacuc, Salomone, l'abate Gioacchino [19].

Guittone d'Arezzo ricorda Perceval (canzone: *Amor tant'altamente)*:

> Se 'n atendendo alasso
> Poi m'avenisse, lasso !
> Che mi trovasse in fallo
> Sicome Prezevallo — nom cherere.

Al ritorno di Artù allude Fazio degli Uberti (sonetto: *Non so chi sia, ma non fa ben colui)* [20]:

> Nè Re Artù, nè altro tempo aspetto.

E poichè siam giunti all'enciclopedico Fazio, non lo lasciam così subito. Fazio allude al ritorno di Artù anche nel *Dittamondo* [21]: ricordato Uterpendragon e Merlino, detto come Artù succedesse al padre, soggiunge:

> Tanto da' suoi fu temuto ed amato,
> Che lungamente dopo la sua morte
> Ch'ei dovesse tornar fu aspettato.

Nè gli accenni finiscon qui. Nel cap. 23 egli ricorda la torre in cui Ginevra difese il suo onore, il castello espugnato da Lancilotto,

> L'anno secondo che a prodezza intese,

Camelotto disfatto, il petron di Merlino, e altro e altro. Nel cap. 22 ricorda i casi della donzella Dorens, e come Artù uccidesse Flores, e come Tristano uccidesse l'Amorotto ed Elia di Sassogna, e si sofferma con particolar compiacenza sulla storia dell'ellera che usciva dalla tomba di Tristano e penetrava in quella d'Isotta, storia allora famosa. Questi passi meriterebbero d'essere riportati per intero e assoggettati a più minuto esame;

---

[19] *Liriche,* ediz. cit., p. 193.
[20] *Liriche,* ediz. cit., pp. 159-60. Cfr. p. ccxc.
[21] Lib. IV, cap. 24, ed. dell'Antonelli, Venezia, 1835. V. anche l. II, cap. 15.

ma per far ciò bisognerebbe restituirne il testo, corrotto come tutto il poema [22].

---

[22] Sopra un caso particolare credo opportuno di richiamar qui l'attenzione del lettore. L'edizione milanese del 1826, e la veneziana testè citata, e l'altra veneziana dell'Andreola (*Parnaso italiano*, voll. IX-XI, 1820) leggono a questo modo (non curando alcune differenze di niun rilievo) la terzina 34 del cap. 22, l. IV:

> Intanto ivi udii contar allora
> D'un'ellera che dello avello uscia
> Là dove il corpo di Tristan dimora.

Quell'*Intanto ivi* è certamente un errore, nato dal non sapere intendere ciò che il testo recava veramente. Nella edizione del 1501 il primo verso del terzetto si legge così:

> Intintoil udi contare alhora.

Similmente nel Cod. N. I, 5 della Nazionale di Torino (altre edizioni e codici non posso ora consultare):

> Intintoil udi contar allora,

e senza dubbio si vuole scrivere:

> In Tintagoil udii contar allora;

oppure, senza mutar nulla:

> In Tintoil udii contar allora.

Tintaguel, Tintagel, Tintajoil in francese (v. FRANCISQUE MICHEL, *Tristan, Recueil de ce qui reste des poëmes relatifs à ses aventures*, Londra, 1835, vol. I, pp. 15, 44, ecc.), Tintagoil in provenzale, Tintajoele in tedesco (GOTT-FRIED VON STRASBOURG, *Tristan und Isolde*, Breslavia, 1823, v. 476 ecc.), era il nome della residenza del re Marc, dove appunto sorgevano le tombe dei due amanti. Nel *Roman de Brut* è il castello in cui è rinchiusa Igierna, madre di Artù. Nel *Roman de Flamenca*, edito da P. Meyer, Parigi, 1865, si ricorda, vv. 591-2, un *lais de Tintagoil*:

> L'uns viola [l] lais del Cabrefoil
> E l'autre cel de Tintagoil.

È questo un altro saggio delle infinite correzioni che il testo del *Dittamondo* richiede. Non voglio lasciare l'argomento senza recare una curiosa nota che Guglielmo Capello appose qui per l'appunto, e che dice così: « Questa parte di questo capitolo, signor mio marchese, non chioso, pero che de queste historie francesi sono ignoranti quasi, e pochi libri francesi ho veduti non che lecti. E per lo simile in la. 2ª. cantica supra, ove fa mentione di vterpendragon, lasciai a chiosare; et anchora perchè voi, signore, site copioso e docto delle

Lo stesso Fazio accenna alla leggendaria morte di Mordret nella sua Invettiva contro Carlo IV [23]:

come a Mordret il sol ti passi il casso.

Nella poesia dialettale dell'Italia del settentrione non trovo accenni a personaggi o leggende brettoni, il che non vuol punto dire che quelle leggende e quei personaggi non ci fossero noti. Il poeta anonimo (probabilmente Giacomino da Verona) che in un componimento sopra l'amore di Gesù ricorda Rolando, Oliviero, Carlo Magno e Uggeri il Danese [24], conosceva anche, senza dubbio, Artù e Lancilotto e Tristano; e tra le *fable e ditti de buffoni*, di cui parlano con tanto disprezzo lo stesso frate Giacomino e Uguccione da Lodi e l'ignoto autore di un poemetto sulla passione di Cristo, dovevano essere comprese certamente anche le favole di Brettagna [25]. Tali favole dovevano avere a mente e recitare quell'Osmondo da Verona, ricordato in una poesia delle lodi della Vergine, e quegli altri giullari, cui il poeta accusa di *gran folia e gran mençogna* quando ardiscono chiamar giglio e fiore altra donna che non sia la Vergine [26], e quelli similmente che si ricordano in una delle poesie genovesi pubblicate dal Lagomaggiore [27]. Una prova notabile della lor diffusione si ha nel poema tedesco di un autore italiano, il *Wälsche Gast* di Tommasino de' Cerchiari friulano (Thomasin

---

dicte historie, porite intendere e chiosare a uostro modo ». Il Capello compose il suo commento ad instanza di un marchese di Ferrara, che non so propriamente quale si fosse. (Vedi per quanto concerne il Capello e il codice di Torino, Renier, *Op. cit.*, p. cli n). La nota di lui può servire d'illustrazione all'inventario dei codici francesi posseduti dagli Estensi nel sec. XV, pubblicato dal Rajna nella *Romania*, vol. II.

[23] *Liriche*, ediz. cit., p. 121.

[24] Mussafia, *Monumenti antichi di dialetti italiani*, in *Sitzungsberichte der k. Akademie der Wissenschaften, philos.-hist. Cl.*, vol. XVI, Vienna, 1864, p. 162.

[25] *De Babilonia civitate infernali*, ap. Mussafia, *Op. cit.*, p. 158; Tobler, *Das Buch des Uguçon da Laodho*, verso 197, *Abhandl. d. k. Preuss. Akad. d. Wiss. zu Berlin, philos.-hist. Cl.*, 1884; *La passione e Risurrezione, poemetto veronese del secolo XIII*, pubblicato integralmente per la prima volta da L. Biadene in *Studj di filologia romanza*, fasc. 2º. 1884, p. 243.

[26] Mussafia, *Op. cit.*, pp. 194-5.

[27] *Archivio glottologico italiano*, vol. II, p. 231.

von Zerclar, Zerclaere, Zirklere, ecc.) [28]. Questo poema fu composto circa il 1216, come si rileva dalle parole stesse dell'autore che dice di averlo scritto 28 anni dopo che il Saladino ebbe presa Gerusalemme (1187). Parecchi sono i luoghi di esso in cui si ricordano fatti e personaggi della epopea brettone [29]; ma il più importante è un lungo passo del primo libro, passo che comprende non meno di 38 versi [30]. In esso il poeta parla della educazione che si vuol dare ai giovani, dopo aver parlato nei versi che immediatamente precedono di quella che si conviene alle fanciulle. Le fanciulle, egli dice, debbono leggere le storie di Andromaca, di Enida [31], di Penelope, di Enone, di Galiana [32], di Biancofiore, di Sordamor [33]. I giovani poi debbono

---

[28] *Der welhische Gast*, pubblicato dal RUECKERT, Quedlimburgo e Lipsia, 1852. Intorno al poema vedi più particolarmente GERVINUS, *Geschichte der deutschen Dichtung*, 5ª ed., vol. II, pp. 9 sgg.

[29] Vv. 77-8, 1033, 1041 sgg., 3535, 3539, 6325 sgg.

[30] Vv. 1041-78.

[31] Verso 1033. Certamente la Enide de' cui casi fece un poema Cristiano da Troyes, il quale dice di sè stesso nel primo verso del *Cligés* (pubblicato per la prima volta da W. FOERSTER, *Christian von 'Troyes sämtliche Werke*; vol. I, Halle, 1884):

> Cil qui fist d'Erec et d'Enide.

Un'altra Enide (Inida) si ha nell'*Ugone d'Alvernia*; ma il perduto originale di questo romanzo fu, senza dubbio, di molto posteriore a Tommasino.

[32] Probabilmente non la Galiana presunta moglie di Carlo Magno, la quale non dà troppo buon esempio di sè nel *Garin de Monglane*, ma l'altra, che figura nel *Roman de Fregus et Galienne*, o *Roman du Chevalier au bel escu*, di Guillaume clerc de Normandie. Vedi un'analisi di questo poema in DE LA RUE, *Op. cit.*, t. III, p. 13-7.

[33] Soredamors, sorella di Gauvain nel *Cligés* cit., v. 445 ecc. Come si vede, in fatto di educazione femminile, Tommasino aveva criterii molto più larghi e più liberali che non Francesco da Barberino, il quale nel libro suo *Del reggimento e costumi di donna*, così dice della fanciulla, la quale abbia già passata l'età del *maritaggio* (e a maggior ragione si deve intendere di ogni altra):

> Fugga d'udir[e] tutti libri e novelle,
> Canzoni, ed anchor trattati d'amore:
> Ch'elgli è agievole a vincier la torre,
> C'a dentro dassè l[o] nimico mortale.
> Onde colei che el nimico cacciar
> Non può dassè, almen[o] nolgli de' dare
> Tal nodrimento che 'l faccia ingrassare.

Parte III, ed. di C. Baudi di Vesme (*Collezione di opere inedite e rare*), Bologna, 1875, p. 83.

a dirittura formarsi sui romanzi e prendere esempio dai cavalieri della Tavola Rotonda. Tommasino si fa un gran concetto del valore educativo di quei romanzi, o, com'egli li chiama alla tedesca, avventure *(àventiure)*. Le avventure, egli dice, contengono sotto velo di menzogna, buone verità e utili insegnamenti [34]. I giovani debbono conoscere le istorie di Galvano, di Cligés, di Erec, d'Ivano; debbono agli esempii del buon Galvano conformare la vita loro; debbono seguitare Artù, Carlo Magno, Alessandro, Tristano, Sagremor, Calogran, ma non il maligno Keu, il quale ha pur troppo molti seguaci, e che tanto è diverso dall'ottimo Perceval. Tommasino ricorda come sì fatti ammaestramenti avesse già dati in un suo libro *Della Cortesia* [35];

---

[34] Vv. 1131-4:

> sint die âventiur niht wâr,
> si bezeichent doch vil gar
> waz ein ieglîch man tuon sol
> der nach vrümkeit wil leben wol.

[35] Vv. 1173-5:

> alsô ich hân hie vor geseit
> an mîm buoch von der hüffcheit
> daz ich welhschen hân gemacht.

Due libri dice Tommasino di aver composto prima del *Wälsche Gast*, l'uno *Della Cortesia*, già citato, l'altro *Della Falsità*. In che lingua erano composti questi due libri? Dice il Rückert nella Prefazione al poema, p. IX : « Merkwürdig ist es, dass er, der sich ausdrücklich auch als Dichter in wälscher Sprache, d. h. in nordfranzösischer, aufführt, doch keine grösseren Einwirkungen der Formengesetze einer fremden Verskunst zeigt, als sie überhaupt die ganze damalige deutsche Poesie in den höfischen Reimpaaren aufweist ». Ma che ragion c'è di credere che quei libri fossero scritti in francese ? Tommasino usa *welhsch* sempre in significato d'italiano e non di francese. Egli si chiama da sè stesso *welhsche gast*, cioè ospite italiano; egli dice (vv. 34-6) di non voler mescolare parole della sua lingua (*welhische worte*) nella lingua del suo poema. Quei libri erano certamente scritti in italiano, e però sarebbero tra i più antichi monumenti della nostra letteratura volgare. Del libro *Della Cortesia* non s'è potuto sin qui trovar traccia ; ma potrebbero forse avere qualche parziale attinenza con esso la poesia di BON-VESIN DA RIVA, *De quinquaginta curialitatibus ad mensam*, e l'anonima di affine argomento pubblicata dal BARTSCH, *Rivista di filologia romanza*, v. II, p. 43. Quanto all'altro, il Grion credette potessero esserne frammento alcuni versi volgari pubblicati dal MUSSAFIA, *Analecta aus der Marcusbibliothek*, *Jahrbuch für romanische und englische Litteratur*, v. VIII (1867), p. 211 (GRION, *Frîdanc*, in *Zeitschrift für deutsche Philologie*, v. II [1870], p. 432).

e a far maggiormente intendere quanto avesse in pregio le
storie di Brettagna, ringrazia coloro che le avevan recate in
tedesco[36]. Ma certamente egli era in grado d'intendere anche
gli originali francesi e li conobbe[37].

Un'altra prova, e molto importante, del favore onde gode-
vano nel secolo XIII in Italia, tra le persone colte, le storie
brettoni, l'abbiamo nel fatto che un poeta latino celebre di
quei tempi, il Padovano Lovato[38], di cui fa tante lodi il Petrarca, compose un poema sugli amori di Tristano e d'Isotta.
Di questo poema, probabilmente latino, non si fa ricordo da
nessuno storico della nostra letteratura; ma il prof. Novati mi
avverte che un'allusione ad esso si trova nell'*Ecloga* che al
Mussato indirizzò Giovanni del Vergilio. Ecco i versi che la
contengono[39]:

> Ipse . . . . . Lycidas cantaverat Isidis ignes
> Isidis, ibat enim flavis fugibundula tricis,
> Non minus eluso quam sit zelata marito,
> Per silvas totiens, per pascua sola reperta,
> Qua simul heroes decertavere Britanni
> Lanciloth et Lamiroth et nescio quis Palamedes.

Le glosse spiegano: *Isidis, Isottae. Flavis tricis dicitur eo quod*

Questa congettura, o, piuttosto, questo semplice dubbio, parve del tutto
infondato al Bartsch (AUGUST KOBERSTEIN'S *Grundriss der Geschichte
der deutschen Nationalliteratur, fünfte umgearbeitete Auflage von* Karl
Bartsch, Lipsia, 1872-4, v. I, p. 245, n. 5). Il prezioso codice Saibante, d'onde
lo Zeno trasse quei versi pubblicati dal Mussafia, si credette lungo tempo
perduto; ma, com'è noto, esso riapparve, non ha molto, fra i manoscritti
della collezione Hamilton, e trovasi ora a Berlino. Il prof. Tobler ha già pubblicato di su quel codice una versione veneta dei *Disticha Catonis*, il libro
di Uguccione da Lodi già citato, il libro di Girardo Pateg, e certi *Proverbia
que dicuntur super natura feminarum*, ove quei versi per lo appunto ricorrono. L'autore di questi *Proverbia* rimane ignoto per ora: esso non fu certamente Tommasino de' Cerchiari (*Zeitschrift für romanische Philologie*,
vol. IX [1885], p. 288).

[36] Vv. 1135-7.

[37] Nota il Foerster nella Introduzione al *Cligés* cit. p. xxv, che le allusioni che nel *Wälsche Gast* si trovano fatte a questo romanzo, riferisconsi
al poema francese, essendo posteriori di tempo i rifacimenti tedeschi.

[38] Vedi intorno ad esso TIRABOSCHI, *Storia della lett. ital.*, ed. dei Classici,
t. V, pp. 877 sgg. Il VEDOVA, nella sua *Biografia degli Scrittori Padovani*,
non ne registra nemmeno il nome.

[39] BANDINI, *Catalogus codicum latinorum* etc., t. II, col. 19.

*dicebatur Isotta la bionda. Fugiens regem Marcum maritum suum
et Palamedem.* Dall'ultimo verso pare peraltro che Giovanni
confondesse le storie di Tristano con quelle di Lancilotto; e in
quel *nescio* si fiuta un certo disprezzo di latinista per le favole romanze.

Quando avrò detto che nel poema dell'*Intelligenza* tutta la
materia della *Tavola Ritonda* è accennata in pochi versi [40], e
ricordate le note allusioni di Dante, del Petrarca e del Boccaccio,
avrò, non esaurita, ma chiusa questa breve rassegna ; non tuttavia senza prima richiamar l'attenzione sopra un cronista ver-
seggiatore, il quale ci porge uno dei più antichi documenti che
della diffusione delle leggende brettoni si riscontrino nella
nostra letteratura. È questi Gotofredo da Viterbo, nel cui
Pantheon, alla particola XVIII, si narrano le storie di Uter e
di Aurelio, di Vortigerno, della regina Anglia, di Merlino, della
duchessa Jerna (Ingerna), sino al concepimento di Artù [41]. Per
tutto questo favoloso racconto Gotofredo si accorda, in sostanza
con Goffredo di Monmouth; ma presenta pure alcune lievi differenze particolari, le quali si possono spiegare, o con dire
ch'egli alterò così di suo arbitrio il racconto dello storico inglese, o con supporre ch' egli abbia avuto dinanzi un libro
molto affine a quello di costui, quale, secondo l'opinione dello
Scheffer-Boichorst, sarebbe il caso per Alberico delle Tre Fontane [42]. Asserire senz'altro ch'egli attinse da Goffredo di Monmouth, come fanno l'Ulmann [43], il Wattenbach [44], e il Waitz [45],
non si può. Checchessia di ciò, Gotofredo da Viterbo fu assai
probabilmente il primo ad introdurre mediante uno scritto in

[40] St. 287-8, 294.

[41] Ap. STRUVIO, *Scriptores,* t. II, parte 2ª, pp. 357 sgg.; MURATORI, *Scriptores,* t. VII, coll. 469 sgg.

[42] Vedi PERTZ, *Scriptores,* t. XXIII, p. 669.

[43] *Gotfrid von Viterbo. Beitrag zur Historiographie des 'Mittelalters,*
Gottinga, 1863, pp. 73-5.

[44] *Deutschlands Geschichtsquellen im Mittelalter,* 4ª ed., Berlino, 1877-8,
vol. II, p. 228.

[45] Ap. PERTZ, *Scriptores,* t. XXII, p. 8. Circa una *Historia Britannica,*
pretesa intermediaria, secondo il DE LA BORDERIE (*L'Historia Britonum at-
tribué à Nennius* etc., Parigi, 1883) fra la *Historia Britonum* di Nennio e
l'*Historia regum Britanniae* di Goffredo di Monmouth, v. G. PARIS, in *Romania,* vol. XII, p. 371-5.

Italia parte della leggenda brettone. Egli non finì di lavorare intorno al *Pantheon* se non nel 1191; ma già nel 1186 aveva dedicato una prima redazione del libro al papa Urbano III. Con questa data si risale ai tempi della venuta dei primi trovatori fra noi. Ma non solamente il *Pantheon* fu composto in Italia; Gotofredo fu egli stesso italiano ; e questa sua qualità accresce per noi l'importanza di quella parte della sua storia universale. L'opinione ch'egli fosse tedesco fu messa innanzi in forma dubitativa primamente dal Baronio, poi sostenuta con tutta risolutezza dal Ficker [46], e ad essa tuttavia si attiene il Wattenbach [47]; ma l'opinione contraria, professata dagli istoriografi più antichi, fu, parmi, dall'Ulmann dimostrato essere la vera [48].

---

[46] Nella prefazione al *Carmen de gestis Friderici I*, da lui edito, Innsbruck, 1853.

[47] *Op. cit.*, vol. II, p. 223.

[48] *Op. cit.*, pp. 4 sgg.

APPENDICE II

—

DI ALCUN RIMESSITICCIO ITALIANO
DI LEGGENDA BRETTONE.

Galvano Fiamma (prima metà del sec. XIV) inserisce nel suo *Opusculum de rebus gestis Azonis Vicecomitis* il seguente racconto[1]:

" Anno supradicto scilicet in MCCCXXXIX, stantibus supradictis concurrentiis Johannes Brusatus de Brixia factus est Potestas Mediolanensis, et coepit regere die penultimo Madii..... Eodem anno sub castro Seprii in Monasterio de Torbeth flante quodam vento terribili, quaedam magna arbor divinitus est evulsa radicitus, subque inventa fuit sepultura ex marmore multae pulchritudinis: in hoc sepulcro jacebat Rex Galdanus de Turbet Rex Longobardorum, in cujus capite erat corona ex auro in qua erant tres lapides pretiosi, scilicet Carbunculus pretii mille florenorum, et unus adamans pretii II. millium florenorum, et unus achates pretii D. florenorum. In manu sinistra habebat unum pomum aureum, a latere erat unus ensis habens dentem in acie satis magnum, qui fuerat Tristantis de Lyonos, cum quo interfecerat Lamorath Durlanth. Unde in pomo ensis sic erat scriptum: *Cel est l'espée de Meser Tristant, un il ocist l'Amoroyt de Yrlant.* In manu sinistra habe[b]at scripturam continentem hos Versiculos:

> « Zesu. Saldi de Turbigez
> Roy de Lombars incoronez

---

[1] Ap. MURATORI, *Scriptores*, t. XII, coll. 1027-8. Questo racconto fu già riferito altre due volte, prima da GUALTIERO SCOTT, *Sir Tristrem*, ed. 1819 p. 298, poi dal MICHEL, *Tristan*, già cit., vol. II, pp. 163-4. Cfr. anche DE CASTRO, *La storia nella poesia pop. mil.*, Milano, 1879, p. 32.

> Soles altres Barons aprexiés
> Zo che vos véez emportès
> Per Deo vos pri no me robez ».

Questo strano racconto è riferito parola per parola nel *Flos florum*, cronaca del secolo XIV, attribuita, ma senza prove, ad Ambrogio Bossi [2]. Alcune lievi differenze si hanno nei luoghi in francese e vogliono essere notate. L'iscrizione del pomo della spada è data nel *Flos Florum* così (cod. Braidense A. G. IX, 35, f. 211, t.):

> Cil est le spee de miser tristant
> unde il ocisse lamorath de xilant;

e i versi della *scriptura* nel seguente modo:

> Za qui galdi de turbigez
> Roy de lombars incoronez
> Soles autres barons aprisiez
> Zo che vos veez ne portez
> por dio vos pri ne me robez.

Il testo di questi versi, tanto nel Fiamma, quanto nel *Flos Florum*, è abbastanza corrotto, ma si potrebbe restituir facilmente. Il *Zesu* del primo si risolve in un *Je suy;* il *Soles altres* in *Sor les altres*. Il verso *Zo che vos véez emportés*, vuol esser corretto col riscontro dell'altro testo in *Ço que vòs veez n'emportez*, come richiede anche il senso. Ma la restituzione si ferma poi dinanzi ad un dubbio: questi versi son essi schiettamente francesi, alterati da trascrittori italiani, o non sono piuttosto franco-italiani sin dalla origine? A questa e a parecchie altre interrogazioni che spontaneamente si affacciano, è impossibile dare risposta soddisfacente. Nella iscrizione della spada si accenna a un noto personaggio e a un noto fatto delle istorie di Tristano: quell'Amoroyt è il Morhault dei racconti francesi: ma a che altra favola si alluda nei versi che vengon poi, confesso di non sapere. Seprio è ora un villaggio sulla destra dell'Olona, in provincia di Milano, comune di Gallarate. Turbigo, che certamente è da riconoscere sotto il Turbeth latino e il Turbigez

---

Vedi Ghiron, *Bibliografia lombarda, Catalogo dei manoscritti intorno alla storia della Lombardia esistenti nella Biblioteca Nazionale di Brera*, Milano, 1884 (estratto dall'*Arch. stor. lomb.*), p. 29.

francese, è un altro paesello di quella stessa provincia. Seprio ebbe nel medio evo assai più importanza che non abbia ora, e fu capoluogo di un contado di abbastanza larghi confini, come si può vedere dallo stesso Galvano Fiamma, che ne parla nel suo *Manipulus florum* [3]. Ma di quel Galdanus, o Galdi (*Saldi* è un error di scrittura) re coronato dei Lombardi, non so in verità che mi dire. La forma *Galdanus* riduce alla mente Galvanus (Gauvain, Gavein ecc.), il magno eroe della Tavola Rotonda; ma Galvano non fu mai, ch'io sappia, incoronato re dei Lombardi. *Galdi* suggerisce *Galdinus*, nome frequente in Lombardia; ma con questo nome trovo bensì un san Galdino, arcivescovo di Milano nel 1166, e altre persone di conto, non un re dei Lombardi. Non so pertanto se noi ci troviamo qui dinanzi ad una vera e propria leggenda, oppure dinanzi ad una semplice finzione autogenetica e slegata. Propendo tuttavia per questa seconda opinione, giacchè l'intero racconto m'ha l'aria di una di quelle storielle inventate per uno scopo pratico determinato e speciale. Si sa quale lavoro fu fatto durante tutto il medio evo attorno a certe armi famose e, direi, storiche; a quante favole di ritrovamenti inopinati diedero esse argomento; come spesso si collegarono ad esse diritti, prerogative e primazie. Le spade di Costantino, di Attila e di Carlo Magno figuravano tra le insegne dell'impero [4]; per le diligenze di Enrico II, fu ritrovata Calibourne, la famosa spada di Artù [5]. Nel racconto del Fiamma quel ritrovamento della spada di Tristano nella tomba del re lombardo Galdano o Galdino, rimanda indubitatamente, a mio credere, a qualche aspirazione o pretensione di carattere politico; ma a quale, propriamente, non sono in grado di dire. Giova inoltre notare che il racconto del Fiamma viene ad urtare contro un altro racconto, secondo il quale la spada di Tristano, molto tempo innanzi sarebbe pas-

---

[3] Ap. Muratori, *Scriptores*, t. XI, col. 654.

[4] Vedi per le insegne dell'impero e per la importanza che loro si attribuiva, il già citato mio libro, *Roma nella memoria e nelle immaginazioni del medio evo*, vol. II, pp. 456 sgg.

[5] Di ritrovamenti così fatti ci sono nel medio evo esempii assai antichi. Narra Paolo Diacono (*Historia Langobardorum*, l. II, c. 28), come Giselperto, duca di Verona, aprisse la tomba di Alboino e ne togliesse la spada e altre cose di valore: *qui se ob hanc causam vanitate solita apud indoctos homines Albuinum se vidisse jactabat.*

sata dalla Germania nella Gran Brettagna, fra le mani di Giovanni Senza Terra (1199-1216) [6], cui certo non mancavano ragioni per procacciarsi a ogni modo un'arme di tanto pregio e di tanta virtù. Ma checchessia di ciò, il racconto del cronista milanese ci porge un curioso esempio dell'innesto di una leggenda brettone nelle cose nostre, e in ciò sta la capitale se non unica importanza sua.

Ad esso un'altra finzione può essere raccostata, la quale pone eroi della leggenda brettone in relazione con cose nostre. Si sa che uno dei codici della *Historia Imperialis* di Giovanni Diacono si conserva nella Capitolare di Verona [7]. In calce alla *Historia*, dopo la epistola del Petrarca sull'officio dell'imperatore, si trova una breve descrizione dell'Arena, ossia anfiteatro di Verona, scritta, come si può giudicare dalla forma della lettera, sul cadere del secolo XIV [8], e già ricordata dal Tartarotti [9]. Di essa ebbe a giovarsi, oltre al Saraina e al Panvinio [10], anche l'anonimo autore di una descrizione delle città d'Italia, la quale, in carattere del secolo XV ex., leggesi in un altro codice di quella stessa Biblioteca Capitolare [11]: l'anonimo anzi la trascrive, solo con qualche rimaneggiamento nella forma, e l'attribuisce allo stesso Giovanni Diacono, stranamente confondendolo, per giunta, con l'Arcidiacono Pacifico, il quale visse nell'VIII e IX secolo. Ecco ora questo breve testo nella sua genuina barbarie:

" Quomodo preliaverunt lancelotus de lachu, et malgaretes regis groonç filius ad invicem in civitate marmorea in antro arene. Set ut ulterius non procedam uolo declarare locum ubi isti malgaretes mundi preliaverunt ad invicem. Nam vocatus fuit arena ab antiquo. Erat enim locus iste rotundus per totum magnis sassis undique prefilatus cum cubalis multis intus, multis

---

[6] Così si narra in un curioso documento conservato nella torre di Londra e che, dopo altri, pubblicò il MICHEL, *Op. cit.*, vol. II, pp. 164-5.

[7] Segnato CCIV, 189.

[8] Debbo questa indicazione, e alcune altre in proposito, al chiarissimo prof. Carlo Cipolla, il quale ebbe la gentilezza di trascrivere per me l'aneddoto.

[9] *Relazione d'un manoscritto dell'istoria manoscritta di Giovanni Diacono Veronese*, nel t. XVIII della *Raccolta d'opuscoli scientifici e filologici* del CALOGERÀ, Venezia, 1738, pp. 137-8.

[10] TARTAROTTI, scritto cit., p. 138.

[11] Segnato CCVI, 194.

formis redimitus. In (?) eius (?) [12] rotunditate scales *(sic)* magnis saxis erant apposite, et secundum quod in altitudine veniebant tanto plus in rotunditate videntur ampliare. Nam scale iste sunt infinite, et secundum dictum pro maiori parte plus quam .l. cubitus erant in altitudine. Erant enim in circuitu a latere rotunditatis atrij huius multa loca nobilia, in cuius sumitate quidam locus magnus et nobilis multis formis laboratus alabastro lapide circumquaque redimitus erat. In quo loco pomerius nobilis erat. In quo pomerio barones et nobiles solacium capiebant. Et propter diversitatem temporis plumbeo metallo undique erat cohopertus secundum rotunditatis gradum. In cuius rotunditatem in inferiori parte de suptus erat spatium magnum, in quo spacio, et angulo, magnates isti, prelium ad invicem fecerunt. Et secundum dictum nobilium, quidam nobilis princeps romanus nomine marchus metilia de metellis, fecit hoc atrium edifficare, et vocatur arena „.

Così finisce in tronco la scrittura, e, come pare, propriamente nel luogo dove avrebbe dovuto cominciare l'annunciata descrizione del combattimento. Mancando il meglio, essa non può dare argomento a osservazioni di qualche rilievo. La *civitas marmorea* è la stessa città di Verona, così denominata nel medio evo dalla copia de' suoi marmorei edifizii (secondo trovasi notato), o dai marmi che si cavavano nel suo territorio. Giovanni Diacono dice in un luogo della sua *Historia:* " Haec civitas ab originibus prius Marmor dicta est a copia marmorum „. Di qui il nome di Marmorina che, per citare un esempio, si vede usato dal Boccaccio nel *Filocolo* [13]. Chi possa essere quel Malgaretes, figlio del re Groonz, veramente non so; ma notisi che mentre il nome di Malgaretes è dapprima usato come nome proprio di singola persona, poco dopo fa ufficio di appellativo comune, dato ad entrambi i prodi combattenti, *malgaretes mundi*, quasi dicesse per figura di lode *magaritae mundi*. La immaginazione di quel combattimento non si può dire in

---

[12] I due vocaboli sono d'incerta lettura; nella trascrizione rimaneggiata di cui s'è fatto testè parola si legge a questo luogo: *in huius autem rotunditate* etc.

[13] V. Novati, *Sulla composizione del Filocolo,* in *Giornale di filologia romanza,* t. III, p. 162-3, dove si hanno circa quel nome altre testimonianze, e Sgulmero, *Sulla corografia del Filocolo,* in *Rivista minima,* XII, 7.

tutto scioperata, perchè è un fatto che più di una volta nell'anfiteatro di Verona si combatterono, durante il medio evo, duelli giudiziarii; ma, ad ogni modo, non mi venne fatto di scovrirne vestigio altrove. Il Maffei dice, parlando dell'Arena nella *Verona illustrata:* [14] " Fole si raccontano, e in supposti documenti si leggono, di battaglie fattevi da Lancellotto del Lago e dagli eroi romanzieri „. Quali sieno questi *supposti documenti* non so, e il Maffei non lo dice.

E poichè siamo a parlar dell'Arena, non credo inutile accennare ad un'altra leggenda, non so veramente quanto antica, che in altro modo la connette con le finzioni brettoni. In un carme in lode della città di Verona, carme che il Cremonese Domenico Bordigallo inserì nella sua Cronica [15], si leggono questi due versi:

> Condidit arte sua maga Merlinus harenam (*sic*)
> Quem rapuit Minos fraude, dolo, miserum.

Nella *Carminum exposicio rerumque sensus Verone urbis ad intelligentiam* che segue, il Bordigallo, venuto ai due versi citati, narra che, a testimonianza del vescovo Sicardo e di Galvano Fiamma, l'Arena fu edificata dal mago Merlino, e che la sua immagine si vede tuttavia scolpita a cavallo, con un corno in mano, un cane e un cervo vicino e i versi *O Regem stultum* etc. sulle porte di S. Zenone. Come si vede, qui Merlino è sostituito nella leggenda a Teodorico. Di una tale sostituzione che cosa si deve pensare? Il Bordigallo componeva in Verona stessa il suo carme nell'ottobre del 1522, col proposito di celebrare quella città, di rammemorare tutte le glorie sue favolose o reali [16]. Raccolse egli quella favola da una tradizione già formata, o l'inventò di pianta? Non è possibile risolvere con sicurezza il dubbio, ma confesso che mi sento propendere per la seconda congettura. Anzi tutto Sicardo e Galvano Fiamma, citati come testimoni, non dicon verbo di quest'opera di Merlino; poi par difficile ad ammettere che i Veronesi potessero in leg-

---

[14] Ed. dei Classici, Milano, 1825-6, t. V, p. 140.

[15] Inedita. Vedi intorno ad essa e al suo autore, *Archivio veneto*, t. III, parte I

[16] Vedi NOVATI, scritto cit., p. 65.

genda di tanto rilievo scartar Teodorico, sì strettamente legato
alla storia della loro città, per porre in suo luogo Merlino, che
con quella storia non aveva relazione di sorta; da ultimo è da
notare che di quell'attribuzione della fabbrica dell'Arena a
Merlino non appar segno altrove. Ad ogni modo, anche ammesso
che il Bordigallo non l'inventasse, nulla prova che questa favola fosse antica.

UN MITO GEOGRAFICO

(IL MONTE DELLA CALAMITA)

UN MITO GEOGRAFICO

(Il Monte della Calamita)

I.

Il terzo calendero, figliuolo di re, narra, nelle *Mille e una Notte*, come dopo aver corso, con dieci navi, moltissimo mare, e sostenuta una furiosa procella, egli ed i suoi smarrissero per sì fatto modo il cammino, che nessuno sapeva più dov'e' fossero. Un giorno, dall'alto dell'albero maestro, un marinajo, che stava in vedetta, gridò che non vedeva, tutto all'intorno, se non acqua e cielo, meno che dalla parte di prua, dove appariva una gran macchia nera. A tale annunzio il nocchiero mutò colore, buttò il turbante sul ponte, si picchiò il viso, e piangendo gridò: O mio re, noi siam tutti perduti! Sollecitato a spiegarsi, disse quella macchia nera non essere altro che il Monte della Calamita, il quale ormai traeva a sè irresistibilmente le navi, per cagion dei chiodi e dell'altre ferramenta ch'erano in esse, e palesò a tutti ciò ch'era per seguire, ciò che in fatto seguì. Le navi s'andarono sempre più approssimando alla formidabil montagna, e il dì seguente, a certo punto, le ferramenta loro, sbarbate dal legname, volarono ad essa, e con ispaventoso rumore aderirono alla sua superficie, la quale d'altre infinite ferramenta vedevasi ingombra. In un súbito le navi si sfascia-

rono, e quanti erano in esse furon sommersi nel mare,
ch'era ivi di profondità smisurata. Tutti perirono, meno
il principe. Costui potè raggiungere il monte, e per una
angustissima gradinata salire fin sulla cima, dove, sotto
una cupola, vedevasi un cavaliere di bronzo, sopra un
cavallo similmente di bronzo; opera magica, da cui veniva
alla rupe la sua perniciosa virtù, e che doveva essere
distrutta perchè quel mare tornasse sgombro d'ogni pericolo ai naviganti. Istruito da un vecchio, durante il sonno,
di ciò ch'ei dovesse fare, il principe disseppellì un arco
e tre frecce, saettò il cavaliere, e lo fece precipitare nel-
l'onde, le quali presero a gonfiare ed a crescere, tanto che
raggiunsero la cima del monte. Allora venne dal largo
una navicella, condotta da un navicellàjo di bronzo, e
dentr'essa il principe potè allontanarsi e scampare.

È questo un racconto che potrebbe dirsi secondario e
composito, nel quale un tema originale, semplice e schietto,
appare sformato e adulterato da sovrapposizioni più tarde
e affatto disacconce. Il tema originale (altrove leggermente
variato) noi lo abbiamo in quel Monte di Calamita che
trae a sè e ad irreparabile perdizione le navi ; le sovrapposizioni le abbiamo in quel cavaliere e in quel cavallo
di bronzo, in quell'artificio magico, il quale, o appar esso
superfluo, quando si lasci (come qui si lascia) alla calamita la sua propria e naturale virtù, o, per contro, fa
apparire superflua la calamita.

Il tema originale ci si appalesa in parecchi racconti,
di cui dirò or ora, e in una doppia tradizione geografica
e romanzesca, orientale per l'una parte, occidentale per
l'altra; ma giova, nondimeno, avvertir subito, che l'adul-
terazione di cui porge esempio il racconto delle *Mille e
una Notte*, appare, in qualche modo, anche altrove.

La tradizione occidentale è assai antica. Plinio fa menzione di due monti, prossimi al fiume Indo, di cui l'uno

ha virtù di attrarre il ferro, l'altro di respingerlo, per modo che chi abbia calzari con bullette di quel metallo non può dall'uno staccare il piede, nè fermarlo nell'altro [1]. Parlando delle isole dell'India, Tolomeo ricorda le dieci Maniole, dalle quali dicevansi trattenute le navi le quali fossero, in qualche modo, munite di ferramenta; per la qual cosa le navi che frequentavano quei mari usavansi compaginare di solo legname [2]. Questa favola riappare in un trattatello *De Brachmanibus*, composto da un Palladio, che certamente non fu Palladio da Metone, sofista fiorito ai tempi di Costantino Magno, e nemmeno, secondo è più ragionevole credere, Palladio vescovo di Elenopoli (388-407), ma fu, probabilmente, un uomo che visitò l'India, e quivi intese narrare parecchie delle cose che riferisce [3]: riappare, inoltre, in un opuscolo *De moribus Brachmanorum*, malamente attribuito a Sant'Ambrogio, e dipendente dal trattatello di Palladio [4], d'onde la deriva lo Pseudo-Callistene, o un interpolatore del romanzo che va sotto tal nome [5]. Costantino Africano, il celebre medico e monaco cassinense, il quale, nella seconda metà del secolo XI, viaggiò gran parte dell'Oriente e si spinse sino nell'India, narra, in una delle numerose sue opere, su per giù le medesime cose, ma senza far ricordo di quelle isole Maniole, e citando un libro *De lapidibus* di Aristotele, che lo Stagirita mai non iscrisse, e che a lui fu probabilmente attribuito dagli Arabi [6]. Alberto Magno parla del fatto succintamente [7]. Vincenzo Bellovacense attinge, parlando della calamita, da Plinio e da Isidoro da Siviglia, e riferisce anche il passo di Costantino; ma, sostituendo al vecchio un nuovo errore, attribuisce quel libro *De lapidibus* a Galeno [8]. Il Mandeville, che tanti miracoli vide, ebbe a vedere anco questo; e poichè la relazion del suo viaggio fu una delle più divulgate scritture del medio evo, e molto giovò, senz'alcun dubbio, a diffondere vie più la notizia che del miracolo già s'aveva in Europa, non sarà inopportuno riferire, nell'antica versione italiana, le parole con cui egli lo vien descrivendo. « Ad Ormes sono le nave di legnio sanza chiovi di ferro per li sassi della calamita, della quale nel mare è tanta quantità, che è una maraviglia. E se per questi confini passassi una nave che avessi ferro, di subito perirebbe; però che la calamita tira a sè per natura el ferro. Per la quale cagione tirerebbe a sè la nave, nè più di là si potrebbe partire » ... « in quel mare (*il mare che bagna il regno del Prete Gianni, in India*) in molti luoghi, sono molti scogli, e assai sassi di calamita, che tira a sè il ferro co la sua propietà; e per questo non passa nave ove sia chiovi o bandelle di fero. Questi sassi di calamita, per sua propietà, tirono le nave, e mai più di lì non si posono partire. Io medesimo vidi in quel mare, di lungi a modo d'una isoletta, ove erano alberi, spine e pruni in quantità; e dicevono e marinai, che ciò erano nave, che quivi erono restate pei sassi de la calamita; e perchè erono marcite, lì erono cresciuti questi alberi, spine, pruni e altre erbe, che vi sono in gran quantità. Questi sassi vi sono in molti luoghi in quele parte, e però non v'usano passare mercatanti, se egliono non sanno molto bene la via, o se e' non hanno buono guidatore » [9]. Pietro Berchorio e Felice Faber ridicono su per giù le medesime cose [10], e sul finire del secolo XVI, Simone Majolo ripete ancora la divulgatissima favola [11].

La qual favola non poteva non variarsi in più modi; onde abbiamo udito alcuni parlare d'intere isole di calamita, altri di singoli monti, altri di scogli sparsi pel mare; nè mancarono alcuni che, come Giovanni di Hese, dissero il fondo stesso del mare, in certi luoghi, formato di calamita, per modo che le navi, le quali vi passavano sopra, erano irresistibilmente inghiottite [12].

Nè farà meraviglia che monti e rupi di calamita, simili a quelli che s'immaginavano in mare, s'immaginassero pure entro terra. I monti ricordati da Plinio non sembra fossero in mare. Giovanni del Pian dei Carpini parla di una spedizione di Gengis Chan, la quale non sortì l'esito sperato, perchè certi monti di calamita attrassero a sè tutte le armi de' suoi soldati [13].

La tradizione orientale fu, senza dubbio, assai più copiosa dell'occidentale; ma noi non la conosciamo se non in piccola parte. So Sung, scrittore cinese dell'XI secolo, parla in un suo Erbario, citando certe *Memorie delle cose meravigliose che si vedono nei paesi meridionali*, di pietre di calamita giacenti nei bassifondi del mare che bagna le coste del Tonchino e della Cocincina, pietre che fermano le navi armate di lastre di ferro [14]. Nel libro arabico sulle pietre attribuito ad Aristotele, e citato da Bailak Kibgiaki, si legge: « A detta d'Aristotele, si trova nel mare una montagna di calamita. Se le navi le si accostano, tutti i chiodi e l'altre ferramenta sono sconficcati dal legno, e volano come tanti uccelli verso il monte, senza che il legno li possa trattenere; e per tale ragione le navi che corron quel mare non hanno chiodi di ferro, ma sono tenute insieme da corde fatte con le fibre dell'albero di coco, fermate con caviglie di legno molle che gonfia nell'acqua. I popoli del Jemen legan pure le navi loro con liste staccate dalle palme. Dicesi inoltre che una simile montagna di calamita si trovi sulle coste del mare d'India, ecc. » [15]. Parlando dell'Africa orientale, Edrîsi fa ricordo di una montagna per nome Agiud, la quale attrae a sè le navi che troppo le si avvicinano [16]: Abulfeda pone il Monte della Calamita in prossimità dell'Indo.

E nei mari d'India, o della Cina, lo pongono più generalmente coloro che ne parlano; ma nel poema tedesco di *Gudruna* esso è trasposto agli estremi confini dell'Occidente, e Guido Guinizelli scrisse:

> In quelle parti sotto tramontana
> Sono li monti della calamita,
> Che dan virtute all'a're
> Di trar lo ferro [17].

II.

Che questa immaginazione del Monte della Calamita (parlo solo del monte, perchè gli è quello che si trova ricordato più spesso) sia orientale di origine, e passata d'Oriente in Occidente, non si può, cred'io, dubitare. Ma come e quando passata la prima volta nessuno può dire. Non sarebbe forse troppo irragionevole congettura quella che la facesse giungere in Europa coi reduci della spedizione di Alessandro Magno, sebbene in Arriano, e negli altri narratori delle imprese del Macedone, e descrittori dell'India, non se ne trovi cenno. Ben si può tener per sicuro che l'antica memoria, raccolta da Plinio, fosse in varii modi, e a più riprese, rinfrescata, oltrechè da notizie di viaggiatori, da racconti giunti nei tempi di mezzo fra le genti cristiane per quelle medesime vie per cui giunsero, dal remoto Oriente, tanti altri racconti. Di ciò vedremo, tra breve, alcuna prova complessa; ma non sono da trascurare, per questo rispetto, certi parallelismi e riscontri che difficilmente si posson credere casuali e spontanei.

Ho notato nel racconto delle *Mille e una Notte* sommariamente riferito in principio, la sovrapposizione di un elemento estraneo ed eterogeneo a quello che senza dubbio dovette essere il tema primitivo e genuino. Per esso, il

Monte della Calamita, perduta quasi la sua virtù naturale, diventa mezzo e strumento di magico potere. Che
direm noi quando, in racconti occidentali, vedremo questo
medesimo accoppiamento del Monte della Calamita con
alcun magico artificio, ovvero il Monte fatto dimora di
maghi e di fate? Nel poema tedesco anonimo intitolato:
Reinfrit von Braunschweig [18], e composto sul finire del
secolo XIII, o sul principiare del seguente, si narra una
strana storia di un gran negromante per nome Zabulon,
il quale, dimorando sul Monte della Calamita, aveva letto
nelle stelle la venuta di Cristo milledugento anni prima
che accadesse, e per impedirla aveva scritto parecchi libri
di negromanzia e di astrologia, delle quali scienze era
inventore. Poco tempo prima che Cristo nascesse, Virgilio,
uomo di gran sapere e di singolare virtù, avuta notizia
di questo mago e delle male sue arti, navigò alla volta
del Monte della Calamita, e mercè l'ajuto di uno spirito,
riuscì a impadronirsi dei tesori e dei libri di lui. Venuto il
termine prescritto, la Vergine potè dare alla luce Gesù.
Enrico di Müglin narra in una sua poesia [19] come Virgilio, in compagnia di molti nobili signori, partisse da
Venezia sopra una nave tratta da due grifoni, giungesse
al Monte della Calamita, trovasse quivi, chiuso in una
fiala, un demonio, il quale, a patto d'avere la libertà,
gl'insegnò come potesse impadronirsi di un libro di magia,
ch'era dentro una tomba. Avuto il libro ed apertolo,
Virgilio si vide comparir dinanzi ottantamila diavoli, ai
quali comandò subito di costruire una buona strada, dopo
di che se ne tornò tranquillamente co'suoi compagni a
Venezia. Queste fantasie fan capolino anche nel *Wartburgkrieg* [20]. Di un magnifico palazzo, sorgente sul Monte
della Calamita, e abitato da cinque fate, si narra nel
séguito dell' *Huon de Bordeaux* in prosa [21], ed è senza
dubbio tutt'uno collo *chastel d'aimant* descritto in una

redazione tarda dell'*Ogier* [22]. In un romanzo francese in prosa, composto probabilmente nel secolo XV, il Monte, o piuttosto lo Scoglio di Calamita è abitato da maghi e incantato, e per potersene allontanare, dopo esserne stati attirati, bisogna, conformemente a quanto è detto in certa iscrizione, gettar nel mare un anello, ch'è in cima alla rupe [23]. Non è ciò singolarmente conforme a quanto si legge nel racconto del terzo calendero? S'avverta inoltre che nei lapidarii, dove molte immaginazioni si trovano venuteci dall'Oriente, la calamita è messa in istretta relazione con l'arti magiche. In quello attribuito a Marbodo si legge:

Deendor magus hoc *(lapide)* primum dicitur usus,
Conscius in magica nihil esse potentius arte.
Post illum fertur famosa venefica Circe
Hoc in praestigiis magicis specialiter usa [24].

Alberto Magno ed altri parlano ancor essi delle virtù magiche della calamita [25].

Dopo quanto abbiam veduto non ci parrà cosa troppo fuori del ragionevole che il Monte della Calamita diventasse il beato soggiorno, oltre che delle fate, anche di Artù, come si vede essere avvenuto in un vecchio romanzo francese intitolato *Roman de Mabrian* [26], e ci sarà men difficile intendere come e perchè, nel poema di *Gudruna*, il Monte della Calamita s'identificasse col monte Gîvers, o Mongibello, dove una leggenda, di cui discorro in questo stesso volume, pose per l'appunto la dimora di Artù, e divenisse stanza di un popolo felice, che vive nell'abbondanza, ed abita in palazzi d'oro [27]. A immaginare così fatta stanza e così fatto popolo, sollecitava anche, in certo qual modo, la credenza che le infinite navi tratte da ogni banda inverso il monte, vi recassero copia delle ricchezze tutte della terra.

Che l'idea di porre in relazione col Monte della Calamita i grifoni, facendo di questi un mezzo di scampo per alcuni naufraghi più ingegnosi e più arditi, sia ancor essa orientale di origine, parmi cosa, come vedremo tra breve, più che probabile. Beniamino da Tudela parla di certe, com'egli le chiama, angustie del mar della Cina, dalle quali le navi che ci si smarrivano più non potevano districarsi, onde, venendo a mancare le vettovaglie, conveniva che i naviganti si morissero di fame. Perciò i meglio avveduti portavano con sè pelli di buoi, e quando non rimaneva loro altro scampo, si avvolgevano in esse, e si lasciavan rapire da certe aquile grandi, che li portavano a terra; e così molti se ne salvavano [28]. Fra quelle angustie del mare si cela di sicuro il Monte, o si celano, per lo meno, gli scogli, o i bassifondi di calamita, e quelle aquile grandi sono i ruc o roc delle novelle orientali, divenuti poi, in Occidente, grifoni.

In racconti occidentali il Monte della Calamita è posto spesso nel bel mezzo del Mare coagulato [29]: così nel *Herzog Ernst*, di cui dirò or ora, nel *Jüngere Titurel*, ecc. [30]. Il poema di *Gudruna* lo pone nel Mar tenebroso [31]. Che sì fatti collegamenti fossero già prima avvenuti in Oriente, parmi probabile; ma vuolsi per altro avvertire che la fantasia doveva essere, non meno qua che laggiù, naturalmente inclinata a raccogliere insieme i pericoli tutti del mare; e gli è per ciò che, in parecchi racconti occidentali, al Mare coagulato, al Monte della Calamita, vanno a tener compagnia le sirene.

III.

Come in Oriente, così in Occidente, il Monte della Calamita non doveva figurare soltanto nelle relazioni più e men veridiche dei viaggiatori e nei trattati dei geografi e dei naturalisti, ma, come quello che poteva dare argomento a descrizioni fantasiose e poetiche, e occasione a strane avventure, doveva, o prima o poi, figurare anche in racconti d'indole romanzesca, e, più particolarmente in quelli che narravano di lontane peregrinazioni, di favolose imprese. Non era quasi possibile ch' esso non trovasse luogo in quelli che, con nome appropriato, si potrebbero dire i romanzi del mare: se l'antico poeta, che narrò i lunghi errori e i patimenti d'Ulisse e de' compagni suoi, ne avesse avuta contezza, il Monte della Calamita sarebbe apparso probabilmente nell' Odissea, fuori dall'onde di alcun remoto ed incognito mare.

Dire a qual tempo risalga la prima redazione del racconto del terzo calendero nelle *Mille e una Notte* gli è impossibile ora; ma si può, per contro, indicare, se non altro con sufficiente approssimazione, il tempo in cui fu composto il più antico racconto romanzesco occidentale dove si parli del Monte della Calamita. Tale racconto è quello tedesco, ricordato pur ora, del *Duca Ernesto*, *Herzog Ernst.* La primitiva redazione latina di questa storia cavalleresca non s'è potuta rintracciare sinora; ma, da essa derivò, tra il 1170 e il 1180, un poema basso renano, di cui rimangono solo frammenti, e la cui sostanza passò nell'anonimo poema tedesco (tra l'XI e il XII secolo) dal quale io trarrò, ridotto in breve, il racconto che si riferisce al Monte della Calamita; in un altro poema, a torto attribuito a Enrico di Weldecke (composto tra il 1277 e il 1285); nel poema latino di un Odone (prima del 1230); in un racconto prosastico latino; in un racconto prosastico tedesco e popolare.

Nel più antico poema pervenuto intero sino a noi, il racconto procede nel modo che segue [32]. Dopo lunga e faticosa navigazione, il duca Ernesto e i compagni suoi giungono in vista di un arduo monte, alle cui falde

spesseggia come una gran selva di alberi di nave. Uno
dei nocchieri, avendo riconosciuta la natura del monte,
il quale s'alza fuori dalle onde pigre del mare coagulato,
annunzia al duca e agli altri la rovina irreparabile. Alla
forza attrattiva della calamita non è possibile di resistere:
tutti quegli alberi sono di navi naufragate; la morte per
fame attende i naufraghi. Udito così tristo annunzio, il
duca senza smarrirsi, parla amorevole ai suoi, li esorta
a innalzar l'anima a Dio, a pentirsi d'ogni errore commesso, a prepararsi ad entrare, con la divina grazia, nel
regno dei cieli. Tutti si conformano alle sue esortazioni,
ed intanto la nave, con impetuosissimo corso, s'approssima
al monte, e a guisa di un cuneo si caccia tra l'altre
navi, molte delle quali sono, per vetustà, marcite, e con
ispaventevole fragore, sfondando fianchi e travolgendo rottami, passa oltre, e cozza alla rupe. Le ricchezze perdute
che s'offron quivi agli sguardi dei naufraghi son tali e
tante che non si posson descrivere. Ma a che giovano?
Il monte sorge in mezzo a remotissimo oceano e da nessuna banda si scorge la terra. A poco a poco vengon meno
le vettovaglie; l'un dopo l'altro quei valorosi periscon di
fame; sopraggiungono i grifoni e ne rubano i corpi, per
pascerne i loro nati. Da ultimo rimangon vivi solo il duca
e sette compagni, e delle provviste più non avanza se
non mezzo pane. Allora il conte Wetzel, illuminato da
una miracolosa idea, propone ai soci di avvolgersi in pelli
di bue e lasciarsi rapir dai grifoni, non essendovi, fuor
di questa, altra speranza di scampo. Il consiglio è accolto
con applauso e con giubilo. Vestiti di tutte l'armi, si
fanno, primi, cucir nelle pelli il duca ed il conte: vengono a volo steso i grifoni, li levano in aria, li portan
di là dal mare. Quando si sentono sul sodo, i due fen-
dono con le spade le pelli, balzan fuori, son salvi. E nella
stessa maniera si salvano gli altri, meno uno, che rimasto

ultimo, non ha chi lo ajuti ad avvolgersi nella pelle, e muore di fame. Ma, per partirsi dal luogo dove i grifoni li hanno deposti, i superstiti debbono abbandonarsi, sopra una zattera, al corso impetuoso di un fiume sotterraneo, il cui letto è tutto sparso di preziosissime gemme.

Ugone da Bordeaux, il noto eroe della gesta carolingia, corse gli stessi pericoli, si salvò nel medesimo modo; e tra il racconto che narra di lui e quello che narra del duca Ernesto non sono, per questa parte, se non picciole differenze e di poco rilievo [33]. Ugone sopravvive solo ai suoi compagni di sventura, e perciò bisogna che si lasci rapir dal grifone senza ravvolgersi in una pelle di bue, e il grifone lo trasporta in un'isola paradisiaca, dove scaturisce una fonte e maturan pomi che hanno virtù di ridare la giovinezza, e d'onde l'eroe non può altramente partirsi che affidandosi al corso di un fiume sotterraneo, in tutto simile a quello descritto nel poema del duca Ernesto. La differenza maggiore si nota, non tra le avventure dei due cavalieri, ma tra i due cavalieri medesimi. Ernesto affronta impavido il periglio e la morte, incuora e sorregge i suoi: Ugone piange, si dispera, sviene, è confortato dai suoi, scambia i grifoni per diavoli. Egli è di quella picciola schiera di eroi, non meno timorati e piagnucolosi che prodi, a cui appartengono anche Ugone d'Alvernia e Guerino il Meschino.

Non è chi non avverta subito la somiglianza grandissima che questi racconti occidentali, oltrechè col racconto del terzo calendero, hanno con quello del sesto viaggio di Sindbad il navigatore, quale si legge pur esso nelle *Mille e una Notte*. Anche la nave di Sindbad è tratta irresistibilmente verso un monte le cui radici sono ingombre di rottami di navi naufragate e d'infinite ricchezze; anche Sindbad, solo sopravvissuto ai compagni periti di fame, scampa, lasciandosi trascinare, sopra una zattera, da un fiume copioso di gemme, che scorre sotterra. E io credo che i racconti occidentali porgano, se non una prova, un indizio, che il racconto orientale è, in certo punto, difettoso o alterato, e dieno anche modo di restituirlo alla integrità e sincerità primitiva. Sindbad non dice che il monte ov'ei naufragò sia il Monte della Calamita; ma che tale fosse veramente in origine parmi si possa argomentare dalle particolarità stesse della descrizione, e dai collegamenti che hanno i varii racconti tra loro. Per le ragioni medesime credo s'abbia ad identificare col Monte della Calamita la montagna smisurata, e lucida come se fosse di acciajo forbito, verso la quale è trascinata la nave di Abulfauaris nei *Mille ed un Giorno*. A questo proposito un riscontro curioso e notabile. Nella storia prosastica latina del duca Ernesto si dice che il Monte della Calamita sorgeva tutto corrusco dall' onde, come se fosse di fiamma viva [34].

Molti altri eroi, oltre al duca Ernesto e ad Ugone da Bordeaux, corsero questa memorabile e gloriosa avventura. Ho già accennato a racconti intessuti nella *Gudruna*, nel *Reinfrit von Braunschweig*, nel *Jüngere Titurel*, in una tarda redazione dell'*Ogier*, ecc.: ricorderò ancora la storia tedesca di Enrico il Leone, e una redazione, pure tedesca, del viaggio di quel San Brandano cui nessuno dei miracoli del mare doveva rimanere occulto [35]. Là molteplicità e varietà di sì fatti racconti mostrano quanto diffusa e celebre fosse in Europa l'antica favola nata in Oriente, la favola che il Goethe ricordava d'avere udito narrare quand'era ancora fanciullo.

NOTE

NOTE

—

[1] *Historia naturalis*, l. II, cap. 98 (ediz. Lemaire, Parigi, 1827-32): " Duo sunt montes juxta flumen Indum: alteri natura est, ut ferrum omne teneat, alteri ut respuat. Itaque si sint clavi in calceamento, vestigia avelli in altero non posse, in altero sisti „. Nel l. XXXVI, cap. 25, lo stesso Plinio, parlando della calamita, dice: " Magnes appellatus est ab inventore (ut auctor est Nicander) in Ida repertus: namque et passim invenitur, ut in Hispania quoque. Invenisse autem fertur, clavis crepidarum et baculi cuspide haerentibus, quum armenta pasceret „. Può nascer dubbio se questa seconda notizia non si riferisca all'uno de' monti a cui si riferisce la prima. Alcuni codici della *Historia* recano *in India* anzichè *in Ida,* e in India deve aver letto Isidoro da Siviglia, il quale nel l. XVI, cap. 4 delle *Etymologiae* scrisse: " Magnes, lapis indicus, ab inventore vocatus. Fuit autem in India ita primum repertus: clavis crepidarum, baculique cuspidi haerens, quum armenta idem Magnes pasceret: postea et passim inventus „. I versi di Nicandro, che potrebbero sciogliere il dubbio, andarono perduti; ma notisi che nei lapidarii, e in altri trattati la calamita è comunemente ricordata come pietra dell'India.

[2] *Geographia*, l. VII, cap. 2.

[3] Versione latina: " Mille vero, aut eo circiter, insulae (nisi falsum est quod fertur) isti insulae *(Taprobanae)* circumjacent, quas Mare rubrum interfluit: ibique, in insulis quae vocantur Maniolae, magnes lapis nascitur, ferri attractor, apud quas siqua navis ferreis armata clavis advenerit, virtute lapidis illico adducitur et in cursu sistitur. Ideoque in Taprobanem profecturi, navigiis in eum specialiter usum clavis ligneis compactis utuntur „. PALLADIUS, *De gentibus Indiae et Bragmanibus;*

S. Ambrosius, *De moribus Brachmanorum;* Anonymus, *De Brag-manibus,* Londra, 1665, p. 4.

[4] " Hic ille, quem Magnetem appellant, reperitur lapis, qui ferri naturam ad se vi sua trahere dicitur. Cum ergo navis aliqua clavos habens ferreos illic applicuerit, illico retinetur, nec quoquam ire permittitur, vi nescio quadam lapidis occulta impediente, ob id naves ibi ligneis clavis construi dicebat „. P. 59. Ciò si dice a proposito delle isole Maniole, trasformate, forse per error di scrittura, in Mammole, e sulla fede di un Tebeo Scolastico, il quale sarebbe stato in India.

[5] L. III, cap. 7, ediz. di Carlo Müller, Parigi, 1846, p. 103.

[6] *Liber de gradibus, De tertio gradu, Opera,* Basilea, 1536, p. 378: " Aristot. dixit esse lapidem in ripa maris Indiae in-ventum. Cuius natura cal. et sic. in 3. gradu. Dixit etiam in libro de lapidibus quod nautae non audent transire cum naves ferreos clavos habentes, aut aliquod artificium ferri in ea du-cere. Navi etiam illis montanis appropinquante, omnes clavi, et quicquid ex ferro aeditum a montanis attrahitur cum pro-prietate quam habet „.

[7] *De lapidibus nominatis et eorum virtutibus:* " Magnes sive magnetes lapis est ferruginei coloris, qui secundum plurimum in mari Indico invenitur, et intantum abundare dicitur, quod periculosum est in eo navigare navibus quae superiores clavos habent „.

[8] *Speculum naturale,* 1. VII, cap. 25. Egli dice pure, nè so d'onde attinga: " Magnes gignitur circa litus oceani, apud Tro-gloditas magnas habens virtutes... „. Nel *Liber lapidum* at-tribuito a Marbodo, § 19, si legge:

> Magnetes lapis est inventus apud Troglodytas,
> Quem lapidum genetrix nihilominus India mittit.

Ediz. di Giovanni Beckmann, Gottinga, 1799, p. 42. Le testi-monianze di Plinio, di Tolomeo, dello Pseudo Sant'Ambrogio, d'Isidoro da Siviglia, di Costantino, di Vincenzo Bellovacense, sono ricordate dal Klaproth, *Lettre à M. le baron de Humboldt sur l'invention de la boussole,* Parigi, 1834, ma assai in confuso, e non senza qualche errore.

[9] *I viaggi di* Giovanni da Mandavilla, *volgarizzamento antico toscano*, Bologna, 1870 (*Sc. di cur. lett.*, disp. CXIII-CXIV), vol. II, pp. 31, 151-2. I passi corrispondenti della redazione latina e della inglese mi provano la fedeltà della versione italiana. Del rimanente gli è noto che il testo del Mandeville fu rimaneggiato e interpolato in più modi, e che parecchie versioni presentano, col testo originale e fra loro, diversità di rilievo.

[10] Pietro Berchorio, *Reductorium morale*, Venezia, 1575, l. XI, cap. 94, p. 482 (per errore 484): " In aliquibus partis maris sunt montes et scopuli de lapidibus magnetis, et ideo tanto impetu naves attrahunt propter ferrum quod ibi est, quod contra eos franguntur, et penitus dissolvuntur, secundum Isido. et Diosc. ". Non so se il Berchorio sia debitore ad altri di questa assai poco opportuna citazione d'Isidoro e di Dioscoride. Felice Faber, *Evagatorium in Terrae Sanctae, Arabiae et Aegypti peregrinationem*, vol. II, Stoccarda, 1843 *(Bibl. d. litter. Ver.)*, pp. 469-70, parlando del porto di Thor, detto già Beronice, o Ardech, nel Mar Rosso: " Ille enim est ultimus Orientis portus nobis notus, in quo semper sunt multae et magnae naves indianae, quae tamen ita compactae et fabricatae sunt, ut nullum ferrum in eis sit, nec audent habere anchoras ferreas nec secures nec bipennes nec aliquod ferreum instrumentum. Ratio autem huius, est quia in littore maris indici sunt scopuli et montes lapidosi de lapidibus magnetum, per quos naves in Arabiam ire volentes transire oportet. Si ergo navis ferramenta aliqua continens ibi veniret, statim magnes propter ferrum navem attraheret et illideretur navis in scopulos et frangeretur. Est enim magnes mirabilis raptor ferri. Si cui placet legere, videat in Spec. Nat. L. X. C. 20 ".

[11] *Dies caniculares*, Roma, 1597, p. 729: " Narrant nautae nostrates in ima India esse maritimas cautes magneticas, quae medio cursu navigia, si quid sit in eis ferri, vel clavus unus, sistant, detineant, attrahant. Idcirco qui illac sunt praeternavigaturi, postes navium ligneis clavis solitos compingere ".

[12] *Peregrinatio* (Zarncke, *Der Priester Johannes*, Abhandl. d. philol-hist. Cl. d. k. Sächsischen Gesellschaft d. Wiss., vol. VIII, 1876, p. 164): " Et mare iecoreum est talis naturae quod at-

trahit .naves in profundum propter ferrum in navibus, quia fundus illius maris dicitur quod sit lapideus de lapide adamante, qui est attractivus „.

[13] Johannis de Plano Carpini *Antivariensis Archiepiscopi Historia Mongolorum quos nos Tartaros appellamus*, in *Recueil de voyages et de mémoires publié par la Société de Géographie*, t. VI, Parigi, 1839, p. 659: " Chingis can etiam, eodem tempore quo divisit alios exercitus, ivit in expeditione contra Orientem per terram Kergis, quo bello non vicit: et ut nobis dicebatur, ibidem usque ad Caspios montes pervenit; montes autem illi in ea parte ad quam applicuerunt, sunt de lapide adamantino: unde eorum sagittas et arma ferrea ad se traxerunt „. Per la confusione tra il diamante e la calamita cfr. Diez, *Etymologisches Wörterbuch der romanischen Sprachen*, terza edizione, Bonn, 1869-70, s. v. *diamante*. Strano che Giovanni ponga i Monti Caspii all'oriente dei Tartari mentre sono a occidente. (Vedi l'osservazione del D'Avezac, pp. 565-6). Cfr. Majolo, *Op. cit.*, p. 730.

[14] Klaproth, Lettera cit., pp. 116-7.

[15] Id., *ibid.*, pp. 121-2.

[16] *Géographie d'Édrisi, traduite de l'arabe en français d'après deux manuscrits de la Bibliothèque du roi et accompagnée de notes par* P. Amédée Jaubert, Parigi, 1836-40, vol. I, p. 57 *(Recueil de voyages et de mémoires publié par la Société de Géographie)*. Il traduttore nota: " L'auteur veut probablement parler des courants qui peuvent porter sur la côte (Voy. D'Herbelot, *Bibl. or.* au mot *aguird); peut-être aussi fait-il allusion aux prétendues montagnes d'aimant (Hartmann, *Edris. Afr.*, pag. 101) „. Questa seconda supposizione sembra a me essere la vera. Avverto che non in tutte le edizioni della *Bibliothèque orientale* si trova il passo qui citato.

[17] Canzone: *Madonna il fine amore ch'eo vi porto*.

[18] Pubblicato dal Bartsch, Stoccarda, 1871 *(Bibl. d. liter. Ver.)*.

[19] Pubblicata primamente dallo Zingerle nella *Germania* del Pfeiffer, vol. V, pp. 369 sgg.; riprodotta dal Comparetti in appendice al vol. II della sua opera *Virgilio nel medio evo*, Livorno, 1872, pp. 221-4.

[20] Edizione di Carlo Simrock, Stoccarda ed Augusta, 1858, pp. 195, 201, 209. Quivi è detto, tra l'altro, che Aristotele ebbe contezza del Monte della Calamita.

[21] DUNLOP-LIEBRECHT, *Geschichte des Prosadichtungen,* Berlino, 1851, pp. 128-9, 532-3.

[22] Del secolo XIV, inedito. Codice della Nazionale di Parigi num. 2985, p. 633 :

> Tant ala le Danois dont je fais mencion
> Que l'aiamant sacha tellement son dromon
> Que les maronniers virent le plus noble doongon
> Qui onques feust veuz en nulle region.
> Ils ont dit a Ogier : Ves la noble maison
> Qu'onques mais n'en veismes nul de telle façon,
> Ne savons a qui s'est, ne coment a a non.
> Moult en fu lies Ogier qui cuer ot de lion.
> Mais droit a une roche d'aimant tout en son
> Arriva li vaissel dont je fai mençon,
> En aussi bien s'atacha la endroit, ce dit on,
> Qu'il y feust joins acolé entour et emmon.

Di questo poema diede particolare notizia il RENIER, *Ricerche intorno alla leggenda di Uggeri il Danese in Francia, Memorie della R. Accademia delle Scienze di Torino,* serie II, t. XLI (1891).

[23] *La description forme et histoire du noble chevalier Berinus, et du vaillant et très-chevalereux champion Aigres de l'Aimant son fils,* etc., Parigi, per Giovanni Bonfons, s. a. Vedine una minuta analisi nella parte V, sez. 2ª *(Romans du seizième siècle)* dei *Mélanges tirés d'une grande bibliothèque,* Parigi, 1780, pp. 225-77. In questo romanzo sono molte fantasie e novelle tratte di qua e di là, alcune dal *Libro dei Sette Savii.*

[24] *L. cit.* In quel Deendor incognito è forse un ricordo della biblica maga d'Endor ?

[25] ALBERTO MAGNO, *Op. cit.:* " In magicis autem traditur, quod phantasias mirabiliter commovet, principaliter seu precipue, si consecratus obsecratione et caractere sit, sicut docetur in magicis „.

[26] " Sire, dist le Chevalier, au dessus de l'aiement, en la vallée, y a un chasteau nompareil qu'on appelle Faé, parceque Artus et les Fayes y habitent, abondance y a de vivres qui y

pourroit entrer: mais avant que parvenir à l'entrée il convient durement combatre, non pas à deux ny à trois escuyers, mais à quinze ou vingt meilleurs Chevaliers du monde, qui par Faërie ont là esté mis pour garder ledict chasteau Faé „. GRAESSE, *Lehrbuch einer allgemeinen Literärgeschichte*, Dresda e Lipsia, 1837 sgg., divis. III, parte 1ª, p. 339.

[27] *Kudrun*, Avventura XXII, st. 1126 sgg. Vedi lo scritto che a questo precede, intitolato *Artù nell'Etna*.

[28] *Itinerarium*, Anversa, 1575, pp. 97-8.

[29] Vedi, intorno al Mare coagulato, il vol. I, p. 106.

[30] Vedi la prefazione del BARTSCH all'edizione da lui curata del *Herzog Ernst*, Vienna, 1869, pp. CXLVII-CXLVIII, e SCHROEDER, *Sanct Brandan*, Erlangen, 1871, p. 111. Cf. il passo già citato di Giovanni di Hese.

[31] Intorno al Mar tenebroso vedi il vol. I, p. 106.

[32] Edizione citata del Bartsch, vv. 3883-4481.

[33] Vedi il testo in appendice, e l'analisi del romanzo in prosa in DUNLOP-LIEBRECHT, *Op. e l. cit.*

[34] Testo pubblicato da Maurizio Haupt, nella *Zeitschrift für deutsches Alterthum*, vol. VII (1849), p. 223.

[35] *Museum für altdeutsche Literatur und Kunst*, vol. I (1809), p. 298. R. SCHROEDER, riportando alcuni versi del *Gui de Bourgogne*, dove si parla di acque che cavalieri armati non possono attraversare perchè impediti da pietre di calamita, dice (*Glaube und Aberglaube in den altfranzösischen Dichtungen*, Erlangen, 1886, p. 124) che la favola del Monte della Calamita non si trova nella letteratura francese del medio evo, perchè i Francesi, in quel tempo, si curaron poco del navigare. Lasciando stare la ragione al tutto immaginaria da lui recata, si vede che la opinion sua è molto lungi dal vero. Chi fosse vago di qualche altra notizia e citazione intorno a questa favola, vegga, oltre alla prefazione del Bartsch e al luogo del Graesse già ricordati, DUNLOP-LIEBRECHT, *Op. cit.*, p. 477, n. 208.

APPENDICE

APPENDICE

—

Séguito dell'*Huon de Bordeaux* in versi, nel cod. L, II, 14 della Nazionale di Torino, f. 360 v., col. 1ª, a f. 362 v., col. 2ª.

Giuda, l'apostolo traditore, dannato a perpetuo castigo in mezzo a un gran vortice del mare [1], annunzia ad Ugone la vicinanza della calamita e l'imminente naufragio.

> " Tu ies perdus „, ce li a dit Judas;
> " Car ens u gouffre a l'aymant en bas „.
> Li maronniers et Hues se seigna;
> Tenrement pleurent, car cascuns s'esmaia.
> III jours siglerent puis c'ont laissié Judas:
> Li maronniers remonte sor le mast,
> Devant lui garde tant que bos veu a.
>
> Li maronniers, quant le bos ot coisi,
> Moult liement l'a dit a Huelin:
> " Je voi la bos a .xx. liues de chi „.
> " Vrais dix „, dist Hues, " je vous en rench merci!
> Moult a lonc tans que jou terre ne vi.
> Quant bos i a, de la terre ist il „.
> Atant s'en vont et ont siglé tous dis,
> Tant qu'a .iij. liues li maronniers pres vint:
> Dont choizi mas et grans callans gentis,
> Nes et dromons et grans callans de pris.
> Adont s'escrie: " He las, je suis trais!
> He bons quens Hues, or nous convient morir!

---

[1] Vedi vol. I, pp. 253-4.

C'est l'aymans que je voi devant mi :
Jamais de lui ne porrons mes partir „·
" He las! „ dist Hues „, pour coi fui ainc nasquis
Quant il m'estuet en tel liu prendre fin? „
Il voit tant barge et dromons et sapins:
De tant de naves s'est Hues esbahis.
" Par foi „, dist il „, se trestous li pais
Qui onques fussent arrivassent ichi,
S'a il trop barges et dromons entour li.
He, aymans, con tu fais a hair !
Tante persone as ci faite morir „·
La nef aproce, pres de l'aymant vint,
Tant aussi pres qu'elle se pot tenir.
Quant ele areste dont pleure Huelins.
" Si m'ait dix! „ li maronniers a dit:
Jamais nul jour ne partirons de chi.
Confessons nous, qu'il nous convient morir;
Si nous estoit la vitaille partir „·

Or est li nave a l'aymant tournée.
Le jour entier ne font el qu'il plorerent
Dusqu'au demain que l'aube aparut clere.
Li maroniers dist Huon sa pensée:
" Biax sire Hues, par la vertu nommée,
De no vitaille iert droiture moustrée.
Il est droiture parmi la mer salée
Que la moitiés est au seignour donnée „·
" Amis „, dis Hues, " c'est bonne destinée;
Ja de par moy ne sera refuzée „·
Li .xiiij. homme la vitaille aporterent;
Dont le partirent, a Huon l'ont livrée:
En une nave l'a Huelins posée;
Tant que porra iert sa vie salvée.
Dont fu sa terre durement regrettée,
Et Esclarmonde qu'il avoit espouzée:
" Suer douce amie, ci a grief destinée.
Je vous avoie de vo terre jetée;
Royne fusses de fin or couronée,
En poverté vous ai mize et pozée.
He, quens Raoul, mal de l'ame ton pere!

Par toi sui jou caciés de ma contrée.
Auberon sire, ma fois iert parjurée.
A vous devoie aler la tierce anée;
Mais jou voi bien que ma vie iert outrée „.
Dont se pasma; sa gent pour lui plorerent:
Au redrecier moult bel le conforterent.

Quant Hues fu de pasmisons levés,
Tenrement pleure, ne se puet acesser.
Li maronier l'ont moult reconforté:
« He, Hues sire, que vaut vostres plourers ?
Ains pour duel faire ne vi riens conquester „.
« Seignour „, dist il, « jou le lairai ester,
Car je voi bien ne le puis amender „.
II moys et plus ont iluec sejorné;
Mais a court terme les converra finer,
Car lor vitaille ne puet plus lor durer.
Quant Hues voit ses homes empirer,
Et de famine et morir et enfler,
De sa vitaille lor commence a doner:
Tant lor depart li gentis adoubés
Qu'il n'en a mais qu'a .iiij. jours passer.
Et non pourquant sunt tout mort et outré,
Fors que Huon n'en a plus demoré.
L'un apres l'autre les voit Hues finer;
Dont les commence Hues a regreter:
« He las „, fait il, « franc chevalier membré,
O moi venistes par si grant amisté;
Or estes mort et a vo fin alé;
Or ait Jhesus de vos ames pité „.
Dont se perchoit Hues qu'[il] est esseulés,
N'il ne set mais a cui il puist parler.
« He las „, dist il, « con poi me doi amer
Quant chi me voi en si grant poverté,
Ne je ne pui de cest liu escaper.
Auberon sire, or m'as tu oublié:
Malabron frere, je ne t'os apeler.
En tante painne as pour mon cors esté,
Li cuers du ventre me deveroit crever „.
Entre ses mors s'est Huelins clinés:

N'est hom vivans, s'il l'oist dementer,
Et Esclarmonde sa femme regreter,
Et les barons qu'o lui ot amenés,
Que grant merveilles n'en eust grant pité.

Moult parfu Hues li quens en grant freour
Quant il se voit enclos en mer majour.
" Sainte Marie „, dist Hues li frans hom,
" Tant ai eu et grietés et dolors,
Ains n'en eut tant nus caitis a nul jour.
Oublié m'a li bons roys Auberons,
Et sa maisnie et li preus Malabrons.
Or voi je bien jamais ne me verront.
Mort sunt mi home, dont j'ai au cuer dolour,
Car pour .i. poi que li cuers ne me font.
Pucelle dame, mere au creatour,
Tante miracle a Jhesus fait pour vous ;
Je vous reclaimme con uns hom peurous.
Destroit de mort est forment soufraitous ;
Vo doulch enfant, cui je tieng ·a seignor,
Voellies priier qu'il m'oste de dolour,
La ou je sui en si grant tenebrour.
Tres douce dame, tant aves de valour ;
Qui vous reclaimme bien doit avoir secours.
Tant crierai apres vous nuit et jour,
Que s'il vous plaist vous en ares tenrour „.
Ensi que Hues crioit sa garison,
Une noise ot venir par mer majour,
Et avolant voit venir .i. griffon,
Qui est plus grans c'uns destrier de valour.
Tant a volé par la mer a bandon,
Que pour .i. poi que en l'aigue ne font.
Envers les naves venoit a garison ;
Des mors avoit sentu la flairison ;
Si les vient querre pour porter ses faons.

Quant li quens Hues voit le griffon venir,
Qui plus est grans c'uns destrier arrabis,
De sor le mast de sa nef est assis ;
Tout le conploie du grant branle qu'il fist.

Tant ot volé que moult fu amatis,
Car pour .i. poi qu'en la mer n'est flatis ;
Fors de la goule li langue li sali;
Le bec ot lonc bien .ij. piés et demi;
Grans ot les ongles, u mast les enbati,
Tous li plus cours ot bien piét et demi.
Or cuide Hues ce soit uns anemis :
N'est pas mervelle s'il ot paour de lui.
Il le regarde; tous li sans li bouli :
Repus estoit pour le griffon veis :
La mere dieu reclama de cuer fin :
" Tres douce dame, royne genitris,
Je vous aour au soir et au matin,
Et vous reclaimme de vrai cuer enterin,
Secoures moi, s'il est vostres plaisirs,
Que ne m'ocie cis cuivers anemis.
Las, je croi bien qu'il m'a assenti! „
Et li griffons quant son repos ot pris,
Tourne sa teste et regarda son pris :
Moult se hirece; en la nef descendi;
.I. des mors homme a ses ongles saizi,
Sor le mast monte, a voller s'escuelli.
Hues se saigne, a regarder le prist,
Et li oisiax s'en vola sans detri,
A ses faons liés et joians s'en vint :
Chascun jour va pour les mors Huelin.

Li bons quens Hues forment s'esmerveilla
Pour le griffon qui sa gent emporta.
" Vrais dix „, dist Hues, " qui le monde formas,
En a il terre la ou cis oisiax va? „
D'une mervelle quens Hues s'apensa,
Qu'en aventure le cors de lui metra;
A cel oizel son cors abandonra;
S'il plaist a diu a terre le metra.
A dameldiu de cuer se confessa,
Dame Esclarmonde de bon cuer regreta,
Et Clarissette, sa fille qu'engenra :
En plorant dist que mais ne les verra.
Bien s'est armés; .ij. haubers endossa,

Puis chaint l'espée, pres de lui le sacha;
Son hiaume lace, en son cief le ferma;
Entre les mors en plourant se coucha.
Et li griffons par la mer avolla,
Grant bruit demainne, si s'assist sor le mast.
Hues le voit, tous li sans li mua,
Et li oisiax vollentiers l'esgarda,
Ains des armures forment s'esmervilla.
Li oisiax pense cis est et gros et cras,
A ses faons, s'il puet, l'emportera.
Repozés fu, a Huon s'adrecha,
Ses trenchans ongles u haubert li enbat,
Toutes ses armes erramment li percha,
Demie paume li fiert dedens le char.
Hues le sent ne mais crier n'osa,
Les dens estrainst pour l'angoisse qu'il a,
Et li oisiaus a tout lui si s'en va.

    Deseur la mer li griffons s'aridele,
De ses .ij. elles moult durement ventele,
Huon as ongles detrence le char bele,
Li sans li foite, entour lui s'aclotele;
Souspirer n'oze, le chief ot desous l'elme,
Ains dist embas: " Sainte Marie belle,
Secoures moi; je croi que jou voi terre „.
Une montaigne acoiste moult bele;
Chou est une ille a l'amirant de Perse.
Mais ains nus hom ne monta en la terre
Pour les oisiax qui i font tel moleste;
Iluecques sont et si ont lor repere.
Sains est li lix et la montaigne bele;
Ains n'i vit nuls orage ne tempeste.
La repoza Jhesucris nos salveres;
Si le saigna de sa main digne et bele.
De tous les fruis c'on a veu sor terre
La plenté gisant sunt desor l'erbe:
Bel sont li arbre gent et haut et honeste.
En la montaigne ot une fontenele
Que dix i fist quant il alla par terre.
Contre soleil ot une ente moulte bele,

Les brances vont tout entour dusc'a terre;
La est li fruis de jovent par ma teste:
Sous ciel n'a home, pucelle ne ancelle,
Que s'il avoit .m. ans vescu sor terre,
S'ele en mengast ne sainblast jovencele.
Iluec descent li griffons desor l'erbe;
Huon met jus, n'i a fait lonc arreste,
Qu'il avoit pris a l'aymant rubeste.

GIUNTE E CORREZIONI

—

VOLUME I.

Pagina 5. — Quando scrissi quella pagina io credeva assai più che ora non creda all'autenticità del trattatello *De aqua et terra* attribuito a DANTE. Vedi nel *Giornale storico della letteratura italiana*, vol. XX (1892), pp. 125 sgg. un importante scritto del LUZIO e del RENIER, intitolato *Il probabile falsificatore della " Quaestio de aqua et terra „*.

Pag. 71. — Il poemetto *La Fenice*, da me ricordato come cosa che stia da sè, non è se non parte della Quinta Giornata del *Mondo creato* del TASSO, parte che fu anche impressa separatamente; onde l'errore.

Pag. 98. — Intorno ai manoscritti della *Navigatio Brendani* vedi STEINWEG, *Die handschriftlichen Gestaltungen der lateinischen Navigatio Brendani*, in *Romanische Forschungen*, vol. VII, fasc. 1 (1 decembre 1891), pp. 1 sgg.

Pag. 166, n. 54. — Iššah significa donna in ebraico.

Pag. 182, n. 40. — Cf. il libro di A. MIDDLETON REEVES, *The finding of Wineland the good, the history of the icelandic discovery of America, edited and translated from the earliest records*, Londra, 1890.

Pag. 185, n. 58. — Intorno alle versioni italiane della *Navigatio Brendani* vedi NOVATI, *La " Navigatio Sancti Brendani „ in antico veneziano*, Bergamo, 1892.

Pag. 236, n. 29. — Non è esatto il dire che l'isola di Papimanie, descritta dal RABELAIS nel l. IV, cc. 48 e sgg. del *Pantagruel* somigli molto al Paese di Cuccagna. In

quell'isola, Homenaz descrive, dopo desinare, la felicità
di cui godrebbe il mondo sotto l'impero delle santis-
sime decretali, felicità non dissimile da quella che nel
Paese di Cuccagna si gode.

VOLUME II.

Pagg. 83-4. — Intorno agli angeli neutrali si legge nella *Zeitschrift für deutsche Philologie*, vol. XXIV (1892), un
breve scritto di J. Seeber, intitolato *Ueber die " Neu-
tralen Engel „ bei Wolfram von Eschenbach und Dante.*
Oltre a Wolfram e a Dante, l'autore ricorda anche il
Suarez, una cronica rimata tedesca del secolo XIV, un
pajo di tradizioni popolari; ma non fa cenno del Viaggio
di San Brandano e dell'*Ugone d'Alvernia.*

Pag. 255. — Fra i molti ricordi che di Merlino e delle sue
profezie occorrono in iscritture italiane dei secoli XIII
e XIV merita d'essere in più special modo notato
quello che si ha in un luogo della *Fiorita* di Arman-
nino Giudice. Vedi Mazzatinti, *La Fiorita di Arman-
nino Giudice* in *Giornale di filologia romanza*, vol. III,
p. 16.

Pag. 350. — Alle prove del favore onde godettero in Italia,
nel secolo XIII, le storie del ciclo brettone merita d'essere aggiunto il ricordo di una brigata di giovani,
detta della Tavola Rotonda, fatto da Boncompagno in
quello de' suoi trattati cui pose titolo *Cedrus* (c. 1215).
Vedi Gaspary, *Geschichte der italienischen Literatur*,
vol. I, Berlino, 1885, p. 218.

FINE DEL VOLUME SECONDO E DELL'OPERA.

INDICE

—

La leggenda di un pontefice . . . . . *pag.* 3

    Note . . . . „ 43

    Appendice . . . . „ 51

Demonologia di Dante . . . . . . „ 79

    Note . . . . „ 115

Un monte di Pilato in Italia . . . . . „ 143

    Note . . . . „ 159

Fu superstizioso il Boccaccio? . . . . . „ 169

    Note . . . . „ 199

San Giuliano nel *Decamerone* e altrove . . . „ 205

    Note . . . . „ 217

Il rifiuto di Celestino V . . . . . . „ 223

    Note . . . . „ 233

La leggenda di un filosofo . . . . . „ 259

    Note . . . . „ 277

    Appendice . . . . „ 291

Artù nell'Etna . . . . *pag.* 303

  Note . . . . „ 329

  Appendice I . . . . „ 339

  Appendice II . . . . „ 353

Un mito geografico . . . . . . „ 363

  Note . . . . „ 379

  Appendice . . . . „ 387

Giunte e correzioni . . . . „ 395